主　　编 孙晓勇　国家法官学院院长
最高人民法院司法案例研究院院长
副 主 编 胡田野　国家法官学院副院长
刘　畅　最高人民法院司法案例研究院规划部主任
主编助理 赵文轩　最高人民法院司法案例研究院规划部编辑
刘丽媛　最高人民法院司法案例研究院规划部编辑

《中国法院年度案例》编辑人员（按姓氏笔画）
王　锐　刘　畅　朱建伟　朱　琳　吴光荣　李晓果
李　谦　杨小利　胡　岩　赵文轩　唐世银　徐一楠
贾　停　曹海荣　梁　欣　程诗翰　程　瑛

本书编审人员　胡　岩

中国法院2022年度案例

国家法官学院　最高人民法院司法案例研究院 / 编

侵权赔偿纠纷

中国法制出版社
CHINA LEGAL PUBLISHING HOUSE

《中国法院2022年度案例》通讯编辑名单

序

党的十八大以来，以习近平同志为核心的党中央高度重视法治在推进国家治理体系和治理能力现代化中的重要作用，党的十九届六中全会通过的《中共中央关于党的百年奋斗重大成就和历史经验的决议》指出，必须坚持中国特色社会主义法治道路，贯彻中国特色社会主义法治理论，坚持依法治国、依法执政、依法行政共同推进，坚持法治国家、法治政府、法治社会一体建设，全面增强全社会尊法学法守法用法意识和能力。人民法院始终坚持以习近平法治思想为指导，把加强司法案例研究作为推进全面依法治国的重要途径，通过发布具有普遍指导意义的典型案例，统一法律适用、提高审判质效，提升司法公信力，努力让人民群众在每一个司法案件中感受到公平正义。《中国法院年度案例》丛书，旨在总结提炼典型案例的裁判规则和裁判方法，发挥司法规范、指导、评价、引领的重要作用，大力弘扬社会主义核心价值观，增强全民法治意识和法治素养，展现新时代我国法治建设新成就。

《中国法院年度案例》丛书自2012年编辑出版以来，已连续出版11年，受到读者广泛好评。近年来，为更加全面地反映我国司法审判执行工作的发展进程，顺应审判执行实践需要，响应读者需求，丛书2014年度新增金融纠纷、行政纠纷、刑事案例3个分册，2015年度将刑事案例调整为刑法总则案例、刑法分则案例2个分册，2016年度新增知识产权纠纷分册，2017年度新增执行案例分册，2018年度将刑事案例扩充为4个分册。自2020年起，丛书由国家法官学院与最高人民法院司法案例研究院共同编辑，每年年初定期出版。在全国各级人民法院的大力支持下，丛书编委会现编辑出版《中国法院2022年度案例》系列丛书，共23册。为助力实施环境资源审判专门化的司法政策，推进生态文明建设与绿色发展，自今年起，丛书将土地纠纷（含林地纠纷）分册改为土地纠纷（含环境资源纠纷）分册。

《中国法院年度案例》丛书以开放务实的态度、简洁明快的风格，在编辑中坚持以下方法，努力把案例书籍变得“好读有用”：一是高度提炼案例内容，控制案例篇幅，每个案例基本在 3000 字以内；二是突出争议焦点，剔除无效信息，尽可能在有限的篇幅内为读者提供有效、有益的信息；三是注重对裁判文书的再加工，大多数案例由案件的主审法官撰写“法官后语”，高度提炼、总结案例的指导价值，力求引发读者思考，为司法工作提供借鉴，为法学研究提供启迪。

《中国法院年度案例》丛书编辑工作坚持以下原则：一是广泛选编案例。国家法官学院和最高人民法院司法案例研究院每年通过各高级人民法院从全国各地法院汇集上一年度审结的典型案例近万件，使该丛书有广泛的精选基础，优中选优，可提供给读者新近发生的全国各地多种类型的典型性案例。二是方便读者检索。为体现以读者为本的宗旨，丛书分卷细化，每卷下还将案例主要根据案由分类编排，每个案例用一句话概括裁判规则、裁判思路或焦点问题作为主标题，让读者一目了然，迅速找到目标案例。

中国法制出版社始终全力支持《中国法院年度案例》丛书的出版，给了作者和编辑们巨大的鼓励。2022 年，丛书将继续提供数据库增值服务。购买本书，扫描前勒口二维码，即可在本年度免费查阅往年同类案例数据库。我们在此谨表谢忱，并希望通过共同努力，逐步完善，做得更好，真正探索出一条编辑案例书籍、挖掘案例价值的新路，更好地服务社会主义法治国家建设、服务法治社会建设、服务学习研究法律的读者。

《中国法院年度案例》丛书既是法官、检察官、律师等法律工作者的办案参考和司法人员培训的实用教材，也是社会大众学法用法的经典案例读本，同时是教学科研机构案例研究的良好系列素材。当然，案例作者和编辑在编写过程中也难以一步到位实现最初的编写愿望，客观上会存在各种不足甚至错误，欢迎读者批评指正。我们愿听取各方建议，不断扩宽深化司法案例研究领域，立足新发展阶段，实现中国特色司法案例研究事业的高质量发展。

国家法官学院

最高人民法院司法案例研究院

2022 年 1 月

目　录

Contents

一、一般侵权责任纠纷

二、特殊侵权责任纠纷

（一）监护人责任纠纷

（二）用人单位责任纠纷

（三）网络侵权责任纠纷

（四）违反安全保障义务责任纠纷

一、一般侵权责任纠纷

（一）生命权、身体权、健康权纠纷

1

侵权责任人范围和比例的确定

——韦某明等诉覃某年、锡材料公司生命权案

【案件基本信息】

1. 裁判书字号

广西壮族自治区柳州市中级人民法院（2020）桂02民终88号民事判决书

2. 案由：生命权纠纷

3. 当事人

原告（被上诉人）：韦某明、韦某良、韦某荣

被告（被上诉人）：覃某年、锡材料公司

第三人（被上诉人）：建筑公司、李某根、黄某广

第三人（上诉人）：黄某广

【基本案情】

原告韦某明、韦某良、韦某荣系韦某能的近亲属。韦某能于2013年9月12

日取得经营性道路货物运输驾驶员从业资格。被告锡材料公司将一宗约42000平方米的土地出租给李某根，李某根再将上述土地分开后，分别转租给第三人建筑公司、黄某广及案外人吴某琴等其他承租人。2018年3月1日，第三人李某根与第三人黄某广签订《场地租赁合同》，约定：甲方仅提供场地，所有设备、设施由乙方自行负责；甲方提供在华锡铟锡公司内三线电源及水源，乙方自行安装水电表，并负责自身产生的水电费用及水电维修费开支；乙方应承担自身安全、消防、社会治安、环境卫生等各种意外事故所造成的损失，与甲方无任何关系等内容。

被告覃某年是开混凝土搅拌罐车的司机，韦某能帮覃某年开混凝土搅拌罐车在黄某广经营的混凝土搅拌站运输混凝土，覃某年按月支付韦某能工资。覃某年、韦某能及搅拌站其他开混凝土搅拌罐车的司机均是在搅拌站提供的宿舍内住宿。

2018年11月17日20时许，受害人韦某能在洗澡过程中发生一氧化碳中毒导致死亡。韦某能的家属及覃某年为其支付相关费用。另查明，发生事故的洗澡房是由一间简易的房间改造，是黄某广经营的混凝土搅拌站免费提供给开混凝土搅拌罐车的司机等人员洗澡的场所，房间内加装有燃气热水器及灌装液化气等设施用于洗澡，且未安装将废气排出室外的排气管，房间内还堆放了其他杂物。

又查明，黄某广经营的混凝土搅拌站并未办理工商登记手续。

【案件焦点】

1. 多个法律关系中侵权责任人范围的确定；2. 侵权责任分配比例的确定。

【法院裁判要旨】

广西壮族自治区柳州市柳北区人民法院经审理认为：搅拌站经营者黄某广是发生事故的洗澡房提供者，应当保证其提供给工人的附属设施符合保障人身安全的要求。因此，黄某广对损害后果的发生有过错；锡材料公司是案涉事故场地的土地权利人、土地出租人，其对土地承租人的相关资质证照以及安全生产条件具有一定的管理义务，其未尽到相应的安全保障义务，具有一定的过错；

李某根作为承租人、转租人，明知其不具有相应的管理条件而承租大宗土地并用于转租，亦应当承担相应责任；覃某年虽是韦某能的直接雇主，但本案事故并非因覃某年雇用韦某能驾驶混凝土搅拌罐车而受到损害，因此，覃某年对韦某能的死亡后果并无相应过错；建筑公司虽然是承租人，但证据证明案涉场地实际承租人（转租人）为李某根，而建筑公司仅为该大宗土地中部分土地的次承租人，其承租的土地与发生事故的洗澡房并无关联，故建筑公司亦无须承担赔偿责任。

韦某能作为完全民事行为能力人，应当认识到使用燃气热水器存在的风险，但其未保持室内通风导致一氧化碳中毒死亡。此外，该洗澡房是搅拌站公共洗澡房，韦某能此前亦使用过该洗澡房，即该洗澡房的设施虽有严重安全隐患，但并不必然导致韦某能受到损害，与洗澡房使用人的使用时间、安全意识等多种因素有关，韦某能没有尽到合理的注意义务是造成本次事故的关键原因；黄某广如上所述其过错形成安全隐患、并最终造成本案损害后果的发生的重要原因。锡材料公司、李某根对此安全隐患未及时排查，也对损害后果的发生有重要影响，锡材料公司作为土地权利人过错程度更大。综上，本院认定黄某广承担30%的赔偿责任、锡材料公司承担15%的赔偿责任李某根承担10%的赔偿责任，原告自行承担45%的责任。

根据相关法律规定，本院认定死亡赔偿金、丧葬费等费用共计675535. 25元，精神损害抚慰金30000元。

广西壮族自治区柳州市柳北区人民法院依照《中华人民共和国侵权责任法》[①] 第十六条、第二十六条，《最高人民法院关于审理人身损害赔偿案件适用法律若干问题的解释》[②] 第十七条、第十九条、第二十七条、第二十八条、第

① 《中华人民共和国民法典》于2021年1月1日起实施，《中华人民共和国侵权责任法》《中华人民共和国民法总则》等同时废止。本书收录的部分案例裁判于《中华人民共和国民法典》生效前，适用的是当时有效的法律规定，下文将不再对此进行提示。

② 配合《中华人民共和国民法典》的施行，最高人民法院对大量司法解释进行了修正。本书收录的部分案例裁判于相关司法解释修正之前，适用的是当时有效的司法解释。下文将不再对此进行提示。

二十九条，《最高人民法院关于适用〈中华人民共和国民事诉讼法〉的解释》第九十条规定，判决如下：

一、被告锡材料公司于本案判决生效之日起十日内向原告韦某明、韦某良、韦某荣支付赔偿款109512.11元；

二、第三人李某根于本案判决生效之日起十日内向原告韦某明、韦某良、韦某荣支付赔偿款73008.08元；

三、第三人黄某广于本案判决生效之日起十日内向原告韦某明、韦某良、韦某荣支付赔偿款219024.22元；

四、驳回原告韦某明、韦某良、韦某荣的其他诉讼请求。

黄某广不服一审判决，提起上诉。广西壮族自治区柳州市人民法院经审理认为：《中华人民共和国侵权责任法》第六条、第十六条、第二十六条的规定，行为人因过错侵害他人民事权益，应承担侵权责任。侵害他人造成人身损害的，应当赔偿医疗费、护理费、交通费等为治疗和康复支出的合理费用，以及因误工减少的收入。造成残疾的，还应当赔偿残疾生活辅助具费和残疾赔偿金。造成死亡的，还应当赔偿丧葬费和死亡赔偿金。被侵权人对损害的发生也有过错的，可以减轻侵权人的责任。各被上诉人对于一审认定其对韦某能的死亡是否应当承担责任及其承担责任的比例均未提异议，且一审确定的各被上诉人应承担的责任比例与各被上诉人的过错程度相当，本院对一审认定的被上诉人锡材料公司应承担15%的赔偿责任、李某根应承担10%的赔偿责任、韦某能自行承担45%的责任、建筑公司及覃某年不承担责任予以确认。对于赔偿金额，双方当事人对一审认定的各项损失均无异议，一审认定的各项损失符合法律规定，本院予以确认。

本案的焦点问题在于韦某能的死亡原因及其上诉人对韦某能的死亡是否存在过错。

关于韦某能的死亡原因。医院对韦某能的死亡诊断为“一氧化碳中毒”，技术公司作出的检测报告表明韦某能的血液样品中碳氧血红蛋白含量为22.1%，明显高于正常值，再结合韦某能工友们发现韦某能光着身子昏迷在洗澡房内，然后立即开车送韦某能到医院抢救的事实，足以确信韦某能因洗澡导致一氧化碳中毒身亡具有高度可能性，韦某明、韦某良、韦某荣提交的证据已达到《最高人民法院关于适用〈中华人民共和国民事诉讼法〉的解释》第一百零八条规定的认定相关事实存在的证明标准，一审法院认定韦某能因一氧化碳中毒死亡并无不当。上诉人认为韦某能死亡还存在其他原因，但并未提交证据证实，其应承担举证不能的不利后果。

关于上诉人对韦某能的死亡是否存在过错。上诉人黄某广与李某根在《场地租赁合同》中约定"甲方仅提供场地，所有设备、设施由乙方自行负责"，虽然没有直接证据证实涉案热水器及相应设施由上诉人安装，但上诉人认可涉事洗澡房在其承租范围内，搅拌站的员工也表示所有员工及搅拌罐车司机均在涉事洗澡房洗澡，黄某广作为涉案场地的承租人与管理人，应当知道其承租范围内的设施设备的情况，在其无证据证实涉案热水器及相应设施是他人提供的情况下，一审认定"发生事故的洗澡房是黄某广经营的混凝土搅拌站免费提供给开混凝土搅拌罐车的司机等人员洗澡的场所"并无不当。黄某广作为涉案热水器及相应设施的提供人，应当保证配备的燃气热水器符合安全规范，但涉案燃气热水器装在通风条件不好的室内且未严格遵守相关规定加装排放废气的烟道，存在重大安全隐患，其未及时排除隐患也未提醒韦某能注意该情况，以致韦某能洗澡时中毒身亡，其对韦某能的死亡具有过错，一审认定其承担30%的赔偿责任与其过错程度相当，本院予以维持。综上所述，上诉人黄某广的上诉请求不能成立，应予驳回；一审判决认定事实清楚，适用法律正确，应予维持。

广西壮族自治区柳州市人民法院依照《中华人民共和国民事诉讼法》[①] 第一百七十条第一款第一项规定，判决如下：

驳回上诉，维持原判。

---

① 《中华人民共和国民事诉讼法》已经2021年12月24日修改，于2022年1月1日实施。本书收录案例均裁判于该法修改之前，适用的是当时有效的条文，下文将不再对此进行提示。

【法官后语】

一、本案因多个行为形成多个民事法律关系赋予其相应的民事权利义务

黄某广作为搅拌站的经营者，为工人提供洗澡房等附属设施，其间未提供安全生产、生活条件的保障义务，具有过错。锡材料公司作为涉案场地的土地权利人、土地出租人与李某根之间订立租赁合同、而李某根明知自己不具有相应的管理条件又以个人名义承租的场地与黄某广订立转租合同，合同中作为出租人、转租人均具有审查合同相对方是否具备相关的资质以及安全生产条件等管理义务，故锡材料公司、李某根在选任上具有过错。

二、本案侵权责任分配比例

本案系受害人韦某能在洗澡过程中发生一氧化碳中毒导致死亡。首先，韦某能作为完全民事行为能力人，对使用燃气热水器洗澡时应当知道该条件下需要保持室内通风，受害人缺乏安全防范意识，疏忽大意或者虽然预见但轻信可以避免损害的发生导致此次事故，受害人具有主观过错，且该过错是导致事故发生的关键原因，因此受害人韦某能承担45%的责任。其次，黄某广提供员工洗澡场所及设施设备时，应当预见本案事故发生的可能性，由于过失未采取有效措施避免危险发生，致使房间具有严重的安全隐患，最终造成事故发生，因此黄某广承担30%的责任。锡材料公司作为案涉事故场地的土地权利人、土地出租人，缺乏审慎管理义务，对于本次事故的损害结果，锡材料公司具有一定的过错，其承担15%的责任。李某根作为承租人、转租人，在与黄某广签订《场地租赁合同》时约定发生事故由黄某广自行承担，其约定内容根据合同相对性原则即使有效也仅是李某根与黄某广之间对内有效，对受害人韦某能没有法律约束效力，且该条款不属于侵权责任中的免责事由，不能免除李某根赔偿责任，故承担10%的责任。本案中每个人的不作为行为都是非充足原因造成的损害结果，因此该侵权责任依照上述比例按份承担。

三、本案赔偿责任人的范围是否“过大”

关于过错侵权责任的承担，由侵害行为、损害后果、因果关系、主观过错四要件构成。本案中第三人黄某广、被告覃某年与受害者韦某能虽然均属互相

提供劳务关系，但该损害结果并非因劳务受到损害，因此不适用因劳务关系的侵权责任之规定。前述受害人韦某能因洗澡时损害结果发生，其与第三人黄某广的过失行为有直接且重要的因果关系，因此将黄某广确认为侵权人且要求其承担30%的赔偿责任符合侵权责任法的立法目的。表面上被告锡材料公司、第三人李某根的行为与损害结果之间的因果联系较弱，但本案中，任一方当事人的行为条件均不必然导致损害结果的发生，而是各自的主观过失、不作为、缺乏安全意识等诸多因素共同造成，其中锡材料公司、李某根的侵权行为也是造成本案损害结果的充分条件之一。依照社会的一般观念，锡材料公司、李某根作为通常谨慎的合理人若在租赁期间尽到合理谨慎的审查义务，作为权利人对相对人采取积极有效的措施，是可以且有可能降低事故发生的可能性。我国侵权责任的认定上，通说观点原则上采用“相当因果关系理论”作为判断标准，只有在若干例外情形中采用其他判断标准。本案系采用相当因果关系理论确定侵权责任人的范围，依照普遍的社会责任和一般社会观念，锡材料公司、李某根的过失行为具有引起损害结果的“相当性”，故也应当将其二人确认为侵权责任人并要求其承担相应的赔偿责任。根据《中华人民共和国侵权责任法》第十二条（现为《中华人民共和国民法典》第一千一百七十二条）规定，二人以上分别实施侵权行为造成同一损害，能够确定责任大小的，各自承担相应的责任。综上，上述三人作为侵权责任人并要求其承担相应比例的赔偿责任并无“过大”。侵权责任构成要件中因果关系的判断不纯粹是事实判断，同时蕴含着价值判断。在确定赔偿责任人的范围时不应只根据简单的因果之间联系的远近或大小来确定谁作为损害结果的侵权责任人。民法的原则与初衷是为追求公平，而非事实层面的是非判断，追究民事责任的承担主要目的在于被侵害权益得到救济和补偿。在确定侵权责任人时要结合法的保护目的、保护范围，在归责时应具有妥当性，从而实现法的效果。

编写人：广西壮族自治区柳州市柳北区人民法院　吴茜

2

养老服务业人身损害赔偿责任认定

——陈某芬等诉老年公寓生命权案

【案件基本信息】

1. 裁判书字号

上海市第一中级人民法院（2020）沪01民终2989号民事判决书

2. 案由：生命权纠纷

3. 当事人

原告（上诉人）：陈某芬、陈某诒、陈某新

被告（被上诉人）：老年公寓

【基本案情】

亡故者陈某音，生前系肢体四级残疾，其父母已于2013年相继去世，原告陈某芬、陈某诒、陈某新分别系死者陈某音的姐姐、哥哥、弟弟。2013年11月19日，陈某诒（丙方）作为住养老人陈某音（乙方）的监护人与被告（甲方）签订《老年公寓老人入住协议书》，约定陈某音入住被告处养老。上述入住协议书签订后自陈某音正式于被告处养老。2017年1月13日，被告处护工为陈某音洗澡，其间陈某音从洗浴椅上滑落，经护工询问其本人反馈无碍。同日，陈某诒来被告处探望陈某音，被告告知其当日为陈某音洗澡时从洗浴椅上滑落的事实，陈某诒看望陈某音时也未发现异常。2017年1月17日14：00左右，被告发现陈某音出现不适，致电陈某诒告知情况，并派工作人员陪同陈某音就医，陈某诒随后亦赶到医院。陈某音送医后即被施行抢救治疗，入院诊断为创伤性肝破裂，颅脑外伤性智能障碍，后因抢救无效于2017年1月31日死亡，死亡原因为创伤性肝破裂、营养不良。

【案件焦点】

1. 陈某音在洗澡时是否摔倒；2. 摔倒是否导致陈某音创伤性肝破裂；3. 创伤性肝破裂与陈某音死亡后果之间是否存在因果关系；4. 和解协议能否撤销。

【法院裁判要旨】

上海市浦东新区人民法院经审理认为：首先，根据陈某诒与护工蒙某群电话录音、护理部交班本、探视登记表及原、被告陈述等，本院认为原告提供的证据不足以证明2017年1月13日陈某音在洗澡时因被告护理不当发生摔倒甚至摔伤的事实成立。2017年1月17日，陈某音出现不适，被告处工作人员及时通知家属，并安排护工陪同将陈某音送医救治，在此过程中，被告已尽到对陈某音的照护职责。原告主张被告处护理人员与老人配比不足且不应安排女护工为老人洗澡，但并未提供现行有效规定予以证明，本院对原告主张不予采纳。其次，陈某音入院诊断为创伤性肝破裂，暂且不论究竟系创伤性肝破裂抑或肝挫伤，现有证据并不足以证明陈某音滑倒坐地与创伤性肝破裂间存在因果关系，创伤性肝破裂究竟是外伤还是陈某音自身基础性疾病抑或其他原因造成，难以认定。若陈某音因洗澡摔倒且伤情严重致肝创伤性破裂，则陈某音当日并无不适，直至五日后才因不适送医救治，似乎亦有违常理。最后，关于创伤性肝破裂与死亡后果之间的关系，根据某区医学会意见书分析可知，创伤性肝破裂后诱发应激性消化性溃疡可能性大，存在患者最终因呕吐物引起窒息死亡的可能，故考虑肝创伤性破裂出血导致死亡的依据不足。根据某市医学会意见书分析可知，医方诊断肝挫伤有依据，而死亡原因分析中有关肝破裂出血，医方的诊断依据并不充分。从两级医学会意见书可知，两级医学会一致认为创伤性肝破裂出血致陈某音死亡依据不足。陈某音遗体于2017年2月6日火化，未行尸体解剖，具体死亡原因无法通过尸检确定。当事人对自己提出的主张，有责任提供证据。原告未能对上述因果关系提供证据证明，由此产生的举证不能的法律后果由原告自行承担。另，原、被告经本院主持，已在（2017）沪 0115 民初 33589 号达成和解协议，接受赔偿款进而撤诉。现原告再次起诉至本院，请求以重大误解、显失公平为由撤销原、被告达成和解协议，于法无据。

另外，原告请求以重大误解、显失公平为由撤销原、被告达成和解协议是否符合法律规定?

根据《中华人民共和国民法总则》的规定，基于重大误解实施的法律行为或者一方利用对方处于危困状态、缺乏判断能力等情形，致使民事法律行为成立时显失公平的，行为人有权请求法院予以撤销。本案中，原告以重大误解、显失公平为由申请撤销原、被告达成的和解协议，根据查明的事实和认定的证据，本院评判如下：首先，原、被告经本院主持，在（2017）沪 0115 民初 33589 号两度达成的和解协议，系双方真实意思表示，合法有效。从该案双方达成和解协议经过可知，原、被告第一次达成和解协议时，原告就以赔偿金额过低等理由反悔，经本院再次主持，原告经慎重考虑后，再次达成和解协议。历经反复两度调解，由此可知，原告系经慎重考虑之后，才与被告达成和解协议、接受赔偿款进而撤诉。其次，两级医学会意见书系医学会对医方在患者陈某音的诊疗过程中是否存在医疗过错进行鉴定，鉴定目的在于认定医方是否存在医疗过错，并未对陈某音创伤性肝破裂或肝挫伤成因作出鉴定，也未对创伤性肝破裂或肝挫伤与陈某音死亡后果间是否存在因果关系及参与度等作出鉴定。反而，从两级医学会意见书分析意见可知，认定创伤性肝破裂出血导致陈某音死亡的依据不足，同时，某区医学会指出，由于陈某音未行尸体解剖，具体死亡原因不详。因此，原告基于自身对医学会意见书分析说明的主观理解，主张创伤性肝破裂或营养不良造成陈某音死亡，本院不予认同。本案原告起诉依据的事实理由和证据除两级医学会意见书及（2017）沪 0115 民初 96447 号民事判决书之外，与（2017）沪 0115 民初 33589 号案件依据的事实理由和证据均无不同，本院对于两级医学会意见书效力及适用范围在前文已有评述，此处不再赘述。原告以其对医学会意见书的主观理解作为其对 2017 年原、被告达成的和解撤诉协议产生重大误解，依据不足。在（2017）沪 0115 民初 33589 号案件中原告亦无证据证明上述第一项争议焦点因果关系的成立，故其出于自身对诉讼风险等因素考虑自愿达成和解撤诉协议，并不存在显失公平事由。最后，原告以重大误解为由行使撤销权，根据法律规定，应当自知道或者应当知道撤销事由之日起三个月内行使，无论从原告知晓两级医学会意见书之日抑或 2018 年 12 月 28 日本院作出（2017）沪 0115 民初 96447 号民事判决书之日起算直至原告提起本案诉讼，已超过三个月，原告享有的撤销权消灭。综上，原告申请撤销原、被告达成的和解协议，依据不足，本院不予准许。原告自愿撤回医疗备用金 4000 元的诉讼请求，系其对自身权利的处分，于法不悖，本院予以准许。综上所述，原告的诉讼请求，缺乏事实和法律依据，本院对原告全部诉讼请求均不予支持。

上海市浦东新区人民法院依照《中华人民共和国侵权责任法》第六条，《中华人民共和国民法总则》第一百四十七条、第一百五十一条、第一百五十二条规定，判决如下：

驳回原告陈某芬、陈某诒、陈某新的全部诉讼请求。

陈某芬、陈某诒、陈某新不服一审判决，提出上诉。上海市第一中级人民法院经审理认为：本案的争议焦点是：一、被上诉人的委托诉讼代理人身份认定是否存在违法之处？二、被上诉人有无导致陈某音死亡的侵权行为？三、和解协议能否撤销？

关于争议焦点一，被上诉人在一审时提供了两位诉讼代理人的劳动合同以证明与被上诉人的关系，现其又在二审中对于身份关系做出了合理解释，被上诉人法定代表人亦在场确认，故代理人资格无瑕疵，可予认定。

关于争议焦点二、三，一审法院已用较大篇幅详细论述，理由正确，本院予以认同。上诉人诉称的上诉理由与一审时意见一致，二审中也没有提供新的证据加以证明，故其主张本院不予采信。

综上所述，上诉人的上诉请求不能成立，应予驳回；一审判决认定事实清楚，适用法律正确，应予维持。

上海市第一中级人民法院依照《中华人民共和国民事诉讼法》第一百七十

条第一款第一项规定，判决如下：

驳回上诉，维持原判。

【法官后语】

一、事发过程无法精准还原时如何综合判断事发原因

随着科技的发展和监控设备应用的普遍化，监控录像为还原事发过程发挥了至关重要的作用。但现实中仍然存在大量案件因事发场所周围缺少监控设备，或因受害人客观上无法保留证据，在诉讼过程中未能充分举证，给法官查明案件事实增加了难度。在审理此类案件时，法官需要综合运用当事人陈述、现场调查走访等多种形式，并结合其他书面证据、证人证言、日常生活经验法则等综合判断，尽量还原事发经过。本案中，事发经过、死亡原因两者均是法官需要审查认定的事实。关于事发经过，事发地点在养老公寓的浴室，属于私密性很强的场所，原、被告对事发经过各执一词，综合当事人提供的书面证据、养老公寓护理人员证人证言、死者家属在摔倒发生后死亡前对摔倒事件反映，可以认定死者当日洗浴时发生了从洗浴椅上滑落摔倒在地的事实，但并不足以认定死者摔倒、摔伤甚至因摔倒导致创伤性肝破裂的事实。

二、多因一果造成的死亡后果中如何综合判断有无过错、过错比例

原告以死亡损害赔偿为由提起诉讼，死者死因及被告对死因是否有过错系法官需要审查的内容。关于死亡原因审理难点：1. 死者遗体早在死亡后即已火化，基础性疾病、病史资料复杂，既缺乏鉴定条件死者家属又缺乏鉴定动力，在无法通过司法鉴定精准判断死因的情况下，本案中应如何认定死者死亡原因及被告在提供住养老人管理服务中的过错。2. 医疗纠纷中两级医学会鉴定意见，与认定死者死因关联性和区别性如何甄别，厘清死亡原因。

三、住养老人及其监护人与养老公寓签订的入住协议书、风险确认书、告知书效力如何认定

在养老公寓已经以口头、书面等多种方式警示、告知住养老人及其监护人住养老人已经属于高龄危险状态，极易发生摔跤风险造成受伤甚至死亡等后果，甚至养老公寓希望解除住养协议，劝退老人，但老人家属执意住养，甚至为此

自愿签订告知书、承诺书等自愿免除养老公寓责任，则一旦发生伤害事件，对上述协议等效力如何认定，是否可以据此免除养老公寓责任？如果不能免除，遇到完全失能失智老人，养老公寓在无法劝退之下，如何保护养老公寓利益？可否以不符合约定住养条件为由解除合同，要求入住老人退出养老公寓？上述疑问目前仅能结合具体案例自由裁量，但是出于行业规范发展的需要，以上问题亟待立法统一规范。

四、如何认定养老公寓对住养老人尽到照顾管理、安全保障义务，双方利益如何平衡以利于养老公寓行业健康、良性、持久发展

人口老龄化给传统的家庭养老模式带来了严峻的挑战，越来越多的老人住进了养老机构，而养老机构内老年人发生意外，引发纠纷的事件，也呈上升趋势。反思我国当前养老服务领域纠纷不断的现状，一方面养老服务合同在民法典合同编中无专门规定。另一方面，在老年人与养老机构双方关系中，老年人不懂合同的重要性，机构一方不重视合同，以至于双方都忽视合同。笔者认为，未来立法中应为养老服务合同设定专门规范，确立其为有名合同，明确其所适用的法律规则。养老服务合同在合同性质、主体、客体和内容等方面都具有不同程度的特殊性，在设定规范时应考虑到这些特殊性。在法律文本上，将养老服务合同有名化，明确其适用的法律规则，弥补现有合同类型难以涵盖的空缺；在实践中，为司法裁判提供统一的裁判依据，减少法官因参照适用类似合同或规定而导致同案不同判的结果，提高司法质量和效率。总而言之，将养老服务合同有名化，在明确养老机构与老人权利和义务的同时，也能在一定程度上保障并促进机构的服务质量，促进养老公寓行业健康、良性、持久发展。

编写人：上海市浦东新区人民法院　韩伶　韩春琴

3

近亲属看护未成年人造成未成年人人身损害是否构成侵权的认定

——张某诉周甲生命权、健康权、身体权案

【案件基本信息】

1. 裁判书字号

北京市顺义区人民法院（2020）京0113民初427号民事判决书

2. 案由：生命权、健康权、身体权纠纷

3. 当事人

原告：张某

被告：周甲

第三人：周乙

【基本案情】

周甲系周乙父亲。张某与周乙系夫妻关系，两人于2018年3月27日登记结婚，2016年2月28日生育一女周丙。2019年7月9日，周丙在一处养殖地鱼池（以下简称涉案鱼池）内落水，后因溺水抢救无效身亡。依据张某与周甲在本案庭审中的陈述及本院勘验情况，可以确认以下事实：一、事件经过。2019年7月9日，周甲将周丙带至涉案鱼池，后周丙掉入涉案鱼池，周甲发现后拨打了120急救电话，周丙最终经抢救无效身亡。经公安机关侦查，本案不符合刑事案件立案标准。二、关于周丙的日常监护情况。双方陈述，2018年7月以后，张某和周乙带着周丙居住在某宅基地，周甲夫妻二人居住在涉案鱼池旁的平房内，周甲夫妻二人会经常过来帮忙照看周丙，有时也会带着周丙去涉

案鱼池。张某与周乙未向周甲夫妻二人支付过看护孩子的报酬。三、关于涉案鱼池的情况。涉案鱼池由周甲长期承包经营，无栅栏等任何防护措施，涉案鱼池旁建有平房，周甲夫妻二人长期在此居住，平房外有一个小院，小院东侧紧挨涉案鱼池，小院东侧砌有围墙，但未砌满，从小院东侧及小院大门均可行走至涉案鱼池。据周甲陈述，小院的大门常年不关，事故发生时也没有关。

在派出所2019年7月9日的询问笔录中，周甲陈述：我带我孙女来鱼池承包地内，我把她带进承包地内小院房屋里，我去院外面墙边上摘了点豆角，然后我就在院里门口掰豆角，过了10分钟，掰完豆角，我就回屋了，才发现我孙女不见了，之后在鱼池内发现孙女已经溺水。

张某认为，发生事故当天，周甲将孩子一个人放到没有防护的涉案鱼池旁边，周甲没有尽到安全注意义务。

【案件焦点】

周甲有无过错，是否应当承担侵权赔偿责任。

【法院裁判要旨】

北京市顺义区人民法院经审理认为：第一，周甲具有保护周丙人身安全的义务。第二，周甲对周丙的监护存在一定过失。涉案鱼池旁未设立任何栅栏等防护措施，其作为孩子的临时监护人应当对此尽到注意防范义务，但周甲外出10分钟后才发现周丙不见了，应当认定其对孩子的看护存在一定过失。第三，周甲的过失程度尚未达到构成本案侵权责任之标准，不应当承担侵权赔偿责任。本案并非一般的侵权关系案件，家庭成员之间以永久共同生活为目的，要求彼此之间互帮互助互爱，对彼此的行为应有一定的宽容，对家庭成员之间的侵权行为不能适用一般侵权责任中对主观过错的判断标准，而应严格限定在故意或重大过失情况下才能构成主观过错。本案中，考虑农村地区周甲长期的周边生活环境，对周甲不应给予过度的苛责和非难。周甲长期生活在涉案鱼池旁，而农村地区该类养殖鱼池大多未设立栅栏，养殖户通常在鱼池旁自搭平房居住。本案事故发生时，已近中午，周甲出于要准备午饭的需要独自去院外摘菜的行为虽有一定不妥，但尚属情有可原，故本案周甲虽存在一定过失，但尚未达到重大过失之程度，其行为不构成侵权，不应承担侵权赔偿责任。但考虑双方利益平衡关系，同时也希望借助本案以法律的视角，明确监护人和临时受托监护人对未成年人的监护职责，在综合考虑当事人财产状况、经济收入、必要的经济支出和负担等因素后，根据公平原则酌情判令周甲给付张某 30000 元补偿款。

北京市顺义区人民法院依照《中华人民共和国侵权责任法》第二十四条规定，判决如下：

一、被告周甲于本判决生效之日起七日内给付原告张某补偿款 30000 元；

二、驳回原告张某的其他诉讼请求。

宣判后，当事人均未上诉，判决书已生效。

【法官后语】

本案争议的焦点是近亲属在看护未成年人过程中，造成未成年人人身损害的侵权责任归责原则。

当前祖父母、外祖父母看护孩子的现象普遍存在，这类近亲属之间产生的诉讼纠纷，极易受到社会各方普遍关注，处理不当可能影响整个家庭甚至社会关系的和谐稳定。面对立法的缺位，裁判者要尽力在法理与情理的矛盾冲突中作出衡量和抉择。本案例中，承办法官希冀传递了两点信息：第一，从保护未成年人的角度，无论看护人是有偿还是无偿，均应当明确看护人具有保护被管理人人身安全的义务，即看护人的义务不因其是否有偿而有所区别；第二，从维护家庭和谐稳定，促进家庭成员之间互相包容与关爱的角度，对亲人之间侵权的归责原则应当适用较一般侵权案件更为严格的标准。

首先，关于亲人之间照看孩子所成立的法律关系。虽然双方并未就委托事宜及责任事项进行详细协商，但基于近亲属之间的日常生活习惯或惯例，本案中张某夫妇将孩子委托给周甲夫妇看护的行为，构成法律上的委托监护关系，这种关系的内容就包括保护被管理人的人身安全。对于受托人来说，其应当尽到善良管理人的义务，也就是从一个普通管理人的角度出发所应当尽到的谨慎注意义务。

其次，关于看护人是否构成侵权责任的归责原则。要侧重家庭成员之间关系的特殊性来综合考量看护人是否应当承担侵权责任。本案中，若撇开家庭成员之间的关系，从一般侵权案件的归责原则来看，周甲将年仅3周岁的孩子带入涉案鱼池旁搭建的平房内，没有采取任何安全防护措施，应当认定其对孩子的看护存在过失，即能够构成侵权责任的主观标准。但本案并非一般的侵权关系案件，本案是基于家庭成员之间特殊身份关系的一种特殊的侵权关系。家庭成员之间以永久共同生活为目的，要求彼此之间互相帮助互相关爱，同时对彼此的行为应该要有一定的宽容与谅解，对家庭成员之间的侵权行为不能适用一般侵权案件的归责原则。这一裁判规则与《中华人民共和国民法典》第一千二百一十七条中新增加的有关无偿搭乘人损害的赔偿规则是一致的，即法律对于互帮互助等传统美德必须加以弘扬。本案同理。因此，在认定看护人是否应当承担侵权责任上，应当适用比一般侵权案件更为严格的标准，本案中即使周甲存在过失，也不宜判决其承担侵权赔偿责任。

最后，关于公平责任原则的适用。由看护人适当弥补法定监护人的损失，符合公平责任原则和社会公平观念。公平责任是指在当事人双方对造成损害均无过错，按法律规定又不能适用无过错责任情况下，法院根据社会公平的观念，在考虑受害人的损害，双方当事人的财产状况及其他相关情况的基础上，判令加害人对受害人的财产损失予以适当补偿。

综上，本案在适用侵权责任归责标准上综合考虑了各方利益的衡平，以及案件办理的法律效果与社会效果的统一，对今后类似案件的办理有一定的引导作用。

编写人：北京市顺义区人民法院　李青

4

共同饮酒人员归责应适用过错原则

——刘某等诉张某等生命权、健康权、身体权案

【案件基本信息】

1. 裁判书字号

北京市第二中级人民法院（2020）京 02 民终 9564 号民事判决书

2. 案由：生命权、健康权、身体权纠纷

3. 当事人

原告（上诉人）：刘某、李甲、李乙

被告（被上诉人）：张某、宋某、孙某、廖某、吴某、韩某、王某、郝某

【基本案情】

刘某、李甲、李乙（以下简称刘某等 3 人）系李丙之亲属。2019 年 3 月 27 日晚，李丙与张某、宋某、廖某、孙某、吴某、王某、郝某共同在某餐厅一起就餐并喝酒，韩某中途加入就餐并提前离开。

该餐厅包间没有监控录像，根据饭店大堂监控录像显示：

1. 各方当事人进入餐厅的时间：17：13：03，张某、宋某进入餐厅；17：15：50，郝某、王某进入餐厅，6 分钟后进入包间；17：53：43，吴某进入餐厅；17：58：10，一位案外人（女士）进入餐厅；18：04：43，李丙手提纸袋与孙某一起进入餐厅；18：35：45，廖某进入餐厅；19：11：24，韩某进入餐厅。

2. 各方当事人离开餐厅的时间：19：57：43，张某送韩某走出包间，随后李丙走出包间，三人在包间外停留话别；19：58：47，韩某离开餐厅，同时李

丙未返回包间而直接前往柜台查看账单，并与服务员交流至20：03：00返回包间；20：11：00，李丙前往柜台与服务员交流，随后案外人走出包间；20：11：57，案外人与李丙在大厅交谈；20：13：14，李丙返回包间；20：13：30，廖某与案外人一起离开餐厅；20：14：45，李丙与孙某送郝某、王某离开餐厅；20：16：46，李丙与张某在柜台抢着结账，最后由李丙用手机微信结账；20：22：54，孙某退掉两瓶啤酒；20：26：39，孙某离开餐厅；20：30：18，李丙与吴某、张某与宋某先后一起离开餐厅。

在一审中，刘某等三人认可李丙于2019年3月27日晚8点16分在某餐厅结账，并于当晚8点半左右离开餐厅。

用餐结束后，李丙与张某、宋某三人前往某KTV唱歌并喝酒，后李丙送宋某、张某回家后，自行乘坐出租车回家，在出租车上因身体不适，被出租车司机送往医院并报警。李丙于2019年3月28日03时22分去世。

李丙的居民死亡医学证明（推断）书显示："致死的主要疾病诊断Ⅰ（a）直接死亡原因为急性冠脉综合征，发病至死亡大概间隔时间为3小时；（b）引起（a）的疾病或情况为急性酒精中毒，发病至死亡大概间隔时间为7小时；Ⅱ其他疾病诊断（促进死亡，但与导致死亡无关的其他重要情况）为Ⅱ型糖尿病"。

出租车司机鲍某在派出所所做询问笔录显示："2019年3月28日0点多，我由北三环西侧辅路向南行驶。经过中央电视塔门前时，发现有一名男子在路边招手叫车，于是我就停在他旁边，这个男子上车后，说自己家住某区，我当时看到这个男子满嘴酒气，但是意识还很清醒，所以就决定送他回家。他让我先奔某地附近开。我行驶中发现醉酒乘客闭着眼哼哼。开着开着我发现这个醉酒乘客不吭声了，我叫他，他也没反应，我就直接将他送到了附近的某医院。医生就对他进行抢救，但是好像抢救不过来了，于是我就打电话报警了""该乘客自己一个人站在路边，伸手打车，站姿当时还挺直的""坐在副驾驶的位置，满嘴酒气，但是还能正常沟通，能够说清自己想要去某区某地附近，还问我认不认识，让我导航行驶""在车上没有呕吐等情况，没有表示过求救行为"。

另查，2019年3月25日17：04，孙某给李丙发微信，显示“包间订好了”；同日19：18，孙某将餐厅的地址发给李丙。

2019年3月27日16：03，李丙添加了宋某为微信好友，李丙所发微信内容为：“您好，三哥，我李丙某影视公司”；当日16：13，李丙将餐厅的位置通过微信发给宋某，并说“三哥，我们今晚在这个地方用餐，贵5”，宋某回复内容为“谢谢兄弟，晚上见”。

2019年3月27日19：56，吴某通过李丙的微信朋友验证请求，双方加为微信好友并相互留下姓名、电话。

2019年3月27日20：18，王某通过了李丙的微信朋友验证请求，双方加为微信好友，王某留下姓名及电话。

2019年3月29日23：23，郝某通过李丙的微信朋友验证请求。

此外，刘某等三人提交了就餐当日拍摄的三张照片：一张为宋某、李丙、孙某；一张为张某、李丙、郝某；一张为王某、李丙、吴某。

【案件焦点】

1. 张某等8人对李丙的死亡是否存在过错及是否应承担赔偿责任；2. 本案是否适用公平责任原则。

【法院裁判要旨】

北京市西城区人民法院经审理认为：公民的生命健康受法律保护，这里的保护既包括法律禁止行为人实施损害公民生命健康的行为，也包括当公民的生命健康处于可能遭受损害的危险境地时，负有注意义务的行为人应当采取积极妥善的措施以防止损害结果的发生。聚餐饮酒本为情谊行为，但大量饮酒可能会导致饮酒者的认识能力、行为能力和控制能力下降，使饮酒者处于一种比正常情况危险的境地。共同饮酒人作为饮酒活动的共同参与者，其共同饮酒行为是醉酒人产生危险的直接原因，因此共同饮酒人尤其饮酒活动的组织者应对醉酒者的人身安全负有一定的注意义务。本案中，双方争议的焦点主要在于与李丙共同饮酒的张某等8人是否未尽到注意义务而对李丙的死亡承担相应的赔偿责任。

一、饮酒行为与死亡之间的因果关系

本案中，虽然李丙死亡的具体原因并未经过公安机关的鉴定，无法确定李丙死亡的直接原因为醉酒，但是根据居民死亡医学证明书的记载，李丙死亡的直接原因是急性冠脉综合征，而导致这种疾病的原因是急性酒精中毒，且李丙确系饮酒后死亡，故对于李丙死亡与饮酒行为具有一定因果关系的事实，予以确认。

二、张某等 8 人是否属于组织者从而应承担一定的赔偿责任

首先，从预定就餐地点上看，根据本案查明的事实，孙某预定了饭店，但是结账人是李丙，且孙某独自先于李丙等人离开饭店，孙某的行为不符合组织者一般最后离开的通常做法；其次，从邀请人上看，廖某陈述是李丙邀请其参加聚会，不认识其他被上诉人；韩某陈述是李丙打电话邀请其前来参加聚会，除之前见过廖某外不认识其他被上诉人；结合宋某与李丙的微信聊天记录，可以看出李丙至少邀请了宋某、廖某、韩某参加本次聚会；再次，从结账情况上看，根据监控录像显示，李丙曾于事发当日 19：59、20：11 两次前往餐厅柜台查看餐单并与服务员交流，并于 20：16 分结账；最后，从送客情况上看，李丙于 20：14 分与孙某一起送郝某、王某离开餐厅后并返回；在就餐及唱歌结束后，李丙居住在本市某区，却先送居住在某区的张某、宋某回家后再自行回家，从以上行为可以看出李丙至少是组织者之一，并非被邀请人，刘某等三人以李丙不是聚餐组织者为由要求共同饮酒人承担赔偿责任，缺乏依据，不予采信。

三、张某等 8 人是否具有先行不当行为而对李丙负有注意义务

就共同饮酒人而言，如存在如下先行不当行为，则应承担相应的注意义务，造成损害结果的，应承担侵权责任：一是劝酒、敬酒、赌酒、罚酒等行为，导致同饮者受到身体健康损害甚至生命丧失；二是虽无积极劝酒等情形，但对同饮者过度饮酒行为未加提醒或制止；三是在同饮者醉酒处于危险状态情况下未及时送医治疗或未将醉酒者妥善安全处置；四是未及时有效地劝阻同饮者酒后驾车的行为。就本案而言，张某等 8 人是否存在以上行为，逐一分析如下：

1. 参加人是否具有恶意敬酒、劝酒、赌酒、罚酒等行为。由于饮酒是一种普遍存在的社会交往活动，因此大多数情况下席间都会有一些敬酒的情形，敬

酒也是活跃餐桌气氛和增进饮酒者之间友谊的常用手段，如果仅以存在敬酒行为就要求共同饮酒的人承担侵权责任，有悖常理。本案中因餐厅包间无监控录像，现有证据不足以证明参加就餐的人存在敬酒超过必要限度或者恶意劝酒的行为，亦无法证实就餐时存在赌酒、罚酒的行为，且刘某等3人曾申请韩某作为证人出庭作证，韩某在场的时间段内亦未提到存在此类现象，刘某等3人以酒席间相互强迫劝酒已成为习惯为由推测本案中存在敬酒超过必要限度或者恶意劝酒的行为，这种推测缺乏事实依据，不予采信。

2. 参加人是否对李丙过度饮酒行为未加提醒或阻止。现有证据无法证实李丙与张某等8人当时饮酒数量的情况，也无法证实李丙个人饮酒的数量；监控录像所显示的李丙两次与餐厅收银台服务员交流的状态来看，无法反映出李丙存在醉酒后的行为异常；韩某亦表明其当晚八点左右离开时李丙说话没有问题，没有发酒疯、睡觉等醉酒状态；监控录像所显示李丙离开餐厅的状况看，李丙没有表现出表达不清、无法自主行走、意识不清或失去自制力的情形，亦无酒后呕吐等异常状况，从行为表现上无法直接判断出李丙是否过量饮酒。而根据现有证据，同席就餐的人员与李丙均不属于多年好友，其中宋某、王某、吴某均为就餐当日添加为微信好友，郝某是就餐结束后通过李丙的微信朋友验证请求，从双方微信的内容可以看出以上当事人与李丙属于初次相识，对于李丙是否存在慢性疾病并不知情，一审中刘某等3人亦表示李丙并无慢性病史。在李丙缺乏明显醉酒症状亦不存在行为异常，且在场张某等8人均不清楚李丙是否存在慢性疾病的情况下，要求张某等8人主动阻拦李丙饮酒，不符合常理。

过量饮酒有害健康，是众所周知的常识，李丙作为具备完全民事行为能力的成年人，应当清楚自身的健康状况以及过量饮酒的后果，将劝阻饮酒的责任完全交由同席就餐的其他人承担，有悖常理，刘某等3人认为张某等8人明知饮酒有害健康应劝阻李丙喝酒却放纵李丙饮酒，有间接故意的过错，缺乏依据，不予采信。

3. 是否属于使醉酒者处于危险状态情况下未及时送医治疗或未将醉酒者妥善安全处置的情况。从监控录像所显示李丙与服务员交流的状态和李丙离开餐厅时的状态上看，无法看出李丙存在醉酒后状态异常的现象；张某等8人亦不清楚李丙是否存在慢性疾病等不宜饮酒的情况，在这种情况下一般人对于李丙酒后身亡的后果不具有可预见性，要求共同参加的人在饮酒结束后一段时间内预见到李丙酒后身亡损害后果的发生并履行注意义务或者救助义务，过于苛责。

此外，根据送李丙回家的出租车司机的陈述，“这个男子满嘴酒气，但是意识还很清醒……坐在副驾驶的位置，满嘴酒气，但是还能正常沟通，能够说清自己想要去某区某地附近，还问我认不认识，让我导航行驶……”以及“该乘客自己一个人站在路边，伸手打车，站姿当时还挺直的”的描述，可以判断李丙在将张某、宋某送回家后自行打车时亦未出现酒后意识不清或呕吐的异常行为，刘某等 3 人认为张某等 8 人没有尽到酒后救助义务，缺乏依据。

4. 是否存在未及时有效劝阻同饮者酒后驾车的行为。因本案李丙未开车，故不存在酒后驾车的情况。综上，刘某等 3 人所提供的证据不足以证明张某等 8 人对于李丙酒后身亡的损害后果具有过错。

四、本案是否适用公平责任予以补偿

《中华人民共和国侵权责任法》第二十四条规定，“受害人和行为人对损害的发生都没有过错的，可以根据实际情况，由双方分担损失”。公平责任的适用条件是受害人和行为人对损害的发生都没有过错的情况下。如果饮酒是一种带有风险的行为，则控制这一风险最有力的人是受害者本人，受害人作为完全民事行为能力人，应当知晓饮酒及过量饮酒的后果，因此受害人对自己的饮酒行为和酒后的行为都应当负责，如果仅因为共同饮酒就承担相应的责任而将这一义务转嫁他人，无疑有违责任自负的原则，刘某等 3 人主张因共同饮酒要求张某等 8 人承担公平责任，缺乏依据，不予支持。

北京市西城区人民法院依照《中华人民共和国侵权责任法》第六条、第二十四条、《中华人民共和国民事诉讼法》第六十四条第一款、《最高人民法院关于适用〈中华人民共和国民事诉讼法〉的解释》第九十条规定，判决如下：

驳回李甲、刘某、李乙全部诉讼请求。

刘某等 3 人不服一审判决，提出上诉。北京市第二中级人民法院经审理认为：本案争议焦点二：一是张某等 8 人对李丙的死亡是否存在过错及是否应承担赔偿责任；二是本案是否适用公平责任原则。

焦点一，共同饮酒场合，同饮人彼此之间负有适当的安全注意义务，包括相互提醒、劝告、通知、协助、照顾等，以减少安全风险，但此种安全注意义务应以普通人的认知水平与行为能力为限。可预见性是同饮人责任的边界，对于无法预料的突发情况造成的损害后果，同饮人不应承担责任。

根据查明的事实，2019 年 3 月 27 日晚，李丙与张某等 8 人一起就餐并饮酒，刘某等 3 人在一审中提交的照片显示餐桌上摆放着啤酒，虽然刘某等 3 人上诉主张一审判决未查清李丙与张某等 8 人的饮酒数量，但根据《最高人民法院关于适用〈中华人民共和国民事诉讼法〉的解释》第九十条规定："当事人对自己提出的诉讼请求所依据的事实或者反驳对方诉讼请求所依据的事实，应当提供证据加以证明，但法律另有规定的除外。在作出判决前，当事人未能提供证据或者证据不足以证明其事实主张的，由负有举证证明责任的当事人承担不利的后果。"故刘某等 3 人应对其该上诉主张负有举证责任。因李丙与张某等 8 人聚餐包间无监控录像，一审判决根据李丙在餐厅内包间与柜台间往来情形、前往 KTV 后乘坐出租车的情况，认定李丙未出现醉酒后状态异常或意识不清，并无不当。一审判决综合考虑李丙邀请参加聚餐的人员情况、结账及送客情况等，认定李丙系本案聚餐组织者之一，亦无不当。因李丙未出现醉酒后的异常行为，刘某等 3 人亦未提交相关证据证明张某等 8 人在聚餐过程中对李丙有劝酒、敬酒、赌酒或罚酒等行为，且刘某等 3 人亦未举证证明张某等 8 人对李丙患有疾病系明知，故难以认定张某等 8 人对李丙的死亡存在过错。

焦点二，本案中，李丙系完全民事行为能力人，对于饮酒后的风险应有预知和判断的能力，而控制这一风险发生的人为李丙，其对自身是否应当饮酒及饮酒量的多少应当具有判断力和控制力，应对其饮酒行为及饮酒的后果负责。李丙的居民死亡医学证明（推断）书显示其直接死亡原因为急性冠脉综合征，而引起该原因的疾病或情况为急性酒精中毒，而根据李乙所述，李丙生前患有Ⅱ型糖尿病，李丙对饮酒后可能导致的身体伤害采取放任的态度，故刘某等 3 人上诉认为李丙对其死亡不存在过错的意见，本院不予采纳。刘某等 3 人不能证明张某等8人对李丙的死亡存在过错，而《中华人民共和国侵权责任法》第二十四条规定："受害人和行为人对损害的发生都没有过错的，可以根据实际情况，由双方分担损失。"故本案不应适用公平责任原则，一审判决对此所作认定和处理是正确的。

北京市第二中级人民法院依照《中华人民共和国民事诉讼法》第一百七十条第一款第一项规定，判决如下：

驳回上诉，维持原判。

【法官后语】

本案是多人聚餐共同饮酒，其后一人死亡导致的生命权侵权诉讼。聚餐或请客吃饭都属于法律层面之外的"情谊行为"，共同饮酒亦是常见的社交活动，出现个别饮酒人人身损害的后果并不鲜见，组织者、参与者应当预见何种法律风险、相关人员应当尽到怎样的注意义务，是实际生活和司法审判中的常见问题。

《中华人民共和国侵权责任法》中最重要的归责原则为过错责任原则，即行为人因过错侵害他人民事权益，应当承担侵权责任。该条在《中华人民共和国民法典》中亦予以继承，第一千一百六十五条第一款规定："行为人因过错侵害他人民事权益造成损害的，应当承担侵权责任。"评价相关人员对受害者的责任应当首先考虑过错。

第一，共饮者注意义务的合理界定。从此类案件审判实践来看，法院对于共饮者之间的特定义务又称安全保障义务，也称注意义务，名称不同但指向内容是一致的。共饮者基于情感的链接聚而饮酒，他们之间就形成一种特殊的亲密关系，根据邻人规则理论"一个人作为或者不作为时应当考虑受自己行为直接、紧密影响之人的利益"，因此共饮者之间负有适当的注意义务，这种义务主要表现在：第一，喝酒过程中的提醒、劝告。过量饮酒有害身心健康，这是一个众所周知的事实，但作为完全民事行为能力人，饮酒者本人应该是自身健康的第一责任人，其他共饮者从积极方面来说，只能是善意提醒、积极劝告，从消极方面来说，应做到不恶意劝酒、不赌酒、拼酒。第二，酒后的护送、通知、照顾。如果饮酒者出现醉酒、身体状况异常等情况，其他共饮者应秉持合理注意义务，护送其回家或通知其家人来接，或者在特定情况下送医治疗，但这种注意应以普通人的认知水平和行为能力为限。本案中，李丙在饮酒后虽出现脸红等情况，但思维清晰、行为举止正常，从普通人的认知来看并不能意识到其处于某种危险情形。且从在案证据来看，饮酒期间并未出现恶意劝酒、赌酒、罚酒等行为，故对于其他共饮者而言，既无法预见某种突发情况所造成的损害后果，亦没有过错行为导致增加注意义务，故李丙的死亡应属意外事件，各被告人不应对没有过错且不能预见的后果承担法律责任。

第二，宴请者、组织者责任的注意义务。除自发性聚会外，某些场景下共同饮酒存在宴请者或组织者，即通常所说的东道主。相较于一般共饮者而言，东道主对于宾客应当承担更高的注意义务，但这种注意义务仍属于共饮者的义务范畴，而非《中华人民共和国侵权责任法》第三十七条所言的公共场所管理人或群众性活动的组织者的安全保障义务。《中华人民共和国民法典》第一千一百九十八条第一款继承了《中华人民共和国侵权责任法》中关于安全保障义务的规定："宾馆、商场、银行、车站、机场、体育场馆、娱乐场所等经营场所、公共场所的经营者、管理者或者群众性活动的组织者，未尽到安全保障义务，造成他人损害的，应当承担侵权责任。"通常认为，只有在法律明确规定、合同约定或者存在先前行为的情况下，安全保障义务才得以启动。基于社会安全注意义务一般针对社会公众等不特定人群，一般聚餐或宴请人员均较为固定，且限于一定范围，将共同饮酒视为一种群众性活动过于牵强，且扩大了法律对私人生活的干预程度。本案中，根据现有证据无法确定组织者，即使存在亦应只承担相较于一般共饮者更高的注意义务。

第三，本案不适用公平责任。本案审理期间，《中华人民共和国民法典》尚未生效，上诉人主张应根据《中华人民共和国侵权责任法》第二十四条规定"受害人和行为人对损害的发生都没有过错的，可以根据实际情况，由双方分担损失"。该条"没有过错"强调的是在导致损害发生这一关键问题上，受害人和行为人双方的主观心理状态均是没有故意也没有过失，均不具有任何可归责性，此时要求双方分担损失，主要基于利益平衡的公平考量，即双方此时行为均无过错，但可能使一方受益，受益方基于公平的考虑适当分担损失。公平责任的适用对于促进社会和谐、保障公序良俗有积极的作用，但不应不分原则地过度适用，更不应成为法院判决“和稀泥”的手段。对此，《中华人民共和国民法典》中对公平责任进一步明确要求，受害人和行为人对损害的发生都没有过错的，需依照法律的规定由双方分担损失。此处“依照法律规定”的改变限制了法官自由裁量空间，要求适用公平责任时一定要“有法可依”，而非“根据实际情况酌情”，在很大程度上压缩了公平责任的适用空间，与该条的立法精神是一致的。本案中，且不论李丙作为完全民事行为能力人，在明知自己身体状况的情况下，对自身是否应当饮酒及饮酒量的多少应当具有判断力和控制力，应对其饮酒行为及饮酒的后果负责。即使不考虑李丙的过错，法院认定公民的法律责任和法律义务亦不能泛化，不能与社会的正常交往活动相抵触。宴请或聚餐是一种正常的社交活动，宴请中举杯敬酒，是属合理活动范畴。若认为人们相互之间认识的、不认识的，只要聚集在一起，大家坐在酒桌上端起酒杯喝酒，相互之间就有了法律上的责任和义务，这显然不符合立法的本意。故一般情况共同饮酒属于没有特定人受益的情谊行为，不应适用公平责任判决各共饮者分担损失。

编写人：北京市第二中级人民法院　邢述华　祁欢

5

人身侵权案件能否以赔礼道歉作为责任承担方式

——姚某礼诉姚某航生命权、健康权、身体权案

【案件基本信息】

1. 裁判书字号

广东省广州市越秀区人民法院（2021）粤 0104 民初 19368 号民事判决书

2. 案由：生命权、健康权、身体权纠纷

3. 当事人

原告：姚某礼

被告：姚某航

【基本案情】

2020年10月31日15时许，被告在某祠堂门口遇见同村村民原告，双方因发生口角，被告便推搡原告并使用拳头往原告的左右脸颊及头部打了几下，事后被告拒绝调解。公安局越秀区分局认为被告的行为构成殴打他人，于2020年11月19日作出穗公越行罚决字［2020］02344号《行政处罚决定书》，决定对被告处行政拘留三日。原告于当日事发后18时、22时前往中山大学附属第一医院门诊治疗两次，病历显示原告主诉头晕，神清、无恶心呕吐等不适，查体显示左侧面部稍肿胀、压痛，神清、对答切题，未见开放性伤口。经统计原告提交的医疗费发票票据、挂号收费票据，原告共产生医疗费1409.92元。2020年11月2日，派出所就原告的损伤程度委托鉴定中心进行鉴定，该中心于2020年11月6日出具司法鉴定意见书，鉴定意见为原告损伤程度未达轻微伤。原告为此缴纳鉴定费840元。此外，原告主张因鉴定前往鉴定中心产生交通费48元。本院于庭前依职权向派出所调取本案案发监控录像及原、被告于该所形成的询问笔录等证据材料，并当庭出示，原告对上述证据无异议。被告没有到庭。

【案件焦点】

原告主张的诉讼请求中除人身损害的法定损失费用外，还主张要求被告履行赔礼道歉的民事责任，该请求能否得到支持。

【法院裁判要旨】

广东省广州市越秀区人民法院经审理认为：《最高人民法院关于适用〈中华人民共和国民法典〉时间效力的若干规定》第二条规定："民法典施行前的法律事实引起的民事纠纷案件，当时的法律、司法解释有规定，适用当时的法律、司法解释的规定，但是适用民法典的规定更有利于保护民事主体合法权益，更有利于维护社会和经济秩序，更有利于弘扬社会主义核心价值观的除外。”《中华人民共和国民法典》第一百一十条第一款规定：“自然人享有生命权、身体权、健康权、姓名权、肖像权、名誉权、荣誉权、隐私权、婚姻自主权等权利。”第一百七十九条第一款规定：“承担民事责任的方式主要有：（一）停止侵害；（二）排除妨碍；（三）消除危险；（四）返还财产；（五）恢复原状；（六）修理、重作、更换；（七）继续履行；（八）赔偿损失；（九）支付违约金；（十）消除影响、恢复名誉；（十一）赔礼道歉。”第九百九十条第一款规定：“人格权是民事主体享有的生命权、身体权、健康权、姓名权、名称权、肖像权、名誉权、荣誉权、隐私权等权利。”第九百九十一条规定：“民事主体的人格权受法律保护，任何组织或者个人不得侵害。”第九百九十五条规定：“人格权受到侵害的，受害人有权依照本法和其他法律的规定请求行为人承担民事责任……”第一千条规定：“行为人因侵害人格权承担消除影响、恢复名誉、赔礼道歉等民事责任的，应当与行为的具体方式和造成的影响范围相当。行为人拒不承担前款规定的民事责任的，人民法院可以采取在报刊、网络等媒体上发布公告或者公布生效裁判文书等方式执行，产生的费用由行为人负担。”

首先，关于本案的侵权事实及原告的损失金额。被告殴打原告、对原告施侵害健康权的事实已经公安部门予以认定，原告主张因此产生的损失包括医疗费 1409. 92 元、鉴定费 840 元、交通费 48 元，并提供了相应的病历、票据等予以证明，被告经本院合法传唤未到庭应诉、核证、质证，亦无提供反驳的证据，视为其放弃诉讼权利，本院对原告主张的上述损失共计 2297. 92 元予以认定，被告应向原告赔偿损失 2297. 92 元。

其次，关于原告主张赔礼道歉的诉讼请求。民法典实施前并无明确人格权的定义，民法典将人格权独立成编，确立自然人享有的人格权权益范围，更有利于保护民事主体的合法权益。结合案发视频及事发后双方在公安机关形成的询问笔录分析，原、被告发生口角持续时间短，与原告主张被告无故实施殴打行为相吻合，可见被告殴打原告的性质较为恶劣，确对原告造成心理和精神上的伤害，原告要求被告以赔礼道歉的形式承担民事责任于法有据，本院予以支持。

最后，关于原告主张精神损害抚慰金的诉讼请求。鉴于原告的伤势较轻，未构成轻微伤更未达到伤残等级，原告主张的精神损害可以通过被告进行赔礼道歉的形式得到弥补，故本院对原告该项诉讼请求不予支持。

广东省广州市越秀区人民法院依照《中华人民共和国民法典》第一百一十条、第一百七十九条、第九百九十条、第九百九十一条、第九百九十五条、第一千条，《最高人民法院关于适用〈中华人民共和国民法典〉时间效力的若干规定》第二条规定，判决如下：

一、被告姚某航应于本判决发生法律效力之日起五日内一次性向原告姚某礼赔偿2297.92元；

二、被告姚某航应于本判决发生法律效力之日起五日内书面向原告姚某礼公开赔礼道歉（具体内容须由本院审查）；否则，本院将在一家省一级报刊上公布判决书，刊登费用由被告姚某航负担；

三、驳回原告姚某礼的其他诉讼请求。

宣判后，当事人均未上诉，判决书已生效。

【法官后语】

本案的主要争议焦点为：关于原告要求被告赔礼道歉的诉讼请求能否得到支持的问题。在我国民法典实施前的人身侵权案件司法实践中，一般仅按照侵权责任法、人身损害司法解释等法律规定支持原告的相关法定损失，如医疗费、交通费、误工费等，对要求侵权人赔礼道歉的诉讼请求一般不予支持，但是民法典实施后，由于民法典明确了人格权的定义、确立了自然人享有的人格权权益范围，从更有利于民事主体合法权益的保护方面出发，该类案件的司法实践可能会发生变化。

首先，法律并无明确规定侵犯何种民事权益对应的民事责任承担方式。关于上述问题的法律规定如下：《中华人民共和国侵权责任法》第二条规定："侵害民事权益，应当依照本法承担侵权责任。本法所称民事权益，包括生命权、健康权、姓名权、名誉权、荣誉权、肖像权、隐私权、婚姻自主权、监护权、所有权、用益物权、担保物权、著作权、专利权、商标专用权、发现权、股权、继承权等人身、财产权益。”第三条规定：“被侵权人有权请求侵权人承担侵权责任。”第十五条规定：“承担侵权责任的方式主要有：（一）停止侵害；（二）排除妨碍；（三）消除危险；（四）返还财产；（五）恢复原状；（六）赔偿损失；（七）赔礼道歉；（八）消除影响、恢复名誉。以上承担侵权责任的方式，可以单独适用，也可以合并适用。”第十六条规定：“侵害他人造成人身损害的，应当赔偿医疗费、护理费、交通费等为治疗和康复支出的合理费用，以及因误工减少的收入。造成残疾的，还应当赔偿残疾生活辅助具费和残疾赔偿金。造成死亡的，还应当赔偿丧葬费和死亡赔偿金。”民法典对该问题的规定依然沿用了侵权责任法的上述规定，并无对侵犯民事权益对应的民事责任承担方式作具体的规定，换言之，无论是侵权责任法还是民法典，均无禁止人身损害的被侵权人向侵权人主张赔礼道歉的责任承担方式。

其次，民法典将人格权独立成编，首次明确人格权的法律定义，体现法律对人格权保护力度的加大，在人身侵权范畴可以更多方式承担侵权责任。《中华人民共和国民法典》第九百九十条第一款规定：“人格权是民事主体享有的生命权、身体权、健康权、姓名权、名称权、肖像权、名誉权、荣誉权、隐私权等权利。”第九百九十一条规定：“民事主体的人格权受法律保护，任何组织或者个人不得侵害。”第九百九十五条规定：“人格权受到侵害的，受害人有权依照本法和其他法律的规定请求行为人承担民事责任。”第一千条规定：“行为人因侵害人格权承担消除影响、恢复名誉、赔礼道歉等民事责任的，应当与行为的具体方式和造成的影响范围相当。行为人拒不承担前款规定的民事责任的，人民法院可以采取在报刊、网络等媒体上发布公告或者公布生效裁判文书等方式执行，产生的费用由行为人负担。”《最高人民法院关于适用〈中华人民共和国民法典〉时间效力的若干规定》第二条规定：“民法典施行前的法律事实引起的民事纠纷案件，当时的法律、司法解释有规定，适用当时的法律、司法解释的规定，但是适用民法典的规定更有利于保护民事主体合法权益，更有利于维护社会和经济秩序，更有利于弘扬社会主义核心价值观的除外。”在以往的司法实践中，赔礼道歉往往属于侵害姓名权、名称权、肖像权、名誉权、荣誉权、隐私权等权益的责任承担方式，但民法典对人格权确立了明确保护的方向，如适用民法典的规定更有利于保护民事主体的合法权益，可以适用民法典的规定，判定侵权人以赔礼道歉的方式承担人身侵权的法律责任。

最后，人身侵权案件以赔礼道歉为责任承担方式应当与侵权人人身侵权情节、造成影响的范围相当。就本案而言，原告主张事发时只是偶遇被告，被告首先挑起口角，原告仅回应几句就被实施殴打，事发地点为宗祠祠堂门口，对原告精神、名誉上造成一定伤害，故要求被告赔礼道歉，法院结合案发视频及原、被告在公安机关形成的笔录，认为原告主张与事实相符，亦于法有据，故支持其诉讼请求。因此，是否支持被侵权人赔礼道歉的诉讼请求，应当结合侵权人的人身侵权情节加以判定，这样才能达到判决与民法典对人格权保护的规定相符合、与法官的自由裁量权相统一的法律效果与社会效果。

编写人：广东省广州市越秀区人民法院　许伟雄　邹海媚

（二）财产损害赔偿纠纷

6

翻建人恶意拆除作为遗产的农村房屋无法恢复原状时应承担损害赔偿责任

——王某兰诉刘某友财产损害赔偿案

【案件基本信息】

1. 裁判书字号

北京市第二中级人民法院（2020）京02民终145号民事判决书

2. 案由：财产损害赔偿纠纷

3. 当事人

原告（上诉人）：王某兰

被告（上诉人）：刘某友

【基本案情】

王某兰系赵某芹与王某清之女，刘某友系赵某芹与刘某之子，王某兰与刘某友系同母异父关系。

1995年2月，赵某芹、王某兰及其他子女以共同翻建的房屋被刘某友占有为由，诉至本院要求析产继承等。本院于1995年12月作出判决：一、北房西侧一间归赵某芹所有，其余房屋归刘某友所有；二、刘某友给付王某兰房屋折价款500元；三、驳回赵某芹、王某兰等人的继承之请求。判决后，赵某芹、王某兰不服，上诉至北京市第一中级人民法院。北京市第一中级人民法院于1996年作出（1996）一中民终字第1596号判决：一、撤销北京市房山区人民法院（1995）房民初字第695号民事判决；二、双方争执的东房二间归赵某芹所有，北房西侧一间归王某兰所有、其余房屋归刘某友所有，刘某友于本判决生效后十日内给付王某兰房屋折价款900元；三、驳回赵某芹、王某兰等人要求继承之请求。

2018年，王某兰以排除妨害为由，诉至本院要求判决刘某友立即腾退24号院内两间东房、一间北房西侧房屋；诉讼费由被告承担。本院于2018年12月21日作出（2018）京0111民初18341号判决：一、刘某友于本判决生效后十日内腾退北房西侧一间的房屋；二、驳回王某兰的其他诉讼请求。刘某友不服判决，上诉至北京市第二中级人民法院，后于2019年4月18日撤回上诉。

2019年3月9日，刘某友将诉争全部房屋拆除并翻盖。

经现场勘验，现诉争院内建有一栋二层小楼（西房），每一层有三大间房屋，一层最北侧一大间自西向东包含厨房、厕所和卧室，一层中间一大间为客厅，一层最南侧一大间自西向东包含卧室、厕所和卧室；二层最北侧一大间自西向东包含卧室、厕所和卧室，二层中间一大间自西向东包含储藏间和客厅，二层最南一大间自西向东包含卧室、厕所和卧室。

【案件焦点】

农村房屋被翻建人恶意拆除，导致房屋灭失后，原权利人的权利如何保障。

【法院裁判要旨】

北京市房山区人民法院经审理认为：刘某友未经王某兰同意，且在（2019）京02民终5204号案件的审理过程中，将属于王某兰的北房西侧一间房屋擅自拆除并翻盖新屋，属于严重藐视法律、妨碍民事诉讼的行为，王某兰主张将刘某友新建的西房北侧房屋拆除并恢复原状，按照法律规定刘某友理应恢复，但经现场勘验，考虑到恢复原状刘某友确实损失过大，所以对王某兰该项诉讼请求，本院难以支持。

虽本院对王某兰恢复原状的诉讼请求未予支持，但并非赞同或许可刘某友的行为合法。刘某友擅自拆房盖房的行为，确实已严重侵害了王某兰的合法权益，理应承担相应的法律责任。经本院释明王某兰可向刘某友主张赔偿，但王某兰坚持要求恢复原状，结合本案的案情，对于刘某友承担责任的方式，本院酌情认定为以赔偿款的方式由刘某友给付王某兰，理由如下：

首先，经生效判决已确认北房西侧一间房屋属于王某兰，但因其与刘某友之间矛盾较深，王某兰至今未曾在上述房屋内实际居住；其次，双方积怨已久，不适合再共同居住生活；最后，考虑到对诉争财产王某兰曾多次提起诉讼，在其所在村庄影响较大，虽王某兰坚持主张恢复原状，但为减少当事人的诉累，也为最大限度地保障程序公正和实体公正所带来的法律效果和社会效果，故本院决定采取赔偿款的方式。刘某友擅自拆房盖房的行为，确实已经剥夺了王某兰在涉案房屋的居住以及合理使用宅基地的权利，故考虑到王某兰以后合理的住房租金、涉案房屋的区位补偿价等情形，本院酌情予以确定赔偿的数额。

对于王某兰主张刘某友返还其宅基地（南北8米，东西3.66米）的诉讼请求，其并未提交充分、有效的证据予以证明，刘某友当庭予以否认，故对此本院不予支持。对于王某兰主张精神损害赔偿金的诉讼请求，无事实和法律依据，本院亦难以支持。对于王某兰主张刘某友支付房屋租金的诉讼请求，于法有据，本院予以支持，具体赔付的租金标准和租期长短，本院结合原告的诉讼请求和本案案情予以酌定。

北京市房山区人民法院依照《中华人民共和国物权法》第三十七条，《中华人民共和国民事诉讼法》第六十四条，《最高人民法院关于民事诉讼证据的若干规定》第二条规定，判决如下：

一、被告刘某友于本判决生效后十日内支付原告王某兰房屋赔偿款238800元；

二、被告刘某友于本判决生效后十日内支付原告王某兰租房费2100元；

三、驳回原告王某兰的其他诉讼请求。

王某兰、刘某友均不服一审判决，提出上诉。北京市第二中级人民法院经审理认为：本案的争议焦点有二，一是一审法院确认刘某友以给付赔偿款的方式承担侵权责任是否适当；二是如上述责任承担方式适当，则一审法院对损害赔偿数额的认定是否适当问题。

根据生效判决书，北房西侧一间房屋归王某兰所有。后王某兰以排除妨害为由起诉刘某友腾退该房屋，生效判决认定刘某友腾退该房屋。在上述诉讼期间，刘某友未经王某兰同意便将其所有房屋拆除并翻建，其行为侵害了王某兰的合法权益，应当承担相应的侵权责任。

刘某友主张该房屋并非王某兰所有缺乏依据，本院不予采信。

关于刘某友承担侵权责任的方式问题，王某兰虽坚持要求刘某友将其原有房屋恢复原状，但一审法院考虑到涉案房屋恢复原状的成本、王某兰一直未在涉案房屋实际居住及双方确实不宜共同居住等情况，本着诉讼经济原则及最大程度实现法律效果和社会效果的统一，认定刘某友以给付赔偿款方式承担侵权责任符合双方利益，本院予以确认。

关于刘某友给付赔偿款的数额，归王某兰所有的原北房西侧一间房屋为宅基地上房屋，应考虑该房屋灭失所产生的租金损失及其他可期待利益，一审法院综合王某兰以后住房租金、涉案房屋的区位补偿价等情形确定房屋赔偿款238800元符合实际情况，本院予以确认。王某兰主张的房屋租金损失于法有据，一审法院结合王某兰的诉讼请求和本案实际情况认定王某兰租房费2100元亦无不妥，本院予以确认。刘某友主张涉案房屋年久失修，不宜居住，故不应考虑租金损失和区位补偿缺乏事实和法律依据，本院不予支持。

王某兰主张刘某友返还其宅基地（南北8米，东西3.66米）及精神损害赔偿金均依据不足，本院不予支持。

综上所述，王某兰、刘某友的上诉请求均无事实依据，不予支持。一审法院认定事实清楚，适用法律正确，本院予以维持。

北京市第二中级人民法院依照《中华人民共和国民事诉讼法》第一百七十条第一款第一项规定，判决如下：

驳回上诉，维持原判。

【法官后语】

本案争议的焦点是农村房屋被恶意灭失后的侵权责任如何承担的问题。

一、承担民事责任方式的条件

本案涉及两种承担民事责任的方式：恢复原状与赔偿损失。

恢复原状是指行为人通过修理等手段使受到损坏的财产恢复到损坏发生前的状况的一种责任方式。赔偿损失是指行为人向受害人支付一定数额的金钱以弥补其损失的责任方式。需要指出的是，我国赔偿损失的民事责任承担方式采取补偿性原则，即使受到损害的权利得以救济，使受案人能恢复到未受损害前的状态，而非通过赔偿行为额外受益。赔偿损失是运用较为广泛的一种承担民事责任的方式。而恢复原状的运用则有条件："其一，受到损坏的财产仍然存在且有恢复原状的可能性。受到损坏的财产不存在或者恢复原状不可能的，受害人可以请求选择其他责任方式，如赔偿损失。其二，恢复原状有必要，即受害人认为恢复原状是必要的且具有经济上的合理性。恢复原状若没有经济上的合理性，就不适宜适用该责任方式。"①

具体到本案中，案件审理核心即涉案房屋能否适用恢复原状的承担民事责任的方式。翻建人刘某友未经王某兰的同意，且在另案的审理过程中，将属于

① 石宏主编：《中华人民共和国民法总则条文说明、立法理由及相关规定》，北京大学出版社2017年版，第419页。

王某兰的房屋擅自拆除并整院翻盖新屋，重新建造了独立的、不可分割的建筑物。尽管王某兰主张恢复原状，但本案并不具备适用恢复原状的条件：其一，原有房屋已经灭失，不具有恢复原房屋的可能性。现有科技无法满足王某兰主张恢复原状的要求。其二，若对新翻盖的、独立的建筑物进行分割，在经济上不具有合理性，势必会对刘某友合法享有的权利造成侵害，极易引起多重纠纷。综上，涉案房屋的处置无法适用恢复原状的承担民事责任的方式。

尽管涉案房屋无法适用恢复原状的承担民事责任的方式，但是法律并未否定刘某友应当以其他方式承担相应民事责任。翻建人刘某友的行为属于严重藐视法律、妨碍民事诉讼的行为。法律上否定未经原所有人同意擅自拆除原属于其房屋的行为，并且着重强调拆除翻建的行为人主观为恶意。整院重新建房使得王某兰无法再行使涉案宅基地的相应权利。翻建人刘某友的行为构成对王某兰宅基地使用权的侵害，应当承担赔偿责任。

二、原有房屋无法恢复原状时，财产损害赔偿的民事责任的确定标准

原有房屋无法恢复原状时，应当明确财产损害赔偿的范围。翻建人恶意拆除旧房屋并再建新房屋，房屋原所有人与翻建人应当视为对新盖房屋形成了新的共有关系。原房屋所有权人与翻建人对新盖房屋的份额应当根据实际情况予以分割。分割房屋应当考量新旧房屋面积、房屋位置、区位影响等因素。

若翻建人与原房屋所有人矛盾较深，确实不适于共同居住在同一个院落内，可以采用赔偿款的方式补偿原房屋所有人。赔偿款应当包括因翻建人侵权行为造成的直接损失，具体而言应当包括原房屋所有人因无法使用涉案地块及原有房屋而另行租赁房屋居住产生的租金费用，以及涉案房屋所在区位的价值。在案件审理过程中，应当向当事人释明，可以对因无法使用涉案地块及原有房屋而另行租赁房屋居住产生的租金费用，以及涉案房屋所在区位的价值进行评估坚定，从而确定赔偿金额。

本案中，经法院释明，王某兰可向刘某友主张赔偿，但王某兰坚持要求恢复原状，为减少当事人的诉累，也为最大限度地实现程序公正和实体公正所带来的法律效果和社会效果，故法院确定采取赔偿款的方式。赔偿款的确定标准

如下：一部分是王某兰今后的租房费用，结合当地具体情形确定租金标准，考虑当地人民平均最高年龄等因素确定租期，由刘某友给付相应租金。另一部分是考虑宅基地的区位补偿款，因为以赔偿款的方式让刘某友承担侵权责任后，就等同于剥夺了王某兰及其继承人涉案房屋居住、使用的权利，所以刘某友理应给付王某兰一定的区位补偿款，法院根据涉案房屋周边宅院拆迁的区位补偿价、涉案宅基地的面积、所涉及的被继承人共同确定王某兰应付的区位补偿款。

三、农村房屋作为遗产被恶意灭失后的处理思路

当今社会，因宅基地上共建房屋分割以及遗产分割发生纠纷的此类案件，一般发生在家庭、亲属之间。因宅基地使用权价值凸显，在司法实践中，出现较多的是翻建人恶意将有争议的宅院房屋全部推倒重建、从而想达到占有宅基地使用权的结果，导致其他所有人、共有人或继承人直接丧失了对原有房屋及院落的共有、继承和使用。此案也意在探索该种行为发生后的法律评价以及民事责任承担方式。

王某兰与刘某友之间的纠纷，不仅仅限于刘某友将原本属于王某兰的房屋拆除，因刘某友将所有院落整院拆除，同时导致原本属于其母亲的房产亦被拆除，其母亲已死亡，其在该院落中的遗产亦被刘某友恶意灭失。对此，王某兰另案起诉了继承纠纷。

在司法实践中，对于遗产已经灭失的案件，往往难以再进行分割，具体到若因农村宅院被恶意灭失而导致遗产灭失无法分割，则会严重侵害到其他继承人的合法权益，有失公允，故应对恶意翻建人的行为做出否定评价并应由其承担相应的民事责任。

综上所述，对于翻建人有意隐瞒事实，其他人因居住在外地等因素，不知道翻建事实的情况下，则翻建人的行为构成侵权。但在分割房屋份额时，原共有人与翻建人应当视为形成新的共有关系，可对新房屋进行分割。若原共有人与翻建人矛盾冲突较大，不宜居住在同一院落的，即可采用赔偿款的方式用于确定原共有人的损失。

编写人：北京市房山区人民法院　韩玉

7

相互所负为松散义务的非连续性多个独立保管行为法律关系性质及责任划分

——张某良诉刘某才财产损害赔偿案

【案件基本信息】

1. 裁判书字号

河南省鲁山县人民法院（2020）豫0423民初3527号民事判决书

2. 案由：财产损害赔偿纠纷

3. 当事人

原告：张某良

被告：刘某才

【基本案情】

原告张某良与被告刘某才为同村村民。2020年6月底，原、被告一起在羊场各买两只绵羊，价值均为4300元。后原告又在他人处购买绵羊三只，价值4900元。因二人放羊地点重合，有时候二人的羊会混在一起，羊圈中会出现对方的羊，双方对此已习以为常。2020年7月11日上午，两人在同一地方放羊，后原告买的上述五只绵羊跑到被告的羊圈中。原告张某良未向被告刘某才索要，被告刘某才也未向原告张某良送还。2020年7月11日下午，被告赶羊出门上山放羊的时候，上述七只绵羊丢失。被告向原告告知情况后，二人寻找多日无果。2020年7月16日被告亲属就此情况向派出所报案，派出所的处理意见为帮助寻找。后经多方寻找依然无果，原、被告二人就此事也未达成一致意见，遂引起原告诉讼。

【法院裁判要旨】

河南省鲁山县人民法院经审理认为，在原告的羊混入被告的羊圈时，原告未及时将羊牵回，被告也未及时将羊送还，且双方之间并未签订任何契约，被告也并未取得任何报酬，结合案件的实际情况及生活习惯，该行为应视为二人之间的一种约定俗成，即不管谁家的羊混入对方羊圈都应好意看管至下次共同放牧，是一种相互的好意保管行为。在此相互的好意保管行为过程中，双方均未预料到会出现风险，也未约定出现风险之后的民事责任承担问题，因此应视双方的行为均系对风险承担的默示，在这种情形下，原告的五只羊混入被告的羊圈，被告虽然没有从原告处获得利益，但根据双方的约定，被告实质上具有了暂时保管人的身份，仍负有保障财物（羊）在下次放牧时安全返还给原告的义务，在出现羊丢失的情况后，其应对原告所受的损害承担赔偿义务。结合本案情况，本院酌定被告按50%的比例承担赔偿责任，即赔偿原告张某良损失4400元。

河南省鲁山县人民法院依照《中华人民共和国侵权责任法》第二十四条规定，判决如下：

一、被告刘某才于本判决生效之日起10日内赔偿原告张某良损失4400元；

二、驳回原告张某良的其他诉讼请求。

宣判后，当事人均未上诉，判决书已生效。

【法官后语】

下面就“要约与承诺——保管合同成立的要件分析及保管行为有偿与否的分析”进行分析

第一层次：标的物交付的《中华人民共和国民法典》规定。《中华人民共和国民法典》第八百八十八条规定，保管合同是保管人保管寄存人交付的保管物，并返还该物的合同。寄存人到保管人处从事购物、就餐、住宿等活动，将物品存放在指定场所的，视为保管，但是当事人另有约定或者另有交易习惯的除外。由此观之，在保管合同法律关系中，保管人负有亲自保管标的物即妥善维持其相当价值的义务。亲自保管保管物的义务要求寄存人向保管人交付保管物，保管人需实际控制保管物。民法中，存在五种动产的交付方式，即现实交付、简单交付、占有改定、指示交付和拟制交付。根据上述五种交付方式的规定以及结合保管合同的基本性质，应当将保管合同中的交付方式限定为现实交付。在本案中，原、被告双方的保管关系由一系列相互独立、可分的保管行为构成。结合上述关于保管合同的分析，在相互所负为松散义务的非连续性多个独立保管行为中，保管物的实际交付时点应为自家羊群脱离本人的控制，而进入对方的控制范围内为实际交付时间。此时，保管人才得以对保管物进行保管、看护。

第二层次：案涉保管合同成立的要件分析。在本案中，连续相互帮助保管的行为中，当事人对方在自己的财物需要保管时，有充分的理由相信对方也会给予看管，因此种信赖是基于良好善良的风俗引致的，是基于之前代对方妥善尽责看管之对等的期待，当然这也不仅仅是纯粹的心理上的期待，而是具有双方一致意定基础上的信赖。所以其已经由道义上的偶然的好意施惠行为上升到了民事法律关系中具有规范法上确定意义的保管义务。只要这种信赖具有充分合理的基础，便自一方的羊进入对方羊群，并持续地放任这种状态，便形成了一方对相对方发出的保管合同的要约。除非对方当场明确地予以反对，否则便形成以默示行为对对方法处置保管合同的要约而作出承诺的意思表示，至此合同便告成立，当然这种保管行为，同样应当赋予另一方随时的解除权，即只要另一方在任何时候提出异议，并妥善将羊还给对方，便产生解除合同的效果。

《中华人民共和国民法典》第八百九十七条规定，保管期间，因保管人保管不善造成保管物毁损、灭失的，保管人应当承担赔偿责任。但是，无偿保管人证明自己没有故意或者重大过失的，不承担赔偿责任。从长期看，连续相互帮助保管的行为中保管人和寄存人之间存在利益交互。因此，在保管人保管不善造成保管物毁损、灭失的，保管人应当承担赔偿责任。

第三层次：保管行为是否有偿的分析。某一法律行为是否有偿，在有书面约定或者合同附随义务的情况下，不难判断。比如，在停车场、商场或者宾馆等相应场所提供附加服务的情况下，根据其提供服务所延伸或扩展的范畴便可以判明，更不论明确约定保管费用的书面保管合同等情况下，而较难判断的就是本案所涉的口头协议或者双方在一定习惯之下形成默契的情况。基于此，本案中从相互代为放羊的行为，与目前的民商事法律关系最为接近的有两个：一是好意施惠行为；二是保管合同法律关系。而从上述原、被告代为看管对方的羊，且没有书面或是口头约定，而是一种默认的代为保管的、松散的，在放羊过程中反复出现的非连续性的行为。从主观上来讲，既有基于善良风俗和良好邻里互助精神的好意施惠而共同受益的结果，即以提供无偿帮助为手段，以融洽邻里关系为目标的助人为乐行为；同时客观上又具有基于相互间信赖关系的保管合同法律关系。而该保管合同又是由一系列相互独立、可分的，以案涉的羊回到对方羊群（进入对方控制之下，下同）为完成时，并由另一方的羊进入对方羊群为起点的保管合同，即呈现出反复性、非连续性和松散性的特征。这就决定了该保管行为从单个的可分割行为去考察，均是一个自觉自愿的好意施惠行为抑或无偿的代为保管行为。但是如果从连续多个行为进行综合分析，可以得出如下推论：一是原、被告共同放养相互关系较好，形成了基本的信任和信赖关系，且双方对自己的羊进入对方的羊群或家里，视为一种正常情况。二是对方对进入自己家或羊群的羊，一直以来都是同等看待，对方也有充分理由推测另一方会给予同等看护。三是一方对另一方放羊的看管行为，无须每次都达成书面或者口头的一致，而视为一种默认的“交易习惯”。四是一方是以双方长期以来形成的默契或者既得利益，而代为照管看护对方的羊，这种从单个来看表面上是好意施惠或者无偿代为看管的行为，实际上仍然存在着利益交互和对等内容的。正是基于双方相互信赖的原因，才会无差别地看管对方当事人的财物，以期基于自己的善良行为获得对方的对等帮助。所以，该种保管行为虽属于有偿保管，但当事人所获利益较小甚至是无足轻重，此时，如果对保管责任人要求过于严苛，甚至放大到其就全部保管物的完全责任，将会从根本上导致该相帮互助的良好传统丧失社会基础，进而不利于传统的善良乡村风俗的保持。因此，从权利和义务相对等的角度来看，不宜对保管人强加过多的注意义务。承担赔偿责任亦应当与通常情况下的保管合同有所区别，即形成了具有互助特征之非连续性多个保管合同的集合体。对于该保管合同集以一方已有证据的形式，明确表示不再为对方进行保管为合同解除的标志，否则该保管合同便会以一方羊群混入对方羊群或家中并受对方管领照管而成立一个新的保管合同关系。基于上述认识，遂作出判决。

编写人：河南省鲁山县人民法院　李华　王清青　刘志强

8

老年人捡拾“垃圾”变卖导致财产损害的责任认定

——健康管理服务中心诉潘某某财产损害赔偿案

【案件基本信息】

1. 裁判书字号

北京市西城区人民法院（2020）京0102民初4469号民事判决书

2. 案由：财产损害赔偿纠纷

3. 当事人

原告：健康管理服务中心

被告：潘某某

【基本案情】

原告健康管理服务中心从事美容美肤服务行业。2019年11月24日，快递公司将原告购买的一箱化妆品放置于原告封闭的楼道公共区域内，在原告准备取回房内时发现丢失，便向派出所报案，经调取门口监控显示，被被告潘某某（71岁）取走，被告在电梯间还打开箱子，检查了箱内的化妆品，后被告将化妆品丢弃，派出所民警传唤被告且进行了询问，认为不构成刑事、行政立案条件，建议通过民事诉讼向被告主张损害赔偿。原告认为被告为了牟取私利，擅自将原告所购商品丢弃，给原告造成经济损失为17837.5元，原告多次向被告追偿均被拒绝。为了维护自身合法权益，原告向法院提起诉讼，请求法院判决被告赔偿化妆品损失费及律师费共计22837.5元。被告潘某某不同意原告的全部诉讼请求。

【案件焦点】

1. 损害结果的认定，即原告货物损失的数量和价值如何确定；2. 侵权责任的划分，即被告是否应当承担全部的赔偿金额。

【法院裁判要旨】

北京市西城区人民法院经审理认为：首先，原告提交了出库单、发票、电子银行转账回单予以证明其遭受的货物损失价值，被告对此不予认可，并从货物的价值、数量、重量等方面提出相应的抗辩意见，但均未提交有效的证据予以证明。并且原告出示的出库单所显示的货物名称及数量与发票记载的内容一致，发票显示的金额与电子银行转账回单显示金额一致，三份证据所记载的日期亦与本案事实紧密关联，由此相互印证，形成了完整的证据链条，足以证明原告购买货物的实际价值。虽然被告认为原告主张的损失与实际不符，但在上述原告已证明购买货物实际价值的情况下，被告作为主动行为的侵权人应对其将快递纸箱拖走时该纸箱内实际货物数量或价值发生变化进行充分举证，而不能再苛责原告对此进行举证。现被告未提供充分证据证明其主张，故本院对原告主张的货物损失金额为17837.5元予以确认，对被告认为原告主张损失的货物数量和价值过高，与实际不符的抗辩意见不予采信。

其次，根据原告职工谢某某在派出所的陈述和原告当庭陈述，原告的职工将装有价值贵重货物的快递签收后，直接放置于门口公共楼道内长达数小时，其本身对贵重货物未尽到谨慎防范义务，故原告对货物损失的结果存在一定过错，可以减轻被告的赔偿责任。但鉴于货物放置的公共楼道内亦属于小区居民楼内相对封闭空间，而被告在此情况下将置于相对封闭空间内的非其所属物品擅自处理，故其对损害结果承担较大责任。本院依照公平公正原则，综合考虑各当事人的过错程度，根据本案的具体案情，酌定由被告承担60%的赔偿责任为宜。

最后，由于律师费并非被告侵权行为所必然产生的损失，且律师费的数额完全是原告和其委托诉讼代理人之间内部的协商结果，被告并未参与律师费的协商过程，原告与其律师关于律师费的约定不能突破债之相对性原理对被告产生约束力，故原告要求被告承担律师费的诉讼请求，于法无据，本院不予支持。

北京市西城区人民法院依照《中华人民共和国侵权责任法》第六条、第二十六条，《中华人民共和国民事诉讼法》第六十四条规定，判决如下：

一、被告潘某某于本判决生效之日起七日内赔偿原告健康管理服务中心化妆品损失10702.5元；

二、驳回原告健康管理服务中心的其他诉讼请求。

宣判后，当事人均未上诉，判决书已生效。

【法官后语】

本案可谓是老年人基于主观认识错误，由于疏忽大意导致财产损害赔偿的典型案例。一方面，在我们的日常生活中，老年人爱捡拾废品垃圾进行变卖的行为较为常见，其属于个人生活习惯所致。另一方面，随着社会的经济发展和人民生活方式的不断变化，网络快递购物成为人们常见和使用的便利交易形式。当快递送达遇到收货人不在场的情形下，一般快递人员会经过收货人的允许将快递物品放置于送达地址附近，如收货地址为住所的，物品会放置于住所门前。对于未拆封的快递货物而言，一般人们不会将其作为废品对待，否则私自拿走或损坏则有“盗窃”或“故意损害公私财物”之嫌。但如果快递被拆封，快递箱内物品杂乱摆放，则会被老年人当作遗弃的物品看待，从而捡拾变卖。老年人因疏忽大意导致他人物品财产损害，这主要是老年人的日常生活习惯与新兴的日常购物方式之间的认识误差所导致。本案的处理引起了社会的广泛关注和探讨，对老年人和快递收货人具有很好的警示教育意义。

一、损害结果认定的举证责任分配

本案为财产损害赔偿纠纷，属于侵权责任纠纷的一种，应当以存在损害结果为前提。对于财产侵权案件，主要体现为受到损害的财产的具体价值，以确定侵权人应当支付多少赔偿金。而本案的争议焦点之一就是双方对损害结果的认识不一。原因在于原告收货后对快递进行了拆封验货，然后将打开的快递纸箱放置于住所门前。这一过程存在一个货物数量和价值减少的合理怀疑。被告亦基于此对化妆品损失数量和价值提出了质疑。由于损害结果系案件的客观事实，故依据"谁主张、谁举证"的原则，应当由原告承担证明损害结果认定的举证责任。现原告已经就损害结果提供了化妆品销售商开具的发票、出库单和交易的银行转账记录，并且这些证据已前后衔接印证了损失物品的数量和价值，足以说明原告已经完成了相应的举证责任。此时，若要求原告继续就货物损失价值和数量未发生变动进行举证，势必会过于苛责而加重原告的举证责任，不合理亦不公平。因此，法院有必要对举证责任进行公平合理的分配。被告应当就其对化妆品的数量和价值的质疑与反驳进行相应的举证。然而被告未能对其主张的事实进行充分合理的举证，不足以推翻原告提出的证据，因此法院未能采信其答辩意见，从而采纳了原告的损失主张，认定本案化妆品的损失价值为发票所载明的金额。

二、赔偿责任的合理划分

《中华人民共和国民法典》沿用了原《中华人民共和国侵权责任法》的规定，行为人因过错侵害他人民事权益，应当承担侵权责任。侵权责任的成立必须具备违法行为、损害事实、因果关系和主观过错四个要件，四者缺一则不能构成侵权责任。被告潘某某将原告的快递纸箱及纸箱内物品错误地当成废品进行处置，导致原告遭受了财产损失，其行为与损害结果具有必然的因果关系。虽然公安机关并未对被告进行刑事立案，但并不妨碍法院依据现有证据认定被告应承担的民事责任。被告潘某某作为成年人，在处置纸箱和纸箱内物品的过程中，应当根据纸箱和物品的包装情况对其是否属于他人抛弃的废品进行合理判断。被告想当然的将纸箱和物品作为废品处置，其主观应当或能够预见自己行为的损害结果，由于疏忽大意没有预见，符合侵权法律规定的主观过错要件。因此，被告潘某某应当赔偿原告已遭受的财产损失。

但本案在赔偿责任认定方面又存在特殊之处。首先，被告潘某某年逾七旬，年龄较大，且文化层次较低，仅有小学文化程度，又来自偏远省份的县城农村，其本身对化妆品的认知与年轻人相比存有较大差距。如果直接“一刀切”地认定被告承担全部赔偿责任，则有违民事法律的公平原则，处理结果亦不公正。其次，原告在明知自己所购货物为贵重物品的前提下，将所购物品放置在相对封闭的楼道公共区域内，且时间长达近数小时，有违常理，其对本案的损害结果亦存有一定程度的过失。根据“过失相抵减责”规则，即被侵权人对损害的发生也有过错的，可以减轻侵权人的责任。最终，法院认定由被告潘某某承担60%的赔偿责任较为合理，同时也得到了双方当事人的一致认同，体现了社会效果和法律效果的统一。

编写人：北京市西城区人民法院　马德天

9

台风引发电力线路火灾导致的采脂损失是否应当由供电公司承担侵权责任

——林产公司诉某县供电分公司财产损害赔偿案

【案件基本信息】

1. 裁判书字号

江西省吉安市中级人民法院（2020）赣08民终1727号民事判决书

2. 案由：财产损害赔偿纠纷

3. 当事人

原告（上诉人）：林产公司

被告（上诉人）：某县供电分公司

【基本案情】

2015年10月30日林产公司与林场签订《租赁松树采脂合同》，约定林场提供自主林权采脂山场，合同期限为三年，自2016年1月1日起至2018年12月31日止，租赁费按当年实际采脂株数结算。2016年9月28日3时50分左右，另一山场发生森林火灾，导致林产公司租赁的山场森林烧毁，已挂包未收割松脂全部烧毁，采脂工人被迫停工，同时由于松树被烧，林产公司在2017年、2018年无法采脂。林业工作站填写并上报的《森林火灾基本信息采集表》和派出所调查材料得知火灾起火是松树压断高压线引起。火灾发生后被告对高压线下的树木进行了砍伐作业，倒下的松树高度约15米。经万安县人民法院委托司法鉴定中心鉴定得出，该火灾烧毁山林过火面积为1049亩，导致无法采脂所造成的年度利润评估基准价格为381752元，另林产公司2016年已采脂25171公斤。

【案件焦点】

台风引发涉电力线路火灾，在具体引发火灾原因无法查清时，法院如何考量电力公司在架空电力线路保护区域内是否按相关规定履行了应尽的管护义务。

【法院裁判要旨】

江西省万安县人民法院经审理认为：利用高压设施从事高压作业造成他人的人身或财产损害的，其所有者、管理者或经营者应当承担侵权责任，本案被告某县供电分公司所有的高压线路，因被林木压断引发原告林产公司承包采脂山场火灾，烧毁正在采脂的松树，原告因松树被烧无法采脂，造成原告损失，被告应当承担赔偿责任。被告作为该电力设施的所有人和经营管理人，未严格依照电力设施保护的法律法规排除妨害。《江西省电力设施保护办法》规定架空电力线路穿越林区时，应按以下规定砍伐出安全通道，通道的宽度为电力线路两边线间的距离和林区主要树种自然生长最终高度的两倍之和。从被告向法庭提供的火灾照片看，被告并未在架空电力线路按规定砍伐出安全通道。正是由于被告对高压线的疏忽管理，才导致了原告承包采脂的松树被烧，故对被告辩称的是因自然灾害引起的，被告不承担责任，本院不予支持。对于原告提出的损失，本院认为，原告起诉付员工工资损失为 8 万元，是原告为采脂已经支付给员工的，由于火灾造成已采松脂被烧，属原告直接损失，应予支持，对于原告主张的因用益物权的消灭造成原告在三年承包期内无法采脂的损失，经本院委托中机构鉴定为每年利润 381752 元。但是因《国家级公益林管理办法》的修改，国有一级国家级公益林原则上不得开展生产经营活动，严禁采脂。故从 2017 年 5 月开始，原告承包的山场不能进行采脂，也就不存在收益，故原告的采脂损失只能计算 1 年零 4 个月的，即 381752 元/年×1.4 年＝534452.8 元，减去 2016 年第一期已实际采脂 25171 公斤的利润，（25171 公斤×9 元/公斤－25171 公斤×4.3 元/公斤＝118304 元）118304 元，即为原告的采脂损失。

江西省万安县人民法院依照《中华人民共和国侵权责任法》第六条、第七十三条，《中华人民共和国物权法》第三十七条，《中华人民共和国合同法》第一百一十三条规定，判决如下：

一、被告某县供电分公司于本判决生效之日起十日内赔偿原告林产公司经济损失 496148.8 元；

二、驳回原告林产公司其他诉讼请求。

林产公司、某县供电分公司不服一审判决，均提出上诉。江西省吉安市中级人民法院认为，根据林业工作站填报的《森林火灾基本信息采集表》和派出所所作现场勘验笔录以及对相关人员的询问笔录等，外力作用引发本案火灾的形式有两种：一种是受台风“鲇鱼”和北方冷空气影响，大风直接刮断高压线，引发火灾；另一种是台风“鲇鱼”和北方冷空气引发当日大风，先刮倒 15 米长的湿地松，湿地松倒伏在高压线上，导致高压线折断，引发火灾。对于台风“鲇鱼”和北方冷空气带来的大风直接刮断高压线，进而引发火灾的情形，属于不可抗力造成他人损害，某县供电分公司对于火灾烧毁的林产公司已挂包松脂及待采脂松树松脂损失，均无须承担侵权责任。对于台风“鲇鱼”和北方冷空气带来的大风先刮倒 15 米长的松树，松树倒伏在高压线上，导致高压线折断，进而引发火灾的情形。因火灾系松树压断高压线后所致，三根高压线仅是火灾发生的行为媒介，引起火灾、制造损害的真正原因是松树折断并倒伏，根据派出所所作《现场勘验笔录》载明的“折断的松树离地1米处有明显断裂痕迹，断口直径为30公分，断口处可见采脂遗留痕”以及某县气象局关于事发当日天气情况的《证明》，15米长的松树折断既有台风的原因，亦有林产公司在该松树上采脂，导致树干牢固性降低的因素。根据某乡人民政府和某村委会联合出具的《证明》，案涉高压线于1989年年底就已建成并经验收合格后投入运行，该支线架设时穿越的某山场上并没有栽种松树，是空旷的地块，线路架设高度超过5.5米，几年后，开始在山场上种植松树。作为涉案林木所有权人的林场和实际使用权人的林产公司，在架设在先的案涉架空电力线路保护区内，应确保种植的林木不危及电力设施安全；种植后，对于自然生长可能危及架空电力线路的所有植物，都应及时予以砍伐。某林场和林产公司因对案涉自然生长至15米高的松树未进行管护，因此某县供电分公司不应对林产公司的损失承担赔偿责任。综上，在案涉火灾发生原因不明、侵权行为实施主体无法确认的情况下，林产公司要求某县供电分公司承担侵权责任，依据不足。某县供电分公司的上诉请求成立，林产公司的上诉请求不成立。

综上所述，在案涉火灾发生原因不明、侵权行为实施主体无法确认的情况下，林产公司要求某县供电分公司承担侵权责任，依据不足。某县供电分公司的上诉请求成立，林产公司的上诉请求不成立。

江西省吉安市中级人民法院依照《中华人民共和国侵权责任法》第二十九条、第七十三条以及《中华人民共和国民事诉讼法》第一百七十条第一款第二项规定，判决如下：

一、撤销江西省万安县人民法院民事判决；

二、驳回上诉人林产公司的诉讼请求。

【法官后语】

一、关于台风引发涉电力线路火灾具体原因不明时的裁判思路

森林火灾是一种突发性强、破坏性大、处置救助较为困难的自然灾害。火灾的发生由于火灾现场的复杂性、破坏性，火灾证据的隐蔽性等原因，并非每起火灾都能查清起火原因。本案火灾原因不明，对于火灾责任的认定问题争议

较大。法院通过审查现有证据，列举出两种外力引发火灾的原因：一是台风直接刮断高压线引发火灾；二是台风先刮倒松树后倒伏在高压线上引发火灾。对于原因一，属于自然灾害产生的不可抗力导致他人损害，某县供电分公司不承担侵权责任；对于原因二，由于林场在电力线路保护区违规种植，火灾既有台风原因，亦有林产公司采脂降低树干稳定性，某县供电分公司已尽管理职责，因此某县供电分公司无过错不承担责任。综合分析引发火灾的两种原因，得出两种情形万安县供电分公司均无须承担侵权责任。笔者认为，二审法院这种裁判思路在本案中是可取的，尤其是针对本案关键事实无法查清时，采用列举的方式，对所有可能的情况一一论述，最后总结各种情况综合裁判，这样既对无法查清的案件事实作出了准确评判，又不会损害当事人的合法权益。

二、台风引发涉电力线路火灾的不可抗力情形审查

不可抗力是指不能预见、不能避免并不能克服的客观情况。其来源既包括自然现象，也包括社会现象。台风这一自然灾害属于比较典型的不可抗力，具有客观上的偶然性和不可避免性，主观上具有不可预见性和社会危害性。本案的引发火灾可能原因一中，涉案台风“鲇鱼”属于不可抗力，受台风“鲇鱼”和北方冷空气影响，对于大风刮断高压线引发火灾烧毁代采脂松树导致林产公司无法采脂这一事实，某县供电分公司无须承担责任。

三、电力公司在架空电力线路保护区域内应履行应尽的管护义务

某县供电分公司于1989年年底建成涉案电力线路并投入运行，并于1999年12月开始进行管理，验收时涉案电力线路符合《电力设施保护条例》第十条的相关规定，其周围是空旷地块，并且线路架设高度达标，因此在建造和验收阶段某县供电分公司不存在过错。在维护管理阶段，某县供电分公司作为电力设施的所有人和经营管理人，对电力设施有维护管理的义务。但是，对于供电公司电力线路清障的具体要求，没有专门法律法规对此进行详细规定，因此，只能通过法官的自由裁量来认定电力公司是否尽到了管理维护的义务。本案现有证据可以证明，某县供电分公司接管涉案电力线路后每年都对该支线进行清障，线路两边3米以上的湿地松等树木都会进行砍伐，因此认定某县供电分公

司在架空电力线路保护区域内尽到了维护管理义务，某县供电分公司不存在过错，无须承担责任。

四、架空电力线路保护区域外树木的管护义务人应为树木所有人和使用人

首先，作为涉案林木的所有权人某林场，在电力线保护区域内种植松树的行为违反了《中华人民共和国电力法》第五十三条，具有一定的过错。其次，林产公司作为涉案林木的使用权人，其与某林场对于架空电力保护区域外的林木具有管理维护的义务，对可能危及电力线路安全的林木应当及时砍伐。本案的引发火灾可能原因二中，倒伏在高压线上的松树长达15米，位于架空电力线路保护区域外，由于某林场和林产公司未对架空电力线路区域外可能危及电力线路安全的树木及时进行砍伐，没有尽到管理维护责任，因此对涉案火灾的发生存在一定过错，对于火灾产生的损失，应当由某林场与林产公司自行承担。

编写人：江西省吉安市中级人民法院　魏海飞　陈素梅

（三）其他纠纷

10

法定代表人使用个人网络社交账号发布针对竞争对手的诋毁信息，可判令公司通过该个人账号承担责任

——科技公司诉网络公司商业诋毁案

【案件基本信息】

1. 裁判书字号

天津市第一中级人民法院（2020）津01民终1929号民事判决书

2. 案由：商业诋毁纠纷

3. 当事人

原告（被上诉人）：科技公司

被告（上诉人）：网络公司

【基本案情】

原告科技公司成立于2017年9月19日，经营范围包括房地产经纪服务，是×××××home. com域名持有者。被告网络公司成立于2015年1月19日，经营范围包括房地产经纪服务、房地产信息咨询等。案外人印某坤是被告网络公司的法定代表人。

2017年11月6日，印某坤在其朋友圈中转载文章《今年一个新起的留学生租房平台叫什么×××××，我看叫“胡来”》并且评论“我亲自和最大公寓商核实了，确实从未和这家移民公司旗下的×××××签署过任何合作协议，更未授权过这家公司去A收取学生租金。假的就是假的，永远都变不成真的，做生意就是要踏踏实实，搞歪门邪道一定不行”。同日18：57印某坤发布朋友圈“A已经明确官方多次要求你停止销售对方产品，为什么你还在欺骗学生说你可以帮学生申请A的公寓？并诱导学生向你交钱！一个正儿八经的企业，会这么做？不要再奢想那一套见不得光的鬼把戏可以拿到留学生身上胡来，我不答应！”2017年11月5日21：12印某坤在朋友圈转发文章《风险提示：×××××内部消息，英国最大公寓商之一取消了》并评论“骗子就是骗子，我亲自核实了十几家公寓商，至今尚未有一家承认和这个公司有过合作。对方的行为已经不再是商业竞争，而是挑战商业诚信和法律法规……”

印某坤的新浪微博账户为“印某坤是80后”，简介中显示“异乡好居，海外留学租房买房平台！www. ××××zz. com。2017年11月10日04：03，该微博用户发布“×××××到底还是出事了，学生最后还是都来找异乡好居收拾烂摊子……”同日12：55发布“××××××同志，你每一个谎言都被公寓商一一官方戳破，想换个马甲继续骗？……你不觉得你在给中国人和中国企业丢脸吗？渣得很！”

印某坤的领英网注册账号××××× Yin 介绍中显示 Founder&CEO at ×××××，×××××·Peking University，Haidian District Beijing，China·500+。该用户在其主页发布数个截图并发表“有一家名为×××××的新公司……并引诱学生直接向他们支付租金，学生们说他们被骗了，所有学生的预订现已被供应商取消……”

【案件焦点】

1. 涉案被控行为是否属于印某坤的职务行为；2. 被告是否构成商业诋毁以及法律责任如何承担。

【法院裁判要旨】

天津市和平区人民法院经审理认为：原、被告经营范围均包括海外房地产经纪服务，双方存在竞争关系。印某坤作为被告的法定代表人，从其个人认证的三个账号的注册名称以及其所发布的内容可见，上述账号具有开展商品宣传、销售等经营活动的功能。同时，印某坤发布的涉案内容与被告从事房屋经纪的经营范围密切相关，系为实现被告的利益而实施的行为，与印某坤的私人事务无涉，故涉案被控行为虽由印某坤具体实施，但并非属于印某坤的个人行为，应属于职务行为。

印某坤在其评论中使用的包括“歪门邪道”“骗子就是骗子”“渣得很”“肮脏行径”等措辞均是负面词汇。同时，印某坤发布的“我亲自和最大公寓商A核实了，确实从未和这家移民公司旗下的×××××签署过任何合作协议”等内容。而彼时，原告作为刚刚成立两个月的公司，正处于起步及业务开拓阶段，即便没有与上述公寓商进行合作也符合常理，但是，印某坤在发布涉案言论未能对事实进行全面、客观、审慎陈述，容易引发相关公众的错误联想，从而破坏竞争对手的交易机会。综上，被告法定代表人发布该些文字内容具有明显的贬低他人、引导消费者购买方向、形成市场竞争优势的主观故意。被告网络公司作为同业竞争者，未尽谨慎注意义务，发布的涉案内容，给原告商誉造成一定不良影响，构成商业诋毁，应承担停止侵权、消除影响、赔偿损失的民事责任。

考虑到网络公司商业诋毁行为的方式是在其法定代表人认证的账号上发布相关的内容等因素，原告主张消除影响的方式和范围亦与侵权行为所造成的影响范围相当，故原告主张在被告在其法定代表人印某坤认证的领英网账号、微博账号、微信朋友圈对其侵权行为进行赔礼道歉，消除影响的声明的诉讼请求，予以支持。

天津市和平区人民法院依照《中华人民共和国反不正当竞争法》第十一条、第十七条，《中华人民共和国民事诉讼法》第六十四条第一款，《最高人民法院关于适用〈中华人民共和国民事诉讼法〉的解释》第九十条规定，判决如下：

一、被告网络公司于本判决生效之日起立即停止对科技公司的商业诋毁行为，即删除在其注册账号上的涉案侵权内容；

二、被告网络公司于判决生效之日起十五日内，于注册账号上连续48小时刊载声明，用以赔礼道歉、消除影响（声明内容须经法院审核）；

三、网络公司于本判决生效之日起十日内赔偿原告合理开支20000元；

四、驳回原告其他诉讼请求。

网络公司不服一审判决，提起上诉。

二审法院同意一审法院的裁判意见。

【法官后语】

本案在当事人双方存在竞争关系问题上比较清晰，主要应厘清的是，法定代表人在其个人社交账号发表具有诋毁其他公司信誉言论是否为职务行为，如属职务行为，责任承担方式如何确定等问题。

一、法定代表人发表诋毁竞争企业信誉言论属职务行为

商业诋毁是存在于商业领域内的特殊侵权行为，反不正当竞争法所规制的商业诋毁的行为主体是经营者，而非个人，特点是存在竞争关系的一方经营者为了获取不正当的经营利益，编造、传播虚假信息或者误导性信息，损害竞争对手的商业信誉、商品声誉。因此，一侵权行为是否为职务行为，即是否成为

构成商业诋毁的关键。

因法定代表人当然地负有进行企业商业推广、参与商业竞争的责任要求和利益冲动，一般情况下，只要法定代表人实施的侵权行为与法人的商业经营有关，都应当认为是职务行为。具体而言，对法定代表人并无法人决议的侵权行为是否属于职务行为的判断，主要应考虑如下方面因素：1. 法人是否由侵权行为受益；2. 侵权行为的受害人或受众对侵权行为人的身份判断（是否将行为人视为是为了法人利益进行侵害行为的法定代表人角色）；3. 所实施的侵权行为分属的业务类型是否属于法定代表人一般的职责内容（如维持或提高法人声誉、增加企业竞争机会等）。

本案中，印某坤作为网络公司的法定代表人，在其个人网络平台账号发布侵权信息的行为，该行为在客观上贬低了竞争对手的商业信誉，网络公司潜在受益，从行为外观上看，印某坤的账号发布的案涉侵权信息系对竞争对手的贬低，受侵害的竞争对手和账号信息的受众当然地认为该行为是其作为网络公司法定代表人而为。因此，印某坤实施的案涉侵权行为应属于职务行为，构成商业诋毁。

二、法定代表人通过个人网络平台账号实施商业诋毁的侵权责任特殊承担方式——通过个人网络账户承担责任

法定代表人实施商业诋毁的侵权责任需由法人承担，但具体到通过网络账号实施的商业诋毁行为，其影响范围和效果具有明显的账号主体个人特性，侵权行为的后果一般率先和主要在其账号粉丝、平台社交好友等主体间出现，继而经这些主体再向外传播扩散，社会评价、商业信誉降低等的不良影响也一般以该主体为中心，呈涟漪状扩散，赔礼道歉、消除影响的公告、声明等通过个人账号发布的作用也会更为直接、有效，否则，难以真正实现对受害人的权利救济。因此，有必要确定在法定代表人的个人平台账号上删除侵权内容、发布声明等。

确定通过法定代表人个人网络平台账号承担责任不存在履行障碍，账号虽由法定代表人控制，但法定代表人与法人此时利益一体、意志一致，能够配合法人承担判决所确定的责任，主动地履行删除、刊登声明等义务，抑或者故意

一起拒绝履行义务，但不会出现法人欲履行而不能的情况。因此，判决由法人将法定代表人个人账户中的侵权内容删除或在个人账户中赔礼道歉等，是与侵权行为所造成的影响范围相当的合理且灵活的责任承担方式。

编写人：天津市和平区人民法院　冯震　贾丽娜

11

经营者不能证明已履行商品信息告知义务可认定构成消费欺诈

——何某敏诉家电公司买卖合同案

【案件基本信息】

1. 裁判书字号

浙江省温州市中级人民法院（2020）浙 03 民终 732 号民事判决书

2. 案由：买卖合同纠纷

3. 当事人

原告（被上诉人）：何某敏

被告（上诉人）：家电公司

【基本案情】

2019 年 8 月 25 日，原告何某敏向被告家电公司购买一某品牌中央空调及一台米特拉热水器，价格分别为 33200 元和 4000 元。双方约定，由家电公司提供管材并负责安装，当日何某敏预付 35000 元。2019 年 9 月 12 日，空调安装完毕后，何某敏支付 5000 元尾款。此后，何某敏发现空调的条码磨掉、主板信息被抹去，认为该空调可能非某品牌原装正品行货，在与家电公司协商未果后，何某敏申请某品牌公司的技术人员对空调进行现场检测。经检验后，某品牌公司技术人员出具《产品鉴定说明》得出检验结论：所鉴定产品不符合我司产品标准，非我司原装正品，是被改造过的产品。另外，家电公司出售给何某敏的某品牌商标标识的空调，不属于某品牌公司保修范围，只能由家电公司保修。

原告何某敏认为，原告在被告家电公司处以 33200 元的价格购得某品牌中央空调，家电公司承诺为正品行货，后在安装过程中，原告发现空调可能不是正品行货，故申请某品牌公司鉴定，经鉴定发现空调并非正品。原告认为被告行为构成消费欺诈，应承担《消费者权益保护法》规定的惩罚性损害赔偿责任，故请求法院判决被告退还购物款 33200 元并按照商品价格的三倍赔偿原告 99600 元。

被告家电公司辩称：涉案空调仅为"窜货机"（窜货机是指经销商为完成销售目标、任务，对商品上能被查到来源的条码、出厂编号进行事先损毁或者用其他手段擦掉，进而在非指定经销区域进行销售的货物），其本身属于正品某品牌空调，且被告于合同订立时已将窜货机的事实明确告知原告，故不承担惩罚性损害赔偿责任。

【案件焦点】

1. 家电公司是否构成欺诈；2. 本案惩罚性损害赔偿数额的认定。

【法院裁判要旨】

浙江省瑞安市人民法院经审理认为：被告故意隐瞒真实情况构成欺诈，原告要求被告退还购空调款，予以支持。原告提出按商品价格三倍赔偿损失，被告辩称空调价格中包含管材及安装费共计 7800 元，但无证据证明，仅凭证人证言，不足采信。另外，被告未将此费用中包含管材和安装费告知原告，故空调价格应按 33200 元确定，赔偿的基数以 33200 元为准。

浙江省瑞安市人民法院依照《中华人民共和国消费者权益保护法》第十一条、第五十五条规定，判决如下：

一、家电公司于本判决生效之日起十日内退还何某敏购空调机款 33200 元；

二、家电公司于本判决生效之日起十日内按上述购空调机款的三倍赔偿何某敏 99600 元；

三、何某敏收到家电公司上述退赔款的同时，将商标标识为某品牌的一套空调机产品（含一台室外机、六台室内机及安装管材）退还给家电公司。

家电公司不服一审判决，提起上诉。浙江省温州市中级人民法院经审理认为：一是关于案涉空调交易时何某敏是否明知系窜货机。首先，本案中被告未提供证明销售窜货产品的书面合同。其次，提供的微信聊天记录仅为部分聊天记录，且聊天记录发生于纠纷产生后，无法据此聊天记录推定何某敏在购买时已知是窜货机。同时，案涉空调和正品空调之间价格相差并不大，尚不足推定原告在交易时已知系窜货产品。最后，生产商出具《产品鉴定说明》载明："涉案空调非原装正品，是被改造过的产品，"且涉案空调无法享受某品牌公司的全国联保，明显损害了何某敏的相关利益。二是关于惩罚性赔偿数额的认定。二审中家电公司提出总价款 33200 元中包含了管材、安装费用，何某敏表示认可，故涉案赔偿基数应当在空调总价中扣除相关费用。本案中被告虽主张管材、安装费用，但未提供足够证据予以证明，应承担举证不能的不利后果，但二审期间原告表示其外包安装一台空调的费用已达 600 元，应酌情认定应当扣除的金额为 600 元/台，故惩罚性赔偿的基数为 29000 元（33200 元-600 元/台×7），综上，家电公司承担的惩罚性赔偿的价额应为 87000 元。

综上所述，家电公司上诉理由部分成立，本院予以支持。一审法院认定事实清楚，适用法律正确，因何某敏二审陈述补充认定事实，本院予以部分改判。

浙江省温州市中级人民法院依照《中华人民共和国民事诉讼法》第一百七十条第一款第二项规定，判决如下：

一、撤销浙江省瑞安市人民法院民事判决；

二、家电公司于本判决生效之日起十日内退还何某敏购空调机款 33200 元，并赔偿何某敏 87000 元；

三、何某敏收到家电公司上述退赔款的同时，将商标标识为某品牌的一套空调机产品（含一台室外机、六台室内机及安装管材）退还给家电公司；

四、驳回何某敏的其他诉讼请求。

【法官后语】

《中华人民共和国消费者权益保护法》旨在通过扩大消费者知情权，增加经营者的信息告知义务，以及赋予消费者高度自由的“后悔权”三个方面保障消费者的合法权益。

一、家电公司是否构成消费欺诈

本案中家电公司是否构成消费欺诈，需要结合“欺诈”的构成要件判断，一是家电公司是否有欺诈的故意；二是家电公司是否实施欺诈行为；三是何某敏是否因欺诈陷入认识错误；四是何某敏是否因错误认识而为意思表示。

首先，何某敏提供了某品牌公司出具的《产品鉴定说明》证明涉案空调是窜货机，非原装正品。《中华人民共和国消费者权益保护法》第二十条规定了经营者的商品信息如实告知义务，本案中家电公司提供的发生在交易之后的交涉阶段的部分聊天记录，并不能证明家电公司履行了告知义务，且家电公司亦未能提供其他证据证明自己履行告知义务，而根据民事证据的举证规则，对于合同中义务履行发生争议的，由负有履行义务的当事人承担举证责任，举证不能则承担不利后果，故本案应认定家电公司违反作为经营者的商品信息告知义务，隐瞒空调系窜货机的情况，存在欺诈行为。

其次，在消费欺诈领域，应适当减轻消费者对欺诈要件事实的举证责任，即不必严格认定经营者是否存在欺诈的故意。本案中家电公司存在欺诈的客观行为，则应认定其具有欺诈的故意。

再次，何某敏在交易时是否已知家电公司所售空调为窜货机，是认定本案是否构成欺诈的一个核心。若本案中何某敏在交易时明知，即未产生认识错误，不应认定为欺诈。但家电公司提供的聊天记录并不能证明何某敏在交易时明知涉案空调为窜货机，且家电公司系正规经营商，其经营场所亦非窜货机或水货机聚集地，相反何某敏作为消费者在正规家电公司购买产品，一般不可能知道窜货机这一概念，更不会知道自己所购买的为窜货机，故应认定符合欺诈的“陷入认识错误”这一要件。

最后，窜货机并非“正品行货”，其售后服务也不能适用某品牌公司的全国联保，若事先得知，何某敏便不会进行此交易，故可以认定何某敏正是基于此认识错误才购买了空调。

综上，本案符合消费欺诈的构成要件，应认定家电公司行为构成消费欺诈。

二、惩罚性赔偿数额的认定

《中华人民共和国消费者权益保护法》第五十五条第一款规定“经营者提供商品或者服务有欺诈行为的，应当按照消费者的要求增加赔偿其受到的损失，增加赔偿的金额为消费者购买商品的价款或者接受服务费用的三倍”，此为《中华人民共和国消费者权益保护法》中典型的惩罚性损害赔偿规定，其规范目的在于惩罚经营者在经营过程中的欺诈行为，维护市场正常经营秩序。据此条文规定，惩罚性损害赔偿的数额应为购买商品的价款或者接受服务的费用的三倍，而计算惩罚性损害赔偿的基数应为商品或者服务的实际价款，而不是交易中消费者支付的全部费用。本案中家电公司提出总价款33200元中包含了管材、安装费用，何某敏表示认可，故计算惩罚性损害赔偿的基数应当在空调总价中扣除相关费用。本案中家电公司虽主张管材、安装费用共为7800元，但未能提供足够证据予以证明，应承担举证不能的不利后果，但二审期间何某敏表示其外包安装一台空调的费用已达600元，案涉空调共计7台，故酌情认定应当扣除的金额为600元/台，惩罚性损害赔偿的基数为29000元（33200元-600元/台×7）。

编写人：浙江省瑞安市人民法院　李梦霞

12

民事自助行为是否超过必要范围的认定

——刘某锋诉采石场等侵权责任案

【案件基本信息】

1. 裁判书字号

陕西省商洛市中级人民法院（2020）陕10民终670号民事判决书

2. 案由：侵权责任纠纷

3. 当事人

原告（上诉人）：刘某锋

被告（被上诉人）：采石场、庞某山、庞甲、庞乙

【基本案情】

原告与被告曾在2016年签订《采石场承包生产经营合同》，后因秦岭生态环境保护，该砂石厂严重破坏生态环境受到相关部门行政处罚并要求生态环境恢复和环境治理，导致合同提前解除，双方因纠纷诉至法院。

针对原告刘某锋与被告采石场、庞某山、庞乙承包合同纠纷一案，洛南县人民法院于2019年3月28日作出（2018）陕1021民初1155号民事判决书，判决如下：

一、解除原告刘某锋与被告采石场签订的《采石场承包生产经营合同》；

二、原告刘某锋在被告采石场投资的采矿、加工设备：鄂破机一台（型号1060），二破机两台（型号1315、1316），6×8振动筛两台，3×8振动筛一台，800千瓦变压器一台，110千伏电机一台，120千伏电机二台，10立方空压机、7立方空压机各一台，90深孔钻二台，100吨地磅一台归其所有；

三、由原告刘某锋在本判决生效之日起十日内给付被告采石场承包费300000元。

2019年6月27日商洛市中级人民法院以（2019）陕10民终298号民事判决书对一审判决予以维持。

2019年7月15日被告采石场向本院申请执行该判决第三项内容，申请执行标的300000元减去应承担诉讼费后为291400元，法院随即向刘某锋送达执行通知书。2019年7月24日原告之子刘某奇等3人开轻型货车一辆欲拉上述判决第二项确定的设备配件时（该判决第二项确定的设备自原告承包的被告采石场被某县政府联合执法部门于2018年8月12日责令停产后至原告刘某锋拉走前一直由原告刘某锋雇用的王某平看管），被告采石场合伙人庞某山及其子庞甲、庞乙等以原告未履行判决第三项给付义务为由阻挡原告拉走设备，双方发生争执。后经110向公安机关报案，派出所出警后以此案既是法院判决的，双方就应接受法院处理为理由进行调解，当天原告方刘某奇等3人未能拉走设备配件。当天原告刘某锋向本院执行账户打入291400元执行标的款。原告于2019年9月20日拉走了判决书第二项内容确定的设备。随后在2019年11月14日向以采石场、庞某山、庞甲、庞乙阻挡其拉走设备侵权为由，要求四被告赔偿其2019年7月24日至2019年9月20日设备无法投入使用的损失费共计59万元。

【案件焦点】

1. 刘某锋主张被上诉人采石场、庞某山、庞甲、庞乙侵权有无事实依据；2. 刘某锋诉请赔偿损失有无事实依据。

【法院裁判要旨】

陕西省洛南县人民法院经审理认为：已生效的洛南县人民法院（2018）陕1021民初1155号民事判决书第二项内容为：鄂破机一台（型号1060），二破机两台（型号1315、1316），6×8振动筛两台，3×8振动筛一台，800千瓦变压器一台，110千伏电机一台，120千伏电机二台，10立方空压机、7立方空压机各一台，90 深孔钻二台，100 吨地磅一台归原告刘某锋所有；第三项内容为：由原告刘某锋在本判决生效之日起十日内给付被告采石场承包费 300000 元（减去被告应承担诉讼费后为 291400 元）；两项判决内容是基于同一案件事实所作出的，具有关联性，2019 年 7 月 15 日被告采石场向本院申请执行该判决第三项给付内容，2019 年 7 月 24 日原告刘某锋既已将涉案标的款 291400 元打入本院执行账户，主动履行了上述判决第三项内容，就应当通过本院要求被告履行上述判决第二项内容或与被告协商解决，但原告却让其子刘某奇等 3 人去拉配件，没有陈述和用证据证明，当时已告知被告自己履行了付款义务，才发生被告庞某山、庞甲以原告未履行判决第三项给付义务为由的阻挡行为；根据派出所出警记录和情况说明及与刘某奇的谈话笔录确认：发生争执当天原告方连同刘某奇在内的 3 人开轻型货车一辆，到现场是去拉未经判决确定的“配件”而不是代领拆卸技术人员和大型车辆去拉判决书第二项内容判归原告所有的采矿、破石、电力等大型设备，被告庞某山、庞甲在 2019 年 7 月 24 日当天对原告方刘某奇等 3 人的阻挡行为不构成对本案所诉应拉走机械设备的侵权，当天后至原告拉走设备前，该设备一直由原告雇人看管，被告并不实际控制，原告在庭审中自述“2019 年 7 月 24 日去拉设备被阻挡，后组织车辆需要时间”，在此期间原告没有组织好车辆和人员再来拉设备，不能确定此期间被告庞某山、庞乙、庞甲存在持续阻挡原告拉走设备的行为，也无证据证明被告采石厂构成单位侵权，故原告所诉被告侵权基本事实不成立；原告未就当天拉“配件”被阻挡可能存在的经济损失主张权利；也未就自己在另一合同中因履行不能承担了违约责任而产生了损失向被告主张权利，其庭后提供的与某设备租赁部所签订的《机械租赁合同》签订时间与工商企业信息查询显示的该租赁部成立时间相矛盾，本院不予采信，而其以设备不能及时投入生产每天按 1 万元计 59 万元主张损失赔偿额，缺乏证据支持，对其主张本院不予支持。

陕西省洛南县人民法院依据《中华人民共和国侵权责任法》第二条、第六条，《中华人民共和国民事诉讼法》第六十四条规定，判决如下：

驳回原告刘某锋的诉讼请求。

刘某锋不服一审判决，提起上诉。陕西省商洛市中级人民法院经审理认为：根据诉辩双方的观点，本案二审涉及的争议焦点有两点：

（一）上诉人刘某锋主张被上诉人采石场、庞某山、庞甲、庞乙侵权有无事实依据

根据查明的事实，生效的（2018）陕1021民初1155号民事判决第二项确认刘某锋在采石场投资的采矿、加工设备：鄂破机一台（型号1060），二破机两台（型号1315、1316），6×8振动筛两台，3×8振动筛一台，800千瓦变压器一台，110千伏电机一台，120千伏电机二台，10立方空压机、7立方空压机各一台，90深孔钻二台，100吨地磅一台归刘某锋所有，该判项系确权判决，判决生效后，上述机械设备的所有权归刘某锋所有。该判决第三项判决刘某锋给付采石场承包费30万元，该判项系给付判决，判决生效后，刘某锋应履行判决确定的义务。2019年7月15日，采石场向一审法院申请执行该判决第三项内容。2019年7月24日，刘某锋向一审法院执行账户打入足额的执行标的款，并于当天由其子刘某奇等3人开轻型货车一辆到采石场协商拉设备配件时，庞某山、庞甲以刘某锋未履行该判决第三项给付内容为由阻挡，双方发生争执并报警，公安机关出警后进行了处理。因此本案第一个争议焦点涉及的问题是庞某山、庞甲的阻挡行为是否构成侵权。《中华人民共和国民法典》第一千一百七十七条规定：“合法权益受到侵害，情况紧迫且不能及时获得国家机关保护，不立即采取措施将使其合法权益受到难以弥补的损害的，受害人可以在保护自己合法权益的必要范围内采取扣留侵权人的财物等合理措施；但是，应当立即请求有关国家机关处理。受害人采取的措施不当造成他人损害的，应当承担侵权责任。”本案中，庞某山、庞甲以刘某锋未履行生效判决第三项给付内容为由阻挡刘某奇等3人拉设备，其并不知道刘某锋已履行了生效判决确定的给付义务，参照上述法律规定，属于自助行为。本案需要审查的是该自助行为是否不当，若该自助行为不当即构成侵权。根据查明的事实，庞某山、庞甲阻挡刘某奇等人拉设备，双方发生争执后立即报警，公安机关出警进行了处理，

因此庞某山、庞甲的行为并无明显不当。一审判决认定庞某山、庞甲的阻挡行为不构成侵权是正确的，上诉人刘某锋与此相关的上诉理由不能成立，本院不予支持。

（二）上诉人刘某锋诉请赔偿损失有无事实依据

《中华人民共和国民事诉讼法》第六十四条第一款规定："当事人对自己提出的主张，有责任提供证据。"刘某锋诉请因四被上诉人阻挡其拉走设备所造成其损失59万元，其提供一份《机械设备合同》证明该主张。根据《中华人民共和国民法典》第九条规定，从保护秦岭生态环境考量，上诉人刘某锋提供的证据不足以证明其损失59万元的事实主张，一审判决认定该节事实并无不当，上诉人刘某锋该上诉主张不能成立，本院不予支持。综上所述，刘某锋的上诉请求不能成立，应予驳回；一审判决认定事实清楚，适用法律正确，应予维持。

陕西省商洛市中级人民法院依照《中华人民共和国民事诉讼法》第一百七十条第一款第一项规定，判决如下：

驳回上诉，维持原判。

【法官后语】

合法权益受到侵害，情况紧迫且不能及时获得国家机关保护，不立即采取措施将使其合法权益受到难以弥补的损害的，受害人可以在保护自己合法权益的必要范围内采取扣留侵权人财物等合理措施；但是应当立即请求有关机关处理。采取措施不当造成他人损害的，才会承担侵权责任。

一、民事自助行为的认定

权利救济有公力救济和私力救济，民事自助行为和正当防卫、紧急避险一样，同属于私力救济的重要手段。《中华人民共和国民法典》第一千一百七十七条第一款规定：合法权益受到侵害，情况紧迫且不能及时获得国家机关保护，不立即采取措施将使其合法权益受到难以弥补的损害的，受害人可以在保护自己合法权益的必要范围内采取扣留侵权人财物等合理措施；但是，应当立即请求有关机关处理。由此可以看出，民事自助行为的要件为：1. 自己的合法权益正在受到现实紧迫的侵害。民事自助行为应为自己的合法权益受到不法侵害，保护自己的合法权益为自助行为的目的，无论采取哪种措施，都必须是为了维护法律所确定的自己的正当权益，而非他人利益。本案中即为请求刘某锋给付30万元租赁费的合法权益可能会因为刘某锋拉走设备后再也找不到而无法实现。2. 来不及请求公力救济。公权力对公民的保护不是万能的，之所以自助行为可以阻却违法性，不构成侵权，就在于公力救济不及时，权利人可以以自己的能力维护自己的合法权益，这是将临时性的应急行为转化为法律所认可的行为，从而阻却违法性。3. 若不及时采取扣押财产等合理恰当的自助措施，以后权利将难以实现甚至不能实现。合理的自助行为，其实施的手段不得违反法律、公共道德和善良风俗。虽然本案中同一个判决的两项内容一个是物权的确定，另一个是给付请求权，系不同的权利。但刘某锋系外地人，在原告申请执行后网络查控并未发现其财产线索，拉走机器设备后很可能会出现找不到被执行人或无可供执行财产，从而导致庞某山的给付请求权无法实现。4. 自助行为不能超过必要的限度，否则将转化为侵权。自助行为不能超出为了避免危险而要求的限度，即应以可以制止危险的发生为限，在具有多种相应措施的情况下，应该选择给义务人造成尽可能小的损失的措施。本案中庞某山、庞甲仅仅是阻止其拉走设备，没有其他过激行为，也并未对设备造成任何损害，应该认定为采取措施得当。5. 在紧急情况解除后应立即请求有关机关处理。自助行为只是一种应急手段，是临时性采取的强制措施，在紧急情况消除后，应立刻请求有关机关处理。本案中，阻挡行为发生当日，公安机关即出面解决纠纷，并告知双方及时请求法院处理。

二、民事自助行为在诉讼执行环节的认定

本案特殊之处在于，自助行为发生在法院生效判决执行阶段，从表面看庞某山已经将其给付请求权置于国家保护之下，已经选择了公力救济手段，在这个阶段过程中是否还可以采取私力救济的自助行为？自助行为赋予公民在一定条件下的自我保护权利，是对公力救济手段的有益补充，其本身就是避免将权利人在紧急情况下，为保护自己的合法权益所实施的一些合理行为。虽然庞某山已经申请强制执行了，但刘某锋是外地人，离开当地可能难以查找其踪迹，而目前唯一知道的财产线索就是放置在采石场的机器设备，若其拉走这些设备，庞某山的给付请求权将难以实现。国家公立保护不是随时随地的，也不是万能的，在情况紧迫已然来不及保护的情况下，采取阻止其拉走设备的行为符合自助行为的要件，并无不妥，也未超过必要限度，应该认定为自助行为而非侵权行为。

编写人：陕西省洛南县人民法院　张亚楠

13

复杂管辖权异议案件中对“被监禁的人”、协议管辖条款在合同与侵权法律关系的竞合、涉外级别管辖、侵权行为地的理解与适用

——庄某海、韩某诉赵某等侵权责任案

【案件基本信息】

1. 裁判书字号

北京市第三中级人民法院（2020）京03民辖终662号民事裁定书

2. 案由：侵权责任纠纷

3. 当事人

原告（被上诉人）：庄某海、韩某

被告（上诉人）：赵某、刘某华

被告（被上诉人）：刘某国

被告：丁某春、武某香、刘某晓、苏某交

【基本案情】

刘某国于2015年12月2日被某公安局分局取保候审，2016年4月9日再次被山东省菏泽市公安局牡丹分局取保候审，2018年8月29日被某公安局分局刑事拘留，同年9月30日被某区人民检察院批准逮捕，10月1日被某公安局分局执行逮捕，一直羁押于某看守所。诉讼中，韩某提交北京市朝阳区某社区居民委员会出具的《居住证明》，显示根据物业提供居住证明，韩某系2014年10月22日至今居住在北京市朝阳区某1号院3号楼3单元301（以下简称301号房屋）。韩某另提交结婚证和房产证，显示其于2019年12月7日与案外人卢卓君登记结婚，301号房屋于2014年10月22日登记至卢卓君名下。诉讼中，经询，二原告不认可赵某、武某香、刘某华提出的管辖权异议，认为朝阳区人民法院有管辖权，不同意移送到山东省菏泽市中级人民法院。

【案件焦点】

1. 对"被监禁的人"在管辖权异议案件的适用；2. 协议管辖条款在合同与侵权法律关系竞合中的适用；3. 涉外级别管辖；4. 侵权行为地的确认。

【法院裁判要旨】

北京市朝阳区人民法院经审理认为：根据《中华人民共和国民事诉讼法》第二十二条，对于被采取强制性教育措施或者被监禁的人提起的诉讼，由原告住所地人民法院管辖，原告住所地与经常居住地不一致的，由原告经常居住地人民法院管辖。《最高人民法院关于适用〈中华人民共和国民事诉讼法〉的解释》第四条规定，公民的经常居住地是指公民离开住所地至起诉时已连续居住一年以上的地方，但公民住院就医的地方除外。本案中，被告刘某国自2018年8月29日起被羁押至今，根据《中华人民共和国民事诉讼法》第二十二条的规定，二原告可以向其住所地法院起诉。原告韩某在本案中提交的居民委员会出具的居住证明、结婚证和房屋产权证，可以证明其经常居住地为北京市朝阳区，故韩某向其经常居住地法院起诉并无不当。但二原告诉请的标的额超过5000万元，超出朝阳法院管辖范围，故赵某、武某香、刘某华关于本案违法级别管辖的规定及本院对本案没有管辖权的异议理由成立。关于移送法院，二原告选择管辖法院的依据包括其经常居住地法院，且不同意本案移送到山东省菏泽市中级人民法院，故本案应移送韩某的经常居住地法院即北京市第三中级人民法院处理。刘某华主张《最高人民法院关于适用〈中华人民共和国民事诉讼法〉的解释》第八条的规定，双方当事人都被监禁或者被采取强制性教育措施的，由被告原住所地人民法院管辖。被告被监禁或者被采取强制性教育措施一年以上的，由被告被监禁地或者被采取强制性教育措施地人民法院管辖。本案中，刘某国被羁押已超过一年，故本案不应由原告住所地管辖。对此，本院认为，刘某华的上述主张系对司法解释的误读，上述司法解释适用的前提应当是双方当事人都被监禁或者被采取强制性教育措施，本案不存在上述情况。况且，二原告诉至本院时，刘某国被羁押不超过一年。因此，本案管辖不能适用上述司法解释。

北京市朝阳区人民法院依照《中华人民共和国民事诉讼法》第十八条、第二十二条、第一百二十七条第一款，《最高人民法院关于适用〈中华人民共和国民事诉讼法〉的解释》第四条规定，裁定如下：

被告赵某、被告武某香、被告刘某华对管辖权提出的异议成立，本案移送北京市第三中级人民法院处理。

赵某不服一审裁定，提起上诉。北京市第三中级人民法院经审理认为：本案系庄某海、韩某以侵权责任纠纷为由对刘某国、赵某、刘某华等人提起的诉讼。现一审法院在赵某等人提出管辖权异议申请后，依据《中华人民共和国民事诉讼法》第二十二条等规定，以及庄某海、韩某起诉主张的诉讼金额，裁定将本案移送到北京市第三中级人民法院审理。我院是否对本案具有管辖权，本院将从以下两个方面进行阐述。

首先，《最高人民法院关于适用〈中华人民共和国民事诉讼法〉的解释》第八条规定，双方当事人都被监禁或者被采取强制性教育措施的，由被告原住所地人民法院管辖。被告被监禁或者被采取强制性教育措施一年以上的，由被告被监禁地或者被采取强制性教育措施地人民法院管辖。本院认为，上述法律应是对原、被告双方均被采取强制性教育措施或者被监禁时，如何确定案件的地域管辖规定，且上述法律规定中的监禁，不应包括公安机关、人民检察院、人民法院采取的刑事拘留、逮捕、羁押等强制措施，而应该是指经人民法院判决后在监狱里服刑或接受劳动改造的情况。本案在庄某海、韩某提起诉讼时，刘某国未经法院定罪量刑，不符合《最高人民法院关于适用〈中华人民共和国民事诉讼法〉的解释》第八条之规定，同时亦不符合《中华人民共和国民事诉讼法》第二十二条第四项，对被监禁的人提起的诉讼，由原告住所地人民法院管辖之规定。

《中华人民共和国民事诉讼法》第二十八条规定，因侵权行为提起的诉讼，由侵权行为地或者被告住所地人民法院管辖。庄某海、韩某以侵权责任纠纷为由提起诉讼，被上诉人（原审被告）刘某国户籍地位于北京市顺义区，属于我院管辖区。现未有证据显示其经常居住地位于山东省菏泽市，且在起诉时，刘某国被公安机关采取拘留、逮捕等强制措施而限制人身自由的地点，亦不应视为其经常居住地。经查，庄某海系我国香港特别行政区居民，本案中庄某海、韩某向刘某国、赵某等人主张诉讼金额70000000元，符合《最高人民法院关于明确第一审涉外民商事案件级别管辖标准以及归口办理有关问题的通知》（法［2017］359号）中北京市行政辖区内中级人民法院受理第一审涉外民商事案件级别管辖规定，故我院对本案具有管辖权。据此赵某、刘某华之上诉请求，本院不予支持。一审法院裁定结果正确，本院予以维持。

北京市第三中级人民法院依照《中华人民共和国民事诉讼法》第一百七十条第一款第一项、第一百七十一条、第一百七十五条规定，裁定如下：

驳回上诉，维持原裁定。

【法官后语】

本案是比较复杂的管辖权异议案件。涉及对“被监禁的人”在管辖权异议案件、协议管辖条款在合同与侵权法律关系竞合中的适用、涉外级别管辖、侵权行为地确认等因素。笔者认为，在本案中存在以下值得关注的问题：

第一，原审法院在一审中，未充分审查当事人身份。经二审法院查明，被上诉人庄某海系我国香港特别行政区居民。因本案原告主张侵权责任纠纷，则依据符合《最高人民法院关于明确第一审涉外民商事案件级别管辖标准以及归口办理有关问题的通知》（法［2017］359号）中北京市行政辖区内中级人民法院受理第一审涉外民商事案件级别管辖规定，涉外案件确定级别管辖的涉诉金额应为2000万元人民币，一审法院依据《最高人民法院关于调整高级人民法院和中级人民法院管辖第一审民商事案件标准的通知》（法发［2015］7号）北京所辖中级人民法院受理5000万元以上当事人一方住所地不在受理法院所处省级行政辖区的第一审民商事案件，将本案移送至北京市三中院系事实不清，适用法律有误。

第二，《最高人民法院关于适用〈中华人民共和国民事诉讼法〉的解释》第八条"双方当事人都被监禁或者被采取强制性教育措施的，由被告原住所地人民法院管辖。被告被监禁或者被采取强制性教育措施一年以上的，由被告被监禁地或者被采取强制性教育措施地人民法院管辖"指原、被告双方均被监禁或采取强制性教育措施的情形。《中华人民共和国民事诉讼法》第二十二条"下列民事诉讼，由原告住所地人民法院管辖；原告住所地与经常居住地不一致的，由原告经常居住地人民法院管辖……（四）对被监禁的人提起的诉讼"，系原告提起诉讼时，仅被告单方被监禁的情形。

"被监禁的人"应符合何种条件？

合议庭经审理认为，这里所说的监禁不应包括公安机关、人民检察院、人民法院所采取的刑事拘留、逮捕、羁押等强制措施，而应该是指经人民法院判决后在监狱里服刑或接受劳动改造的情况。本案原告于2019年7月3提起诉讼，2020年3月在本案诉讼期间，山东省菏泽市中级人民法院二审判决刘某国犯诈骗罪、挪用资金罪、伪造国家机关证件罪等，合并执行有期徒刑19年。故原告起诉时，被告刘某国未经法院定罪量刑，不符合民事诉讼法第二十二条第四项的情况。

同时，合议庭认为在起诉时，刘某国被公安机关采取拘留、逮捕等强制措施而限制人身自由的地点，亦不应视为其经常居住地。

第三，北京市朝阳区是否系本案侵权行为地。即原告经常居住地是否可以视为侵权行为地。

合议庭经审理认为，本案中原告经常居住地不能视为经常居住地。除法律、司法解释明确规定的名誉权纠纷、信息网络侵权纠纷等特殊案件外，侵权行为实施地和侵权结果发生地一般应视为在同一地点。不能仅因受害人起诉主张其受到经济损失，就直接以原告账户所在地或原告住所地作为侵权结果发生地。从原告起诉的事实理由看，本案非法律、司法解释明确规定的名誉权纠纷、信息网络侵权纠纷等特殊案件。故，北京市朝阳区不是本案原告主张的侵权行为地。

第四，侵权法律关系与合同关系竞合下，涉诉合同协议条款能否适用？合议庭经审理认为，合同与其他法律关系竞合下，合同中财产性协议管辖条款仍然在非合同法律关系中适用。例如，双方当事人在合同中签订有协议管辖条款，一方当事人以因履行合同产生的侵权纠纷提起诉讼，则在侵权之诉中，双方仍应受协议管辖条款的约束，除非该协议管辖条款无效，方可适用侵权的法定规定确定管辖法院。但本案中，原告庄某海、韩某与刘某国签订的《借款合同》《借款合同补充协议》均约定发生争议由合同签订地北京市朝阳区人民法院审理，但依据合同相对性原则，被告赵某等人均不是上述合同相对方，不应受涉诉上述合同协议管辖条款的约束。

第五，《中华人民共和国民事诉讼法》第二十八条规定，因侵权行为提起的诉讼，由侵权行为地或者被告住所地人民法院管辖。庄某海、韩某以侵权责任纠纷为由提起诉讼，被上诉人（原审被告）刘某国户籍地位于北京市顺义区，属于我院管辖区。现未有证据显示其经常居住地位于山东省菏泽市，且在起诉时，刘某国已被公安机关采取拘留、逮捕等强制措施而限制人身自由的地点，亦不应视为其经常居住地。经查，庄某海系我国香港特别行政区居民，本案中庄某海、韩某向刘某国、赵某等人主张诉讼金额符合《最高人民法院关于明确第一审涉外民商事案件级别管辖标准以及归口办理有关问题的通知》（法［2017］359号）中北京市行政辖区内中级人民法院受理第一审涉外民商事案件级别管辖规定，故我院对本案具有管辖权。

编写人：北京市第三中级人民法院　黄粲

14

债务人与第三人共同侵害债权的认定和责任承担

————甲置业公司诉投资公司等侵权责任案

【案件基本信息】

1. 裁判书字号

山东省淄博市中级人民法院（2020）鲁 03 民终 1493 号民事判决书

2. 案由：侵权责任纠纷

3. 当事人

原告（被上诉人）：甲置业公司

被告（上诉人）：投资公司、乙置业公司

被告：范某

【基本案情】

2014 年 9 月 23 日，甲置业公司（甲方）与投资公司（乙方）、案外人某公司等（丙方）签订项目转让协议，约定了双方确认的事实，甲方将某楼盘项目整体转让给乙方，对转让标的、转让价款及支付方式等进行了详细约定。转让协议签订后，甲置业公司将涉案项目转让交付给投资公司。后因投资公司将涉案项目土地抵偿给范某而形成诉讼。

魏某、徐某、边某系投资公司股东。范某系乙置业公司股东。2015 年 1 月 13 日投资公司与范某签订保证借款合同，投资公司借范某 2200 万元，期限自 2015 年 1 月 13 日至 2015 年 3 月 12 日，并约定收款账户和收款金额分别为魏某收 1071 万元、边某收 609 万元、徐某收 420 万元、投资公司收 100 万元。2015 年 1 月 13 日先由魏某（投资公司董事长）账户转入范某（乙置业公司董事长）

账户 2200 万元后，于同日又从范某账户按借款合同的约定将相应的金额转入约定的账户。同日魏某、边某、徐某分别将 1071 万元、609 万元、420 万元转入投资公司后，投资公司将 2113 万元转入国土资源局账户支付土地出让金。

2015 年 4 月 24 日，范某以投资公司 2200 万元借款未还为由申请某仲裁委员会仲裁，同日范某、投资公司分别出具同意将涉案土地使用权抵偿借款 2200 万元的承诺后，某仲裁委员会作出调解书，调解协议为由投资公司将所有的涉案土地使用权抵偿给范某用于偿还借款 2200 万元，投资公司于 2015 年 4 月 28 日前协助范某办理过户登记手续。2015 年 5 月 22 日，某法院请求国土资源局协助将上述涉案土地更名至范某名下。2015 年 6 月 8 日，范某以上述涉案土地使用权作价 2189.34 万元增资乙置业公司。之后，乙置业公司办理了涉案土地建设用地规划许可证、建筑工程施工许可证，开发完工涉案项目。

【案件焦点】

投资公司、乙置业公司、范某是否对甲置业公司构成共同侵权。

【法院裁判要旨】

山东省淄博市临淄区人民法院经公开审理认为：甲置业公司与投资公司签订的《项目转让书》，不违反法律规定，双方均应按约履行。甲置业公司将涉案项目转让交付给投资公司后，投资公司将涉案项目土地抵偿给范某，使甲置业公司合同权利无法实现形成诉讼。本案争议的主要焦点是投资公司、乙置业公司、范某之间有无串通损害甲置业公司合法权利的行为。2015 年 1 月 13 日投资公司与范某之间的 2200 万元借款，从当日资金流向看出借人范某账户和借款人投资公司及其股东账户资金交易平衡，并无资金交易缺口，但从投资公司、乙置业公司提供的合同看，该两公司却在当日形成了 2200 万元的债权债务关系，并利用这个债权债务关系投资公司自愿将所有的涉案土地抵偿给范某。甲置业公司将涉案项目转让给投资公司，按转让协议约定投资公司开发后，销售价格超过一定数额部分甲置业公司应参与分成，投资公司、乙置业公司利用不真实的债权债务关系将涉案项目土地进行抵偿后，涉案项目登记开发人变为乙置业公司，从合同形式上阻断了甲置业公司参与涉案项目开发分成的权利，因此，投资公司、乙置业公司具有利用不真实的债权债务关系侵害甲置业公司合法权利的合意，应赔偿甲置业公司由此而造成的损失，范某作为乙置业公司的法定代表人在本案中不承担民事责任。

关于原告损失数额。按照甲置业公司与投资公司签订的《项目转让书》约定，合同双方确认涉案项目拆迁安置商业面积 842.73 平方米、安置住宅面积 4799.34 平方米，因此在双方分成时均不应该将上述安置面积计算在分成面积和销售均价中，依据鉴定不含回迁面积原告按合同住宅建筑税后分成为 4710937.87 元；不含商业拆迁安置面积原告按合同商业建筑税后分成为 278282.28 元。按转让协议原告应该取得拆迁安置商业面积而未取得，应作为原告的利益损失。双方均认可商业销售均价为 18464.05 元/平方米，因此原告拆迁安置商业面积损失为 15560208.86 元。

山东省淄博市临淄区人民法院依照《中华人民共和国侵权责任法》第二条规定，判决如下：

一、投资公司、乙置业公司赔偿甲置业公司住宅建筑利益损失 4710937.87 元、商业建筑利益损失 278282.29 元、拆迁安置商业面积利益损失 15560208.86 元，共计 20549429.02 元；

二、驳回甲置业公司的其他诉讼请求。

投资公司、乙置业公司不服一审判决，提起上诉。

二审法院同意一审法院的裁判意见。

【法官后语】

本案涉及债务人与第三人共同侵害债权责任认定和责任承担问题。

根据债的相对性原则，当因债务人以外的第三人的行为致使债务人违约时，债权人只能请求债务人承担违约责任，不得请求第三人承担责任，但这并不代表债权可以为外界所随意侵害，从而妨碍债权的实现。按照我国法律规定，任何人都负有不得侵害他人合法权益的义务，如果违反该规定而对他人权利造成侵害，就构成侵权行为，应当承担民事责任。第三人侵害债权，同样可以构成侵权责任。即通过对第三人故意侵害债权的行为科以侵权责任的方式来救济债权人，以达到保护债权的目的。一般而言，债务人作为债权关系的特定人，其侵害债权是通过债务不履行制度来实现对债务保护的目的，不适用侵权责任条款，否则就会严重混淆违约责任和侵权责任的界限。但是，第三人与债务人恶意串通侵害债权人债权，可以与第三人成为共同侵害债权的主体。当然由于第三人侵害债权的问题较为复杂，故在实务中应适当将此作为例外规则，对于能够通过债务不履行规则解决的问题，应在准确界定相应法律关系的前提下，先适用债务不履行的规则，避免将第三人侵害债权的规则泛化，冲击正常的交易秩序乃至社会秩序。至于实践中可能存在的其他侵害债权的情形，可以在具体案件中进一步探索。对此需要把握的原则是，确定侵权责任编保护权利的范围涉及权利保护与行为自由维护的协调问题，需要做好自由和安全的协调，确保法律适用的可预见性。

债权侵权责任的构成要件包括：

1. 客体是合法有效存在的债权。首先，债权债务关系违法的，其本身不受保护，因此，第三人侵害不法债权无需承担责任。债权不存在或者债权违反法律、行政法规的强制性规定而无效，自然不会发生第三人侵害债权的问题。其次，侵害尚未成立的债权时，可以通过缔约过失责任进行救济，避免侵权责任的过度扩张。最后，第三人所侵害的债权形式多种多样，可以是专属性的债权，也可以是具有人身性质的债权。

2. 主体是债的关系以外的知悉债权存在的第三人。首先，债务人不能成为侵害债权的主体，其侵害债权的行为属于债的不履行，通过合同法予以规制。但是，第三人与债务人恶意串通侵害债权人债权，可以与第三人成为共同侵害债权的主体。其次，第三人应当是知悉债权的存在的第三人。因为债权不具有公开性，从维护行为自由以及交易便捷和安全的角度考虑，不可就社会不特定人对其并不能知晓的权利苛以过重负担。不知悉债权存在，不构成侵权。

3. 客观方面是侵害债权的行为。首先，行为人实施了相应的侵害债权的行为。这一行为通常为妨碍债权实现的情形，至于其为个人单独行为还是与他人包括与债务人合谋，在所不问。根据是否直接作用于债权，可以将侵害行为划分为直接侵害行为与间接侵害行为。直接侵害行为指的是直接针对债权本身的侵害，间接侵害行为指的是作用于债务人或者债的标的物。其次，侵害债权的行为需导致损害后果的发生，即使得债权消灭或者债权的实现受到影响。最后，侵害行为与损害后果之间具有因果关系，即直接侵害债权的行为与损害后果的发生具有直接的因果关系，间接侵害债权的行为与损害后果的发生具有间接的因果关系。总之，侵害债权的行为，造成了债权部分或者全部不能实现的后果。该要件既包括了损害后果的要求，也有因果关系成立的要求。

4. 主观方面存在过错。第三人对债权的知晓作为债权侵权责任的正当性基础，不仅是债权侵权责任理论基础的哲学来源，也是债权侵权责任主观过错的判断标准。据此，以公权力方式公示债权，第三人于故意或过失时承担侵权责任；以私人方式公示债权，第三人于故意或重大过失时承担侵权责任。由此可知，故意、重大过失、一般过失均有构成债权侵权的可能。具体而言，故意作为过错要件，需要以侵害债权为目的；重大过失作为过错要件，需要区别于故意以及一般过失，同时以多种形式化判断要素的协动互补作为认定标准；一般过失作为过错要件，仅限于以公权力方式公示债权的情形。

本案中，根据原告与被告投资公司签订的《项目转让书》约定，原告享有后续开发利益。按照实际销售价格计算，原告享有的后续开发利益巨大。原告享有合法有效存在的债权。从原告提供的证据分析，边某某既是被告投资公司的股东，又是被告乙置业公司的项目负责人，其在电话中明确承认，乙置业公司是由魏某某实际控制，范某是魏某某的员工。足以证实乙置业公司和范某的实际控制人相同，且明知涉案土地取得及原告后续参与开发分成的事实，被告投资公司与范某之间所谓的借款，从2015年1月13日资金流向看出借人范某账户和借款人投资公司及其股东账户资金交易平衡，并无资金交易缺口，但从被告提供的合同看，被告间却在当日形成了2200万元的债权债务关系，后期通过虚假仲裁与执行，将涉案项目土地进行抵偿，涉案项目登记开发人变为被告乙置业公司，从合同形式上阻断了原告甲置业公司参与涉案项目开发分成的权利，侵害了原告的合法债权。本案中投资公司、乙置业公司串通转移涉案土地使用权，形成共同故意。本案中边某某的电话录音资料、汇款记录等均证实该两公司存在恶意串通，且两公司共同实施的转移涉案土地使用权的行为，导致原告两项合同预期利益均无法实现。被告投资公司作为项目转让协议的相对方即债务人，与第三人甲置业公司侵害原告债权事实清楚。两单位被告共同实施的侵权行为，导致原告合同权益无法实现，完全符合债权侵权责任的构成要件，构成共同侵权，依法应对原告的损失承担连带赔偿责任。两单位被告主张系因原告违反股权协议的约定，以投资公司的名义对外提供担保，投资公司为规避担保风险才与乙置业公司、范某通过债权债务关系将涉案土地使用权转移到乙置业公司，但从两单位被告提供的证据来看，相关案件并未查封投资公司的资产，亦未涉及担保执行其公司财产。其抗辩理由不成立。一、二审法院认定两单位被告恶意串通损害原告合法债权的行为构成共同侵权，判令其共同赔偿原告的经济损失具有事实和法律依据。被告范某作为被告乙置业公司的法定代表人在本案中不承担民事责任。计算损失时考虑到两单位被告侵害原告的财产权益，系因涉案《项目转让协议》产生的财产权益，参照该协议的约定依法委托鉴定后最终确定财产损失数额。

编写人：山东省淄博市临淄区人民法院　刘海红
山东省淄博市中级人民法院　荣明潇

二、特殊侵权责任纠纷

（一）监护人责任纠纷

15

认定监护人责任减轻应充分平衡各方法益

——杨某佳诉王某志、刘某云监护人责任案

【案件基本信息】

1. 裁判书字号

北京市第二中级人民法院（2020）京02民终4187号民事判决书

2. 案由：监护人责任纠纷

3. 当事人

原告（被上诉人）：杨某佳

被告（上诉人）：王某志、刘某云

第三人（被上诉人）：某医院

【基本案情】

王某志与刘某云系夫妻关系，二人生有一子王某强、一女王某。杨某佳系某劳务服务中心护工。2018年4月13日，王某志主因“头部外伤后间断头痛加重4月，发现慢性硬膜下血肿2月，加重1天”至某医院就诊并住院治疗，2018年4月18日14时38分，王某志出院。王某志在医院住院治疗期间，聘请某劳务服务中心护工吕某学进行日常生活护理。

2018年4月18日1时许，王某志在某医院中三区病房区305病房门口走廊，使用钢筋地漏，将护工杨某佳打伤。事发当日，杨某佳至某医院住院治疗，诊断伤情“急性闭合性颅脑损伤（重型），蛛网膜下腔出血，脑挫伤（额部，双侧），硬膜外血肿（枕部），颅骨骨折（枕骨、额骨），头皮裂伤（多发）等”。2018年5月19日，杨某佳出院，实际住院31日。经公安机关委托，某司法鉴定中心于2018年11月8日出具《精神病司法鉴定意见书》，鉴定意见为：王某志诊断为脑器质性精神障碍。实施违法行为时，受精神疾病影响，辨认及控制能力丧失，评为无刑事责任能力。

2019年8月16日，某科学技术鉴定研究所依法出具《鉴定意见书》，认定杨某佳的伤残等级为10级；建议杨某佳的伤后误工期180日至240日，护理期60日至90日，营养期90日至120日。

因此，杨某佳起诉至法院，要求王某志及其监护人赔偿医疗费、住院伙食补助费、营养费、残疾赔偿金、误工费、精神损害抚慰金、鉴定费等共计284247.89元。

【案件焦点】

监护人已尽到相应监护责任，可否减轻侵权责任。

【法院裁判要旨】

北京市西城区人民法院经审理认为：根据现有证据无法确认王某志至某医院住院治疗前存在精神疾病或精神异常症状，亦无法确认王某志住院治疗期间其亲属已经或应当注意到王某志存在精神异常症状；本案事发时间为王某志正常住院治疗期间的子夜；王某志及其家属已经聘请专门护工对王某志进行日常护理；涉诉事故事发突然，事先并无明显征兆；在此等情况下，可以认定王某志之监护人已经尽到了相应监护责任，依法可以减轻侵权责任。根据上述分析意见，法院适当酌减王某志的赔偿责任，由王某志按照80%的比例赔偿杨某佳相关合理损失。王某志已经支付杨某佳的现金，予以扣减。

北京市西城区人民法院依据《中华人民共和国民法总则》第二十一条、第二十八条，《中华人民共和国侵权责任法》第十六条、第二十二条、第三十二条，《最高人民法院关于贯彻执行〈民法通则〉若干问题的意见》第十八条第二款，《最高人民法院关于适用〈中华人民共和国民事诉讼法〉的解释》第九十条规定，判决如下：

一、本判决生效之日起七日内，被告王某志、刘某云赔偿原告杨某佳医疗费 1798.82 元、住院伙食补助费 2480 元、营养费 4800 元、残疾赔偿金（包括被扶养人生活费）143124.80 元、误工费 46410.69 元、护理费 15768 元、残疾辅助器具费 496 元、交通费 480 元、精神损害抚慰金 5000 元、财产损失 800 元、鉴定费 3240 元，以上合计 224398.31 元，扣除已经支付原告杨某佳的 15300 元，被告王某志、刘某云还需实际支付原告杨某佳 209098.31 元（赔偿款从王某志本人财产中支付，不足部分，由刘某云赔偿）；

二、驳回原告杨某佳的其他诉讼请求。

王某志、刘某云不服，提出上诉。北京市第二中级人民法院经审理认为：根据前述已经认定的事实，王某志对杨某佳侵权所致承担责任的范围及于杨某佳主张的合理损失之全部，监护人刘某云应当承担侵权责任。就本案中是否存在应当减少侵权责任之法定情形的问题，法院认为，刘某云系履行监护人无过错责任的法定之责，其与法律规定减轻责任之情形不甚相符。鉴于一审法院判决杨某佳就其损失受偿范围仅为 80%，适用法律欠妥，故法院遵循全面审查的原则在二审裁判中依法予以纠正。

北京市第二中级人民法院依照《中华人民共和国民法总则》第二十一条、第二十八条，《中华人民共和国侵权责任法》第六条、第十六条、第二十二条、第三十二条及《中华人民共和国民事诉讼法》第一百七十条第一款第二项规定，判决如下：

一、撤销北京市西城区人民法院民事判决；

二、王某志于本判决生效之日起十五日内赔偿杨某佳医疗费 2248.53 元、住院伙食补助费3100元、营养费6000元、残疾赔偿金（包括被扶养人生活费）178906元、误工费58013.36元、护理费19710元、残疾辅助器具费620元、交通费600元、精神损害抚慰金5000元、财产损失1000元、鉴定费4050元，以上损失合计279247.89元，扣除此前已给付的15300元，王某志还需赔偿杨某佳263947.89元；

三、若王某志的财产不足以给付本判决第二项确定的赔偿数额，则不足部分，由刘某云予以赔偿；

四、驳回杨某佳的其他诉讼请求。

【法官后语】

本案是无民事行为能力人监护人责任认定的典型案件，对于保护被侵权人合法权益，维护社会秩序具有重要意义。

一、侵权责任主体如何确定

在司法实践中，常常出现侵权事实发生后，对监护人确定有争议，或主张安全保障义务人承担责任的情况。笔者认为，对责任主体进行认定应当考虑以下几个方面：

首先，应当考量被侵权人是否有过错。《中华人民共和国民法典》第一千一百七十三条规定，被侵权人对同一损害的发生或者扩大有过错的，可以减轻侵权人的责任。在此种情况下，应当考量损害事实的发生是否由侵权人和受害人双方的行为共同造成的，在双方的过错程度无法确定时，应按照各自行为的原因力大小，确定各自的责任比例。

其次，应当考量安全保障义务人是否履行了相关义务。无民事行为能力人致人损害的场所往往发生在机场、医院、商场等公共场所，这些场所一般是某一行业的经营者、管理者，其对安全保障注意义务的履行要达到与其专业管理能力相匹配的程度，如物业管理公司对于物业周边消防安全隐患的清除，医院对于特殊器械、药品等的管理等，义务人如未尽到安全保障义务，造成他人损害的，应当承担侵权责任。

最后，对监护人的确定有争议时监护人责任的确定。《中华人民共和国民法典》第二十八条对无民事行为能力的成年人的顺序做出了规定，当出现争着当监护人或者互相推诿不愿意当监护人情形时，应当依据《中华人民共和国民法典》第三十一条规定的监护人确定程序来解决争议。

本案中，一方面，王某志在医院走廊内无故将从事病患护理工作人员杨某佳打伤，对致伤杨某佳之损害后果的发生负有全部过错，杨某佳不存在任何过错；另一方面，王某志及其近亲属聘用了专业护理人员，事发时的录像显示现场亦有值班医护人员在场正常工作，以上人员见状均及时应对处理，在突发情况后院方亦及时报警，加之公安机关笔录中王某志所提及的致伤物品并非高危管控类器具或医院违规放置留存于病房内的危险物品，某医院不存在履行安全保障义务不力方面的过错。因此，故对于杨某佳因受伤遭受的合理损失，应当由王某志依法予以赔偿。王某志之配偶刘某云作为其第一顺位监护人，应当承担监护人责任，对王某志的财产不足以赔偿的部分，予以赔偿。

二、侵权责任赔偿范围如何确定

《中华人民共和国民法典》第一千一百八十八条第一款规定，监护人尽到监护职责的，可以减轻其侵权责任。笔者认为，对于减轻监护人侵权责任情形的认定，应当充分考量以下两个因素：

首先，《中华人民共和国民法典》确定的监护人责任为无过错责任，从性质上来讲，亦系一种为他人的行为负责的侵权责任，该法律条文对于减轻监护人的侵权责任之规定并非强制性规范。

其次，从立法目的来看，我国侵权法上规定监护人责任的目的有二：一是为了更好地维护被侵权人的合法权益，加害人是无民事行为能力人的情况时，多数情况下他们是没有自己独立财产的，通过设立监护人制度，可以更好地维护被侵权人的权益，填补受害人的损害；二是为了更好地预防侵权行为的发生。要求监护人就被监护人的侵权行为承担责任，能够起到督促监护人尽到管理、教育被监护人的义务，避免被监护人从事侵权行为的作用。

就本案而言，一审法院认定刘某云作为王某志的监护人，已经尽到了监护职责，因此将王某志、刘某云赔偿责任酌减至80%。二审法院则认为，杨某佳对损害的发生无过错，其在为其他病患提供护理服务之时不应再背负自身人格权受到侵害的伤痛与损失，因此改判由王某志、刘某云承担100%的赔偿责任。本案二审对监护人责任在民事法律上的调整规范更符合社会主义核心价值观要义，在裁判中体现了法官对各方法益考量后的公正与平衡，即在认定监护人减轻责任情形时，应优先考虑被侵权人合法权益的保护，不能让无过错的被侵权人凭空受损，本案的改判更好地维护了医护人员的合法权益，体现了大局意识、司法智慧和为民情怀。

编写人：北京市第二中级人民法院　刘洋　石婕

（二）用人单位责任纠纷

16

用人单位侵权责任及不作为侵权责任的认定

——电子设备公司诉建筑公司、物业公司侵权责任案

【案件基本信息】

1. 裁判书字号

北京市第一中级人民法院（2020）京01民终7033号民事判决书

2. 案由：侵权责任纠纷

3. 当事人

原告（上诉人）：电子设备公司

被告（被上诉人）：建筑公司、物业公司

【基本案情】

车牌号为京NNS4××的奔驰牌小型越野客车（以下简称涉案车辆）的所有人系电子设备公司。2019年8月18日19时28分，在某小区内，苏某驾驶车牌

号为河北 E666××的微型自卸货车由北向南行驶，刘某驾驶车牌号为京 NNS4××的小型越野客车静止停放，苏某所驾车辆右前部与对方车辆右前部相撞，造成车辆接触部位损坏，无人受伤。道路交通事故认定书显示，苏某驾驶的车辆无交强险，苏某为全部责任，刘某为无责。物业公司为某小区的物业管理公司。

电子设备公司主张建筑公司系为某小区旁部队单位拟修建停车场承担渣土运输的承包方，苏某系建筑公司员工，事发时在从事建筑公司所承包的渣土运输工作，在为该公司履行工作职务期间造成涉案车辆损失，应由用人单位建筑公司承担侵权责任。

建筑公司主张该公司系为某小区旁的部队医疗所做杂物清理工作，并非修建停车场；事发时苏某确实在从事该公司的渣土运输工作，但苏某并非该公司员工，与该公司没有任何关系，苏某系案外人韩某立找来的，该公司与韩某立就渣土运输工作存在口头的承揽合同关系，向韩某立支付费用，苏某的费用由韩某立支付。

电子设备公司主张涉案车辆的实际使用人为该公司法定代表人刘某发，刘某发系某小区住户，涉案车辆具有该小区通行证，而物业公司作为某小区的物业服务提供方，基于《物业管理服务合同》对业主财产具有安全保护及维护小区内车辆通行秩序的管理责任，其未尽到管理责任，擅自允许渣土车辆进入小区内，亦未警示进入小区的渣土车应该谨慎慢行，未安排人员提示行车路线、维护通行秩序，做好渣土车辆的管理，更未提前告知业主做好相应的车辆保护工作，主观上存在过错，客观上系不作为的侵权，由此导致该公司的财产损失，应当在责任范围内承担赔偿责任。物业称，事故发生地系市政道路，该道路为某小区与部队医疗所共同使用，该公司无权阻拦施工车辆进入；因事发道路非规划车位，该公司多次在业主群中发布公告，不建议业主停靠该路段；该公司仅对具备停放功能的车位负有管理职责，因涉案车辆未按要求停放在自有产权车位而导致的交通事故，应由交管部门开具的道路交通事故认定书划分责任，物业管理企业不承担责任。

另查，双方均确认车辆进入事发路段及部队医疗所大门都必须通过某小区的大门。物业公司主张事发道路在规划时是市政道路，但由于开发商建设的原因，导致该道路并未开通，进入该道路时只能从小区大门进入。电子设备公司主张事发道路并非市政道路，建筑公司表示对事发道路的情况不清楚。

【案件焦点】

1. 苏某是否为建筑公司员工，事发时是否履行职务行为，建筑公司是否应当承担用人单位侵权责任；2. 物业公司是否存在不作为侵权。

【法院裁判要旨】

北京市海淀区人民法院经审理认为：用人单位的工作人员因执行工作任务造成他人损害的，由用人单位承担侵权责任。受害人主张用人单位承担侵权责任，应当举证证明：加害人与用人单位之间存在用人关系，即用人单位任用加害人处理事务、加害人服从用人单位的指示和管理；加害人实施了侵权行为；该侵权行为源于工作任务的执行。

本案中，苏某驾驶的车辆与电子设备公司所有的车辆发生交通事故并被公安交通管理部门认定为全部责任。电子设备公司要求建筑公司承担责任的依据系车辆驾驶人苏某与建筑公司之间存在用人关系，但该公司对此提交的情况说明仅描述了事发过程，无法体现苏某与建筑公司的关系，而建筑公司的工商信息亦无法证明电子设备公司的主张。建筑公司虽确认苏某在事发时是在从事该公司承包的部队医疗所的卫生清理工作，但表示该公司与苏某不存在任何关系，该公司将该工作交于案外人韩某立，韩某立找来苏某完成，该公司向韩某立支付费用，韩某立再向苏某支付费用。韩某立亦到庭作证，确认了建筑公司陈述的情况。另外，对于建筑公司所承包的工作是否属于建设工程的劳务分包，与本案争议焦点无关。综合上述举证情况，苏某事发时虽是在从事建筑公司的工作，但本院无法认定苏某受建筑公司的授权、指示、管理，故无法认定苏某与建筑公司之间存在用人关系，对电子设备公司要求建筑公司承担用人单位责任、支付车辆维修费的诉讼请求，本院不予支持。

不作为侵权是行为人应当履行某种义务未履行该义务而产生的侵权行为。

不作为侵权责任成立的前提是行为人违反了对他人负有的作为义务，此种义务的来源包括：法定义务、约定义务、先前行为等。电子设备公司主张物业公司基于物业服务合同负有管理责任，包括维护业主财产安全、小区车辆的通行秩序等，物业公司擅自允许渣土车辆进入小区内，未对进入小区的渣土车做好管理工作，亦未提前告知业主做好相应的车辆保护工作，系不作为的侵权行为。本院认为，物业公司是某小区的物业服务公司，该公司有义务维护业主财产安全、核查进入小区的车辆、维护车辆通行秩序。双方均确认车辆进入某小区及部队医疗所必须经过某小区大门，故物业公司无权阻止车辆进入小区大门，而电子设备公司提交的情况说明中已经写明，物业公司是在接到了部队医疗所的告知后才放行事故车辆，且事发道路照片显示该道路上并未规划停车位，物业公司亦多次在业主群中提醒业主将车辆停放在自家车位，事发后该公司也及时通知了电子设备公司方。而事故车辆行驶在正常道路上，行驶过程中是否撞向其他车辆，物业公司无法进行管理和控制。故本院认定物业公司已履行了其应尽的义务，不构成不作为侵权，对电子设备公司要求物业公司承担不作为侵权责任、支付车辆维修费的诉讼请求，本院不予支持。

北京市海淀区人民法院依照《中华人民共和国侵权责任法》第十二条、第三十四条规定，判决如下：

驳回电子设备公司的全部诉讼请求。

电子设备公司不服该判决，提起上诉。北京市第一中级人民法院经审理认为：在案证据不能证明建筑公司与苏某存在用人关系。此外，上诉人所提均不能证明苏某在案发当时系履行建筑公司的职务行为。故一审法院对电子设备公司要求建筑公司承担用人单位责任、支付车辆维修费的诉讼请求不予支持，并无不当，本院予以确认。物业公司虽有义务维护业主财产安全、核查进入小区的车辆、维护车辆通行秩序等，但是对苏某所驾车辆在正常道路行驶过程中撞向其他车辆的行为及由此导致的财产损害，不负监管及赔偿义务，且结合本案证据情况，物业公司已履行了其应尽的义务。故一审法院对电子设备公司要求物业公司承担不作为侵权责任、支付车辆维修费的诉讼请求不予支持，亦无不当，本院予以确认。对电子设备公司所提的上诉理由，本院均不予采纳。综上，电子设备公司的上诉请求不能成立，应予驳回；一审判决认定事实清楚，适用法律正确，审判程序合法，应予维持。

北京市第一中级人民法院依照《中华人民共和国民事诉讼法》第一百七十条第一款第一项规定，判决如下：

驳回上诉，维持原判。

【法官后语】

本案的争议焦点为：第一，苏某是否为建筑公司员工，事发时是否履行职务行为，建筑公司是否应当承担用人单位侵权责任。第二，物业公司是否存在不作为侵权。

对于第一个争议焦点，《中华人民共和国侵权责任法》第三十四条规定："用人单位的工作人员因执行工作任务造成他人损害的，由用人单位承担侵权责任。劳务派遣期间，被派遣的工作人员因执行工作任务造成他人损害的，由接受劳务派遣的用工单位承担侵权责任；劳务派遣单位有过错的，承担相应的补充责任。"该规定在《中华人民共和国民法典》第一千一百九十一条中也有所体现。该规定并未要求受害人举证证明用人单位的过错，因此用人单位实际上承担的是无过错责任。但是，受害人仍应举证证明以下要件：1. 加害人与用人单位之间存在用人关系，此处"用人关系"的含义为用人单位任用加害人处理事务，加害人服从用人单位的指示和管理。这种关系包含但不限于劳动合同关系和雇佣关系，认定该种关系的核心为用人单位任用了加害人，且对加害人有指示和管理的权限，可以决定加害人的工作方法、时间、地点等。2. 加害人实施了侵权行为。3. 该侵权行为源于工作任务的执行，即实施加害行为时，加害人正在执行工作任务。本案中，电子设备公司和建筑公司应当承担用人单位责任，但其未提交充分证据证明加害人苏某与建筑公司的关系。而苏某在事发时虽系在从事建筑公司的工作，但电子设备公司并未提交充分证据证明苏某受建筑公司的授权、指示、管理，法院无法认定苏某与建筑公司之间存在用人关系。因此电子设备公司作为受害人并未完成对上述第一个要件的举证责任。

另外，实践中还应注意的是，对于上述第三个要件，即加害行为是否源于工作任务的执行，应当依据客观标准认定，即从外观来看，只要加害行为属于从事用人单位授权、指示范围内的活动，用人单位即应当承担相应责任，无须考虑用人单位的意思。除此之外，即便加害行为超越了授权或指示的范围，但从外观来看，该行为与履行职务有内在联系，也可以认定加害行为源于工作任务的执行，如超越正常工作任务的范围，但仍然服务于单位利益等。

对于第二个争议焦点，需要分析的是不作为侵权责任。以归责原则来区分，过错责任在侵权责任中占据了重要地位。在过错责任的案件中，侵权责任的构成要件包括加害行为、过错、损害事实和因果关系。而其中的加害行为包括作为和不作为。作为即不得为而为之，意指实施了法律禁止的行为。不作为即应为而未为之，意指法律规定行为人应当履行某种义务，行为人没有履行。不作为侵权责任成立的前提为行为人违反对他人负有的某种特定的作为义务。实践中认定不作为侵权是否成立的难点在于审查加害人是否具有作为的义务。这种义务主要包括法定义务、约定义务、先前行为等。法定义务一般有法律规定的义务、因特定职务负有的义务等，如泳池救援人员有救助溺水人员的义务。约定义务指加害人与受害人之间准备缔结契约、存在契约关系等并进行了相关约定。先前行为包括因行为人的前一个行为使得他人进入危险之中，行为人通常可以控制该危险的产生和发展，如带朋友的孩子去游泳，看到孩子溺水时有救助的义务。在不作为侵权案件中，受害人需要举证证明加害人负有上述作为义务，对于加害人是否履行或部分履行了义务，受害人无须举证，这是不作为侵权责任在举证责任分配上的最明显特点。当然，受害人仍然需要证明损害后果及因果关系两个要件。而加害人如提出不承担侵权责任或减轻责任，应当就已经履行义务或部分履行义务等阻却事由承担举证责任。本案中，电子设备公司主张物业公司基于物业服务合同负有管理责任，其未履行约定职责，构成不作为侵权。由此可知，电子设备公司所指的物业公司负有的作为义务系约定义务。物业公司是事发小区的物业服务公司，确有义务维护业主财产安全、核查进入小区的车辆、维护车辆通行秩序，但根据法院查明的事实，物业公司在接到相关单位告知后才放行事故车辆，并多次提醒业主将车辆停放在自家车位，事发后也及时通知了电子设备公司。以上事实足以证明物业公司已经履行了其约定义务，并不构成不作为侵权。

实践中，工作任务具有多样性和复杂性，用人单位对个人的指示、管理亦不能一概而论，还需进行个案判断，综合案件所有事实综合考虑。审查不作为侵权责任是否成立时，重点需要考虑的是加害人是否具有作为义务以及是否履行该义务。

编写人：北京市海淀区人民法院 董琳雪

17

工作人员在执行职务中发生交通事故自行承担赔偿责任后不享有向单位的追偿权

——冯某军诉牧场追偿权案

【案件基本信息】

1. 裁判书字号

黑龙江省高级人民法院（2020）黑民再 128 号民事判决书

2. 案由：追偿权纠纷

3. 当事人

原告（被上诉人、再审被申请人）：冯某军

被告（上诉人、再审申请人）：牧场

【基本案情】

2017 年 7 月 31 日，冯某军受牧场委托，与牧场劳资科科长于某彬一同去某法院，代理牧场参与开庭审理工作。由于庭审需要携带牧场历年的调资档案，且牧场公务用车有限，经请示牧场领导，牧场领导同意冯某军驾驶自己私人所有的黑 EP××××起亚小型普通客车，携带调资档案与于某彬一同去参加开庭审理工作。当天庭审结束后，冯某军与于某彬返回牧场途中，因冯某军违反道路交通信号，驶入对向车道，在牧场烤烟厂门前，与对向高某山驾驶的三轮摩托车正面相撞，造成一死一伤的交通事故，高某山未取得机动车驾驶证且系醉酒。摩托车上的张某秋受伤，高某山经医院抢救无效于 2017 年 8 月 1 日死亡。2017 年 10 月 9 日，公安局交通警察大队作出某公交认字［2017］第 101SK8U 号道路交通事故认定书，认为冯某军驾驶车辆上路行驶，违反交通信号，驶入对向车道，遇对向来车时操作不当，其行为违反了道路交通安全法的相关规定，是引发道路交通事故的直接原因，过错严重，对事故发生作用大，认定冯某军负事故的主要责任，高某山负事故的次要责任，张某秋不负事故责任。事故发生后，冯某军为抢救伤者和安抚死者家属，先期承担了各种费用人民币 630270 元。其中给付死者高某山赔偿款人民币 580000 元（其中包括丧葬费、死亡赔偿金、死者被扶养人生活费、精神损害抚慰金），给付死者高某山急救用款人民币 8300 元，给付伤者张某秋治疗费用及误工费等共计人民币 10000 元。冯某军在事故中因腿部受伤治疗花费人民币 8970 元。事故车辆维修花费人民币 23000 元。另查明，死者高某山和伤者张某秋的户籍是某市某区某镇，但其二人长期在牧场居住。

【案件焦点】

1. 冯某军自行承担赔偿责任后是否具有向牧场的追偿权；2. 牧场是否应当承担本案相应的法律责任以及承担责任的比例。

【法院裁判要旨】

黑龙江省绥北人民法院经审理认为：冯某军系在履行职务过程中发生的交通事故，虽然存在过错，应承担相应过错责任，但其已全额承担了交通事故损害赔偿责任，依法享有对超过应承担责任份额之外部分的责任份额向牧场主张追偿的权利。本案中，应先由用人单位牧场承担赔偿责任，再向有过错的工作人员行使权利，请求返还相应份额的经济损失。这种权利并非法律条文中明确规定的追偿权，而是一种按份债务超额承担的返还权。在冯某军代替用人单位履行完外部责任的前提下，双方在处理内部责任的分配问题上，应各自按照按份责任比例承担相应的责任份额，一方向受害人承担了超出比例份额之外责任的，有权向另一方行使权利，要求给付。本案中，冯某军承担30%的经济损失，牧场承担70%的经济损失比较适宜。

黑龙江省绥北人民法院依照《中华人民共和国侵权责任法》第三十四条，《最高人民法院关于审理人身损害赔偿案件适用法律若干问题的解释》第八条、第十一条规定，判决如下：

一、牧场给付冯某军人民币441189元；

二、驳回冯某军的其他诉讼请求。

牧场不服一审判决，提起上诉。黑龙江省农垦中级人民法院经审理认为：本案的争议焦点问题为冯某军是否属于履行职务行为。《中华人民共和国侵权责任法》第三十四条第一款规定："用人单位的工作人员因执行工作任务造成他人损害的，由用人单位承担侵权责任。"冯某军人事、工资等由牧场管理是不争的事实。虽然冯某军接受牧场委托，在牧场另案中作为委托诉讼代理人参加诉讼，但冯某军显然执行的是牧场的工作任务。根据民事诉讼法的规定，当事人的工作人员可以被委托为诉讼代理人，冯某军在另案中显然是以牧场的工作人员身份参加诉讼。冯某军向牧场相关领导请示，允许其驾驶私家汽车参加诉讼，冯某军"私车公用"行为无疑属于职务行为。冯某军执行工作任务期间，应当是指其代理诉讼的路程从开始到完成庭审返回牧场或者家中为止。综上，冯某军"私车公用"发生交通事故的行为属于执行工作任务的行为，应当由用人单位牧场承担赔偿责任。原审判令牧场承担赔偿责任正确，二审法院予以确认。牧场的上诉请求不能成立，应予驳回；一审判决认定事实清楚，适用法律正确，应予维持。

黑龙江省农垦中级人民法院依照《中华人民共和国民事诉讼法》第一百七十条第一款第一项规定，判决如下：

驳回上诉，维持原判。

牧场不服二审判决，申请再审。黑龙江省高级人民法院经审理认为：冯某军接受牧场的委托到法院出庭参加诉讼，在返回牧场的途中发生案涉交通事故。冯某军作为代理人出庭参加诉讼的行为属于执行牧场的工作任务，原审法院认定冯某军属于履行职务行为并无不当。但案涉交通事故发生后，牧场并未委托冯某军处理事故赔偿事宜，冯某军与案涉交通事故被害人家属达成和解并支付赔偿款项亦未经牧场同意，冯某军该行为不属于履行职务行为。冯某军在未经牧场授权的情况下自行承担赔偿责任，不享有向牧场追偿的请求权基础。但鉴于案涉交通事故发生在冯某军执行牧场工作任务过程中，牧场作为用人单位依法应当承担赔偿责任，牧场在承担责任后可以向冯某军进行追偿。冯某军对于案涉交通事故发生存在严重过错，应当承担主要赔偿责任。因冯某军已经实际履行了赔偿义务，本院依照公平原则，酌情调整原审法院确定的责任比例，由牧场承担冯某军实际赔偿数额的30%，剩余部分由冯某军自行承担。综上所述，牧场的再审请求部分成立。

黑龙江省高级人民法院依照《中华人民共和国民事诉讼法》第二百零七条第一款、第一百七十条第一款第二项的规定，判决如下：

一、撤销黑龙江省农垦中级人民法院民事判决及黑龙江省绥化农垦法院民事判决第二项；

二、变更黑龙江省绥化农垦法院民事判决第一项为：牧场于本判决生效后十日内给付冯某军人民币189081元；

三、驳回冯某军其他诉讼请求。

【法官后语】

原《中华人民共和国侵权责任法》第三十四条第一款规定："用人单位的工作人员因执行工作任务造成他人损害的，由用人单位承担侵权责任"。《中华人民共和国民法典》第一千一百九十一条规定了用人单位可以向故意或者重大过失的工作人员进行追偿。从立法的本意和司法实践中的情况来看，一般认为用人单位应当享有追偿权，但追偿权的比例应当综合案件实际情况来确定。本案的特殊之处就在于造成损失的工作人员自行承担赔偿责任后，其是否有权利向用人单位追偿，如果不能追偿，如何衡平用人单位和工作人员的责任。工作人员在执行职务过程中造成他人损害，用人单位需要承担无过错的替代责任。一般认为，依照公平原则用人单位承担替代责任后，有权利向有过错的工作人员追偿。在侵权责任纠纷中，追偿权的行使前提是追偿主体具有替代侵权人承担责任的义务。用人单位具有替代工作人员承担责任的义务，而工作人员不具有替代用人单位承担责任的义务，因此，工作人员在未经单位授权的情况下自行承担责任后，不具有向用人单位追偿的权利。本案中，冯某军在执行职务过程中因重大过失发生交通事故造成他人死亡，为减轻刑事责任，冯某军在未经牧场授权的情况下自行向被害人家属进行赔偿，并与被害人家属达成和解，其不享有向牧场追偿的请求权基础。原审法院未注意到冯某军不具有代替用人单位牧场承担责任的义务，冯某军不能倒过来向用人单位行使追偿权，原审法院支持冯某军的诉讼请求属于适用法律错误。再审判决虽然从形式上仅调整了双方承担责任的比例，但判决理由同原审存在本质不同，再审判决根本否定了冯某军具有追偿权的请求权基础。之所以判令牧场承担部分责任，主要考虑冯某军虽然不具有追偿权，但交通事故发生在其履行职务过程中，且其已经实际履行了赔偿义务，牧场作为用人单位属于冯某军履行职务的受益方，应依照公平原则，酌情承担部分责任。冯某军对于案涉交通事故发生具有重大过错，用人单位牧场承担的责任比例应当少于冯某军承担的责任比例，故再审判决调整了原审法院确定的责任比例，改判由牧场承担冯某军实际赔偿数额30%的赔偿责任，剩余部分由冯某军自行承担。在实践中，因履行职务行为发生交通事故造成人员伤亡的情况并不鲜见，责任人可能基于减轻刑事责任考量，一般均会积极赔偿并与被害人及其家属达成和解，为了取得被害人及其家属的谅解，实际赔偿的数额通常会超过法律规定的赔偿数额。如果放任责任人在赔偿被害人后可以向用人单位追偿，不仅会导致用人单位承担的责任可能超出法律规定的范围，将工作人员怠于履行注意义务的风险全部转嫁给用人单位，也可能会出现责任人为满足被害人及其家属的要求而严重损害用人单位利益的情况，甚至可能会出现责任人和被害人及其家属恶意串通的情形，再审判决确定的裁判规则较好地解决了这一问题。

编写人：黑龙江省高级人民法院　郭延泽

18

外卖员送餐途中致人损害之责任认定

——王某琴诉物流公司等健康权案

【案件基本信息】

1. 裁判书字号

陕西省西安市中级人民法院（2020）陕 01 民终 14347 号民事判决书

2. 案由：健康权纠纷

3. 当事人

原告（被上诉人）：王某琴

被告（上诉人）：物流公司

被告（被上诉人）：王某、财产保险公司

【基本案情】

王某系物流公司送餐骑手，物流公司为王某在财产保险公司购买了保险。2019 年 11 月 16 日王某驾驶电动自行车在送餐途中，与行人王某琴发生碰撞致其受伤，王某琴被送往医院经诊断为左侧股骨颈骨折住院 28 天，出院后王某琴购买了药品、残疾辅助器具。2019 年 11 月 19 日经交警部门处理认定，王某负事故全责，王某琴无责。王某琴与王某协商相关费用未果，遂将王某、物流公司、财产保险公司诉至法院，请求判令：三被告赔偿医疗费、误工费、护理费、营养费、住院伙食补助费、交通费、伤残赔偿金、鉴定费、精神损害抚慰金等共 180194.3 元。经法院委托鉴定，王某琴为九级伤残；误工期 330 日，护理期 120 日，营养期 180 日；后续治疗费约需 3000 元。

【案件焦点】

1. 外卖员与配送公司之间是雇佣关系还是承揽关系；2. 保险公司是否应在本案侵权纠纷中承担理赔责任。

【法院裁判要旨】

陕西省西安市新城区人民法院经审理认为，王某系物流公司雇员，事故发生在工作期间，应由物流公司承担赔偿责任；因本案系侵权纠纷，财产保险公司非本案侵权人，且其已表示不同意一并处理理赔事宜，王某琴此请求不予支持；物流公司向王某琴承担赔偿责任后，可根据保险合同约定向财产保险公司申请理赔。

陕西省西安市新城区人民法院依据《中华人民共和国侵权责任法》第十六条、第三十四条，《最高人民法院关于审理人身损害赔偿案件若干问题的解释》第十七条规定，判决如下：

一、被告物流公司于本判决生效之日起三十日内支付原告王某琴医疗费 26232.7 元、误工费 33000 元、护理费 14800 元、住院伙食补助费 2800 元、伤残赔偿金 79965.6 元、残疾辅助器具费 604 元、后续治疗费 3000 元、精神损害抚慰金 4000 元、鉴定费 2720 元、交通费 540 元等共计 167662.3 元；

二、驳回原告王某琴其余诉讼请求。

物流公司不服一审判决，提出上诉。

二审法院同意一审法院的裁判意见。

【法官后语】

外卖员受配送公司的指派送餐，双方形成雇佣关系；外卖员在送餐途中发生交通事故，由用人单位承担赔偿责任；配送公司虽为外卖员购买人身保险，但保险公司不应在侵权之诉中承担民事责任。

一、雇佣关系与承揽关系的法律属性及区别

《中华人民共和国民法典》第一千一百九十一条及第一千一百九十二条的规定，雇佣关系可基本分为用人单位和工作人员之间的关系及个人之间的劳务关系。司法判例中将雇佣关系界定为雇员向雇主提供一定劳务，雇主向雇员支付相应报酬形成的权利义务关系。雇佣关系的标的是提供劳务本身，且双方间存在较为紧密的人身依附关系，通常以完成某项劳务作为计付报酬的依据。承揽关系则是承揽人按照定做人的要求完成工作，交付成果，定作人给付报酬的权利义务关系。承揽关系的标的是提供劳务后所创造的工作成果，双方间相对独立，不存在紧密的人身依附关系，通常一次性结算劳务报酬。

承揽关系和雇佣关系的主要区别在于：1. 人身依附性不同。雇佣关系中雇主与雇员之间存在一定的人身依附关系。雇员对工作的安排没有自主选择权，雇主可以随时干预雇员的工作，雇员的劳动系一种“从属性劳动”；承揽关系中定作人与承揽人地位平等，承揽人对工作如何安排有完全的自主权，定作人无权干预。承揽人的劳动是一种“独立劳动”；2. 工作目的不同。雇佣关系中雇员是以提供劳务本身为目的；承揽关系的工作目的是提供工作成果；3. 风险负担不同。雇佣关系雇员在工作中因执行工作任务造成他人损害的，由雇主承担侵权责任。这种责任属于替代责任，即由非行为人对行为人的侵权行为承担责任。雇主责任属于无过错责任，其法理基础是出于权利义务相一致的考量，雇员为雇主工作，雇主可以从雇员的工作中获取一定利益，因此雇员因工作而产生的风险，由雇主承担；而承揽关系，承揽人在完成承揽工作中造成第三人损害或者自己损害的，定作人不承担侵权责任。定作人对定作、指示或选任有过错，应当承担相应的责任。由此可以看出法律关系的认定直接影响到对当事人的责任认定，而当用人单位作为雇主时，其履行赔偿责任的能力也往往会优于雇员，进而也会直接影响到被侵权人能否顺利获得赔偿。

二、外卖平台的用工模式及法律关系的界定

外卖平台的用工模式主要分为三类：一是自营模式，外卖员与平台直接签订书面劳动合同，受雇于外卖平台；二是外包或者代理骑手，外卖平台将其配送业务通过合同外包给代理公司，代理公司为平台选取符合条件的外卖员，并由代理公司与外卖员直接签订劳动合同或者劳务合同；三是众包App骑手，是指骑手个人完成用户注册，通过外卖平台审核后根据平台派单进行接单配送服务。这些骑手可能只是业余时间兼职，也可能是专职骑手，但同时服务于多家平台，具有很强的不确定性。具体到本案中，物流公司是平台配送业务的代理公司，王某接受物流公司的指令，在指定区域和时间内从事接单、配送工作，物流公司定期为王某发放劳动报酬，双方存在控制、从属和支配关系，王某所提供的劳动是物流公司生产经营活动中的组成部分，应认定双方之间为雇佣关系。王某在工作中造成他人损害，应由物流公司承担侵权责任。雇主承担侵权责任后可以对雇员行使追偿权，但只有在雇员有故意或者重大过失时，雇主才享有向雇员追偿的权利。

三、保险合同与侵权法律关系不能合并处理

本案涉及的车辆为非机动车，属于一般的责任保险，物流公司与财产保险公司之间的保险合同关系，物流公司与王某琴之间的侵权责任关系，是相互独立的两个法律关系。保险合同强调合同的相对性，王某琴无权直接请求支付保险金，物流公司也无权要求财产保险公司在保险限额内直接向王某琴理赔。目前，我国仅对机动车实行第三者责任强制保险制度，机动车发生交通事故造成损害，属于该机动车一方责任的，先由承保机动车强制保险的保险人在强制保险限额范围内赔偿；不足部分，由承保机动车商业保险的保险人按保险合同约定赔偿；仍然不足或者没有投保机动车商业保险的，由侵权人赔偿。交强险重视对被侵权人损失的填补，有基本社会保障功能，在一定范围内保险赔付责任与侵权责任相互分离，只要机动车发生交通事故造成被侵权人损害，保险人即需向被侵权人承担责任。随着技术的发展，电动自行车已成为群众交通出行和运输的重要交通工具，因电动自行车造成的道路交通事故频发，被侵权人因侵权人经济能力薄弱无力得到赔偿等问题突出，能否对非机动车进行细化管理并设置相应的强制保险期望在不久会得到实现。

编写人：陕西省西安市新城区人民法院　姚建军　刘娜

（三）网络侵权责任纠纷

19

网络服务提供者的侵权责任

——陈某诉网络公司、樊某名誉权案

【案件基本信息】

1. 裁判书字号

浙江省玉环市人民法院（2020）浙1021民初1439号民事判决书

2. 案由：名誉权纠纷

3. 当事人

原告：陈某

被告：网络公司、樊某

【基本案情】

被告网络公司是微博网站的经营者。被告樊某系案外人邱某淇现女朋友，而原告陈某某系案外人邱某某前女朋友。2020年1月22日至3月10日，被告樊某以“台州玉环×××××”的微博用名连续在被告网络公司的微博平台发微博。内容分别有：“我也是万不得已公布其信息，一个花季少女16岁开始在外同居，骗钱，堕胎……”“给你脸不要脸，电话打到你办公室，整个单位都知道，用你的话，那又怎么样……”“昨晚收到信息了吗？照片上是你吗？还钱……”等，并附原告及案外人邱某淇的生活照片等。上述微博博文阅读量最少的在1000人次以上，最多的有6865人次。被告樊某该微博的粉丝有28人，关注有

1123人，微博文14篇。

2020年2月3日原告三次在被告网络公司微博平台针对被告樊某的不同博文连续提交四条投诉信息，2月4日又提交一条投诉信息。但被告网络公司对其中三条的处理状态是“等待处理”，其中两条的处理状态是“驳回举报”。

2020年3月5日，原告通过被告网络公司微博平台网页底部区域投诉举报大厅—权益纠纷—人身权益投诉—本人投诉，要求被告网络公司对“台州玉环×××××”封号或删除相关博文，并上传自己的身份证信息，保证声明及链接。但被告网络公司没有进行处理。

2020年3月26日，原告向网络公司寄送诉求书一份，要求其对名为“台州玉环×××××”的博文删除并关闭该微博号。被告接到后，于2020年4月1日对该微博号进行了封号。

另查明：案外人邱某淇与原告陈某交往期间有对外举债的情况。

【案件焦点】

网络服务提供者在本案中是否需要承担侵权责任，以及需要承担何种法律责任。

【法院裁判要旨】

浙江省玉环市人民法院经审理认为：公民的名誉权受法律保护。对本案两被告是否构成侵权及责任承担，评判如下：

一、被告樊某是否构成侵权。被告樊某与原告陈某因私怨引发纠纷，从2020年1月开始在微博平台发布原告的个人信息，揭露原告的“过往”，用词刻薄，低俗至极，不论事件真伪，对原告进行侮辱的主观故意明显，系列博文意在贬低原告的社会评价，构成侵犯原告的名誉权。

二、被告樊某的民事责任承担。被告樊某微博粉丝28人，关注1000余人，博文阅读量虽有1000人以上，但没有证据证明被告樊某的微博粉丝或关注的人与原告的亲友存在交叉，给原告造成的损害后果难以评估，故对原告主张赔偿精神抚慰金不予支持。本院确定被告樊某就其侵权行为应当向原告陈某赔礼道歉，同时消除影响、恢复名誉限定在被告网络公司的微博平台。原告所主张的公证费用 1200 元系为本案主张侵权的事实进行证据固定，是必要的费用支出，本院予以支持。

三、被告网络公司是否应对被告樊某的侵权行为承担相应责任。被告网络公司应当加强对上传博文内容的管理与审查。原告陈述曾多次投诉，但被告均未予以处理。作为网络平台提供者，平台运行期间在接到他人投诉的情况下应高度注意并及时审查，被告对原告的投诉没有引起足够重视，其存在过失。本院已确定被告樊某就自己的行为向原告赔礼道歉，因涉及侵权影响的范围与被告网络公司有关，被告网络公司对此应负有配合转载相关判决内容的义务。而被告樊某承担的公证费用 1200 元为金钱给付义务，对此被告网络公司应当承担连带责任。

浙江省玉环市人民法院依照《中华人民共和国侵权责任法》第十五条第一款第七项、第八项，第二十二条、第三十六条第二款，《中华人民共和国民事诉讼法》第一百四十二条规定，判决如下：

一、被告樊某应于本判决生效后十日内在被告网络公司微博平台更改为实名后向原告陈某赔礼道歉，消除影响、恢复名誉，相关内容在平台上保持 30 天。如果被告樊某不履行，被告网络公司应当在微博平台更改原被告樊某的微博名为实名后转载本判决书的说理及主文部分。如果被告樊某主动删号或其他因素导致无法转载的，除追究其拒不履行的责任外，还需在其他媒体刊登本判决相关内容（媒体及道歉内容由本院审核），费用由被告樊某承担；

二、被告樊某于本判决生效后十日内支付原告陈某为侵权支出的公证费用 1200 元，被告网络公司对此承担连带责任；

三、驳回原告陈某的其余诉讼请求。

宣判后，当事人均未上诉，判决书已生效。

【法官后语】

本案的主要争议焦点是网络服务提供者在本案中是否需要承担侵权责任，以及需要承担何种法律责任。

一、网络服务提供者在本案中是否需要承担侵权责任

（一）对于“知道”的理解

《中华人民共和国民法典》第一千一百九十七条，在《中华人民共和国侵权责任法》第三十六条规定的“知道”的基础上增加了一个“应当知道”。也就是说这个知道不单单是指有明确证据表明网络服务提供者已经知道了网络用户在实施侵权行为，还应该包括间接证据推断网络服务提供者有极大可能知道的情形。“应当知道”也可以被称为“推定知道”，指的是一个正常的，理性的人在尽到注意义务时，可以通过判断来确定侵权事实的存在。这就要求网络服务提供者应尽到两方面的义务：一方面是消极义务，即在接到有人投诉举报时，要核实内容是否存在侵权；另一方面是积极义务，即对于网络用户发布的明显违反国家法律法规、公序良俗的内容，进行积极审查，并采取必要措施。

本案中对于樊某的侵权行为，作为网络服务提供者的网络公司不能通过积极义务审查出来，情有可原，但在原告多次投诉后，被告网络公司仍不引起重视。被告樊某的博文只有14篇，且针对性很强，贬低原告的意思表示明显。但凡被告网络公司进行过审查，其都不难判断出该侵权事实，然而被告网络公司在原告多次投诉后，采取驳回原告投诉或待处理等消极方式，不及时处理，导致侵权结果扩大。在接到原告通知时，被告网络公司就应当知道有网络用户在实施侵权行为。

（二）对于“必要措施”的理解

这里的必要措施应当是合理的，防止侵权结果扩大的措施，具体从措施的合理性以及最终效果两方面来把握。必要措施的合理性指的是在网络服务提供者能力范围内可以采取的普通大众所能接受的措施；措施的最终效果指的是网络服务提供者能够证明其采取的措施可以有效阻止侵权行为的实施，可以有效避免或减少侵权后果的产生。网络服务提供者可采取的必要措施包括但不限于删除内容、屏蔽、封号等。另外根据《中华人民共和国民法典》第一千一百九十五条第二款“网络服务提供者接到通知后，应当及时将该通知转送相关网络用户，并根据构成侵权的初步证据和服务类型采取必要措施；未及时采取必要

措施的，对损害的扩大部分与该网络用户承担连带责任”的规定，网络服务提供者还应当转发通知相关的网络用户，并对构成侵权的初步证据和服务类型及时采取必要措施，即及时固定住侵权的初步证据，以方便权利人主张权利。

本案中，原告于2月就开始向作为网络服务提供者的被告网络公司投诉，被告网络公司于4月1日才对被告樊某的侵权微博账号采取封号措施。且在原告向法院起诉维权时，其并未提供侵权网络用户樊某的真实身份信息，也未固定侵权的初步证据。时隔近两个月，才采取措施，并未达到及时的要求。从原告提供的证据显示，被告网络公司在2月就有驳回其投诉的情形。所以，被告网络公司的抗辩理由不能成立。

综上，被告网络公司在明知被告樊某利用其网络平台实施侵权行为的情况下，未及时采取必要措施，其应当对该侵权行为给原告造成的损失承担连带责任。

二、网络服务提供者应当承担何种责任

人格权遭受侵害的，受害人可以要求侵权人停止侵害、消除影响、恢复名誉、赔礼道歉等，且该民事责任应当与行为的具体方式和造成的影响范围相当。

在本案中，原告主张要求被告樊某赔礼道歉，消除影响、恢复名誉，赔偿精神抚慰金10000元，赔偿公证费1200元，要求被告网络公司承担连带责任。因损害结果难以评估，原告亦未提供证据证明其遭受了精神损害，所以对于精神抚慰金的请求不予支持。对于网络服务提供者是否要对原告赔礼道歉，消除影响、恢复名誉并承担连带责任，首先，我们认为连带责任应当是针对金钱给付义务的，其次，在本案中，网络服务提供者并非直接侵权人，要求其赔礼道歉也不是很妥当，但可以要求其配合完成侵权人履行判决书确定的民事责任。对于公证费1200元，因是原告维权的必要合理支出，且是因为网络服务提供者未为其提供维权的初步证据所形成的。网络服务提供者应当承担连带偿付责任。

三、如果消费者遭受了网络暴力，应当如何维权

一是保存证据。为让证据的证明力更强，可以到当事人住所地的公证处进行公证。

二是找平台协商。根据《中华人民共和国民法典》第一千一百九十五条规

定，网络服务提供者接到通知后，应当及时将该通知转送相关网络用户，并根据构成侵权的初步证据和服务类型采取必要措施；未及时采取必要措施的，对损害的扩大部分与该网络用户承担连带责任。

三是要求平台提供实际侵权人资料并提起诉讼。根据《最高人民法院关于审理利用信息网络侵害人身权益民事纠纷案件适用法律若干问题的规定》（2020 修正）第三条规定，原告起诉网络服务提供者，网络服务提供者以涉嫌侵权的信息系网络用户发布为由抗辩的，人民法院可以根据原告的请求及案件的具体情况，责令网络服务提供者向人民法院提供能够确定涉嫌侵权的网络用户的姓名（名称）、联系方式、网络地址等信息。

编写人：浙江省玉环市人民法院　卢燕　陈巧峰

20

网络空间影射型名誉侵权责任认定路径

——辛某诉李某网络侵权责任案

【案件基本信息】

1. 裁判书字号

广东省广州市中级人民法院（2020）粤 01 民终 14945 号民事判决书

2. 案由：网络侵权责任纠纷

3. 当事人

原告（被上诉人）：辛某

被告（上诉人）：李某

【基本案情】

辛某、李某均是某 App 上的主播，案涉争议发生前后在某 App 上分别有

3400余万和450余万的粉丝。

李某在某App上对某主播的主播专场内容进行评价，认为该主播行为不当。李某在直播中以“仓鼠”代称该主播；评价了一系列与辛某有关的热点事件；还使用了粗言秽语。直播期间，观看人数为1.4万人至1.6万人不等。2019年4月17日，微博用户“网红×××”以标题“！李×喊话辛×你是个啥!”转发该段视频的录像，该微博又被多人转发、回复和点赞。直播观众、微博用户，通过弹屏、回复的方式，认为被评价人为辛某。有部分用户对李某的评价、使用代称的行为表示赞同。

辛某委托律师处理涉案纠纷和保全相关证据，支付了律师费40000元和公证费20260元。

【案件焦点】

李某的涉案行为是否侵害了辛某的名誉权。

【法院裁判要旨】

广州互联网法院经审理认为：首先，只有行为人的行为指向特定对象时，才可以构成对他人名誉权的侵害。但是，指向特定人的方式并不限于直接表明其姓名，还可以以别名、化名甚至是通过描述特定事件等指向他人，使人合理地理解其内容是指向特定人的方式。李某在直播中使用了“仓鼠”这一代称，评价了一系列与辛某有关的热点事件。直播的观众和微博用户，均已根据直播内容，将“仓鼠”理解为辛某，并针对性地进行解释、辟谣。据此，可以认定李某评论的对象指向辛某。两证人虽然出庭作证称其没听说辛某有叫过“仓鼠”的称号，但其证人证言仅能代表其个人的认知，不足以代表全体网民的认知。李某辩称其发表的言论与辛某身份不具有对应性，法院不予采纳。其次，微博用户的评价反映出李某直播内容的背景，即与辛某有关的某一热点事件。虽然李某对辛某的直播专场行为进行了否定性的评价，但是辛某作为在直播界中有一定知名度的人士，能够享受比普通公众更多的名望和社会资源，理应受到更多的舆论监督，对评论言论负有更高的容忍义务。综上，辛某称李某通过虚构辛某乘人之危，在人背后说坏话等虚假事实损毁其名誉，法院不予采纳。李某在直播行为中，使用“仓鼠”代指辛某，却未能合理解释使用“仓鼠”代指辛某的原因，故辛某主张李某使用贬损性外号贬低辛某人格，法院予以采纳。李某在直播行为中多次使用粗言秽语作为句子成分。虽然李某并未直接使用上述词汇侮辱辛某，但其多次使用粗言秽语，贬低辛某人格意图明显，故辛某主张李某使用攻击性词语贬低辛某人格，法院亦予以采纳。最后，李某的直播过程有约 1.5 万人观看，并引起观众的评议和对李某的附和，可以认定为造成了一定影响。李某的账号有数百万粉丝关注，其应当知道自己的直播行为可能会带来的社会影响。李某称未体现任何的社会、网络影响，与证据反映事实不符，法院不予采纳。综上所述，李某使用粗言秽语评价辛某的行为，使用“仓鼠”代指辛某，已构成对辛某名誉权的侵害。

广州互联网法院依照《中华人民共和国民法通则》第一百二十条、第一百三十四条，《中华人民共和国侵权责任法》第二十条，《中华人民共和国民事诉讼法》第六十四条第一款，《最高人民法院关于确定民事侵权精神损害赔偿责任若干问题的解释》第八条，《最高人民法院关于审理利用信息网络侵害人身权益民事纠纷案件适用法律若干问题的规定》第十六条、第十八条，《最高人民法院关于审理名誉权案件若干问题的解答》第十条规定，判决如下：

一、李某在判决发生法律效力之日起五日内，在某 App 的直播中，向辛某赔礼道歉，为辛某消除影响、恢复名誉（赔礼道歉内容需经原审法院审核）；

二、李某在判决发生法律效力之日起五日内，赔偿辛某经济损失费 20000 元；

三、驳回辛某的其他诉讼请求。

广东省广州市中级人民法院经审理认为：本案二审争议的焦点为李某的涉案行为是否侵害了辛某的名誉权？本案中，一审法院结合涉案直播视频的内容、李某在直播行为中的言论以及直播用户的反映，认定李某评论的对象系指向辛某，且构成对辛某名誉权的侵害，有事实和法律依据，法院予以确认。李某上诉称其表现的内容没有体现对辛某的针对性，与事实不符，法院不予采纳。李某在二审庭审中提出申请追加“网红×××”博主为本案被告，因“网红×××”博主并非本案的必要共同被告，故对李某的该项申请，法院不予准许。综上所述，李某的上诉请求不能成立，法院不予支持。原审认定事实清楚，判决并无不当，法院予以维持。

广东省广州市中级人民法院依照《中华人民共和国民事诉讼法》第一百七十条第一款第一项规定，判决如下：

驳回上诉，维持原判。

【法官后语】

名誉权是民事主体的重要人身权利。在互联网时代，一些行为人为了规避法律风险，在通过微信公众号、微博、网络直播等途径发布贬损他人的言论时，往往并不直接指出对象的名称，而是采取“指桑骂槐”“含沙射影”等间接的方式暗指他人，使得被侵权人的确定相对困难，但法院依然可以从言论信息受众的普遍理解以及特征要素的对应性，合理确定言论指向对象，进而要求侵权人承担相应责任。通过严谨的司法审查与合理的司法规制，促使网络用户消除侥幸心理、规范自身言行，积极营造尊重他人、向上向善的网络环境。

一、影射型言论的特点

影射型言论是通过采取外号、特定修饰语、事件等特征要素指代对象，但不直接指明对象的言论表达方式。在判断行为人发布的言论是否属于影射型言论时，可根据以下要点进行判断：第一，属于暗指而非明指，即言论未直接指明对象，其指向性需要结合具体的情境、事件等综合判断；第二，属于特指而非泛指，即该言论并非针对不特定对象而发表，而是描述了对象的特征要素，具有明确的指向性。此处所提及的对象特征要素要求具有可识别的显著性，因为只有可以根据言论所提及的特征要素识别出特定对象，对该言论进行司法审查才具有现实意义。反之，如果无法完成对象识别，则该影射型言论将无法与特定的民事主体建立客观联系，进而原告的适格性也将失去根基。

二、影射型言论的司法判断

（一）以信息受众角度作为判断视角

因影射型言论暗示性、影射性的特点，在判断言论指向性时不可避免地会存在主观性。如果仅从诉讼当事人的视角出发，因其诉讼利益的对立，双方对言论的指向性往往存在截然不同的解释。事实上，名誉作为一种社会性的评价，该权利受到损害表现为权利人的社会评价遭到不应有的降低，此种社会评价的降低是客观的而非权利人主观上的感受。因此，为了更加契合名誉权损害的实然结果，如果无法直接判断影射型言论所指向的对象时，可以从社会性入手，从信息受众的角度切入，重点判断一般公众在接收言论信息后所作出的通常理解，包括对象特征要素与指向人所具有的特征要素是否具有对应性，一般公众是否会将言论与所指对象建立明确关联。

本案中，从直播间用户评论可以看出，大量直播的观众和微博用户将“仓鼠”理解为原告，且将被告的言论理解为指向原告，并针对性地进行解释、辟谣，可以推断被告的言论指向原告属于信息受众的通常理解。

（二）以高度的对应性作为判断标准

在审查特定人是否为影射型言论所指向的对象时，核心在于审查言论中所包含的特征要素与特定人本身所具有的特征是否相对应。影射型言论中所提及的对象特征要素信息越多、越具有个性化，其指向对象的可对应性也将显著提升。应当注意的是，此时的对应性不必然要求达到唯一、排他对应的程度。根据民事诉讼的证明标准，只要有证据证明的事实具有高度可能性，足以使知悉特定背景的信息受众理解为是用来指称特定人，即可认定该人属于被影射的对象。

对应性审查，还需排除非对称信息下信息受众根据偶然巧合的对应性作出逆向理解的情形。若行为人并无侵权的主观恶意，只是其言论所含对象特征要素偶然巧合指向他人，如虚构某一刑事案例的罪犯名称“张三”恰好与“侵权对象”名字相同，未达到高度对应性的程度，不能据此认定行为人实施了侵害名誉权的行为。

本案中，“仓鼠”的代称以及一系列与原告有关的热点事件，多个对象特征要素的叠加，充分降低了偶然巧合的可能，缩小了信息受众根据这些要素锁定对象的范围，使被告发布的言论所指对象与原告达到了高度对应性的程度。再结合前述信息受众的通常理解以及影射目的，足以认定原告即为被告言论所指对象。

三、影射型言论侵犯名誉权的认定

在确定了言论所指的对象后，对于该言论是否侵害了所指对象的名誉权，则应根据侵害名誉权的构成要件进行具体分析，即综合考虑对象社会评价是否降低、此种降低与言论之间的因果关系和行为人是否具有主观恶意这三个要素。

本案中，被告在直播时虽未提及原告的姓名，但使用了“仓鼠”代称评价对象，并着重评价了该对象参与的几例事件，在能够认定被告言论所指向的对象为原告情况下，被告使用贬损性词汇评价原告，该直播过程约有 1.5 万人观看，并引起大量直播观众评议，可以认定造成了一定影响并使原告的社会评价降低，构成对原告名誉权的侵害，依法应当承担相应的法律责任。

网络空间并非法外之地，任何心存侥幸的侵权行为，最终都逃避不了法律的规制。即将实施的民法典对网络空间人格权保护作出了更加全面的规范，对于网络用户来说，更要注意在发表言论时应严守法律底线、尊重他人的人身权利，积极弘扬正能量。

编写人：广州互联网法院　冯立斌　李佳

21

公共场所未成年人隐私权的保护

——李某诉魏某、网络公司肖像权、名誉权、隐私权网络侵权责任案

【案件基本信息】

1. 裁判书字号

北京互联网法院（2019）京 0491 民初 33767 号民事判决书

2. 案由：网络侵权责任纠纷

3. 当事人

原告：李某

被告：魏某、网络公司

【基本案情】

2019 年的某天早上，6 岁小女孩李某因不愿上学而哭闹，父母将其绑在树上进行教育。路人魏某未经允许使用手机拍摄了上述过程，并将未经处理的高清视频私信给网络公司的某平台大 V 进行传播。视频中，李某的面部特征清晰，还露出了内裤。当天魏某便通过其平台账号共发布了 4 篇相关博文，第 1 篇因涉案视频未通过审核致使该视频没有发布，而第 2、3 篇均是转发的包含涉案视频的博文。后魏某将前三篇博文进行了删除处理，并在平台上发布第 4 篇文章向李某道歉。李某父亲虽通过平台私信联系网络公司的某平台客服和手机 App“问题反馈”栏目联系这两种途径通知了网络公司删除涉案视频，但网络公司未收到该内容。

【案件焦点】

1. 魏某原发或转发涉案博文是否侵犯李某的肖像权、名誉权、隐私权，是否应当承担责任；2. 网络公司是否因未履行“通知删除”义务，而与魏某承担连带责任。

【法院裁判要旨】

北京互联网法院经审理认为：魏某原发或转发的涉案博文侵犯了李某的肖像权、隐私权，并未侵犯其名誉权，魏某应就其侵权行为承担相应的责任，网络公司无须与魏某承担连带责任。

首先，关于肖像权。肖像是指通过影像、雕塑、绘画等方式在一定载体上所反映的特定自然人可以被识别的外部形象。虽然《中华人民共和国民法通则》第一百条规定不得以营利为目的使用他人肖像，但是并不意味着不以营利为目的就可以随意使用他人肖像。本案中，魏某未经李某监护人同意，擅自拍摄涉案视频，并在网络上传播包含李某可以被识别外部形象的涉案视频，魏某存在主观过错，其网络传播行为属于公开李某的肖像，侵犯了李某的肖像权。

其次，关于隐私权。隐私是自然人的私人生活和不愿为他人知晓的私密空间、私密活动、私密信息。本案中，李某虽被其父母当街管教，但知悉范围限于当地当时的过路人群，对李某造成的影响有限，魏某在明知是李某的监护人予以制止的情况下仍然进行拍摄，并将该视频上传到网络上，同时对于涉案视频中涉及李某私密部位的片段，并未进行打码处理，侵犯了李某的隐私权。

最后，关于名誉权。名誉是对民事主体的品德、声望、才能、信用等的社会评价。《中华人民共和国民法通则》第一百零一条规定，公民、法人享有名誉权，公民的人格尊严受法律保护，禁止用侮辱、诽谤等方式损害公民、法人的名誉。本案中，魏某传播的涉案视频是对于事发当时的客观记录，其随涉案视频而发的评论亦在合理范围，没有对李某侮辱、诽谤之处，所以魏某没有侵犯其名誉权。

本案中，魏某传播涉案视频的行为侵犯了李某的肖像权、隐私权，应当承担相应责任。根据原告李某的诉讼请求，法院判定魏某当面向李某赔礼道歉，酌情给予精神损害抚慰金3000元，公证费200元以及律师费3000元。

同时就魏某的传播行为而言，魏某于传播当日即自行删除涉案视频。对于魏某的传播行为，不存在网络公司接到通知采取必要措施的适用空间。因此，网络公司无须与魏某承担连带责任。

北京互联网法院依照《中华人民共和国民法通则（2009修正）》第一百条、第一百零一条，《中华人民共和国未成年人保护法（2012修正）》第六条、第三十九条，《中华人民共和国侵权责任法》第二条第二款、第六条第一款、第十五条、第三十六条第二款规定，判决如下：

一、本判决生效之日起十日内，被告魏某向原告李某当面赔礼道歉；

二、本判决生效之日起十日内，被告魏某赔偿原告李某精神损害抚慰金3000元；

三、本判决生效之日起十日内，被告魏某赔偿原告李某律师费3000元、公证费200元；

四、驳回原告李某的其他诉讼请求。

宣判后，当事人均未上诉，判决书已生效。

【法官后语】

本案通过对公共场所隐私权问题进行分析，结合网络服务平台应当承担的社会责任，综合本案中的具体因素，并基于未成年人利益最大化原则，最大限度地保护未成年人的合法利益。研究本案裁判规则，对于处理类似案件的审理，具有重要参考价值。

一、公共场所隐私权发展现状

随着人类社会文明的进步和发展，我们自身对于自由和尊严的追求也逐渐在提高，隐私已经成为我们迫切要关注的问题。在我国，对于关于公共场所隐私权的问题没有相关的界定，学界上对于公共场所隐私权问题的探讨此起彼伏，至今仍未能得出统一的结论。由于立法上并没有对公共场所隐私权作具体的规定，一方面，公众缺乏其对公共场所隐私权的保护意识，许多无意识的行为往往被有心之人加以利用，致使隐私权遭受侵害；另一方面，也助长了社会上不良现象的发生，在公交车上偷拍、马路上偷拍等事件频频被曝出，造成了人们的恐慌，这些无疑是对隐私权的挑战。

隐私之所以被我们重视，实则是因为，其已经成为我们日常生活的一种现实性需要。客观上讲，“隐私止于屋内”的传统理论已经无法满足现实发展的要求，隐私权的保护范围已经慢慢从传统的私人领域延伸至公共领域。出于对社会上弱势群体以及公共利益等众多因素的考量，私人领域和公共领域的界限也不再泾渭分明，如网红通过直播的方式公开自己的日常起居、商场及公园等开放场所安放的摄像头监控行人等行为。因此，对隐私权的保护已不再是单纯的以“场所”来进行划分，转而向“人”进行过渡。这也就意味着，我们对隐私权的保护不应仅局限在私密空间、私密场所，隐私并不能因身处场所而被区别对待，即便身处公共场所，也同样享有不被任何人侵犯的隐私权，尤其是对于社会上的弱势群体，更应当注重对隐私权的保护。

二、公共场所隐私权的认定

本案中，原告的父母采取“特殊”的教育方式，将原告绑在树上进行教育，全然不顾及原告的感受，这种教育方式本身就是不可取的，也是不明智的。原告父母“当众”教育的方式并不能真正解决问题，反而不利于未成年人的身心健康发展。但是路人魏某的行为却使得这个问题变得更为严重，魏某在未经原告的父母同意的情况下，私自用手机对着原告进行拍摄，并在事后偷偷将视频上传到微博上，该视频中对于涉及原告的隐私的相关内容，魏某并未做任何处理。魏某虽然声称其如实拍摄视频并上传网上的行为，目的是保护未成年人，但事实上，原告的父母当众将原告绑在树上的行为已经对原告造成了伤害，不过这种伤害也仅限于过往的路人，魏某在未经处理的情况下将视频上传到网上，这种情况已经远远超过原告父母当初的预期，知悉范围已经远远超过当地当时的过路人群，魏某的行为确已对原告造成了再次伤害。

本案在认定隐私是否存在及其范围时，明确提出应当从权利人本身的意愿和社会一般合理认知两个视角共同去界定，即一个人在主观上期待保护的某种隐私，必须是合理的，是符合社会上一般合理认知的，这样才能受到保护。然而如何判断隐私期待是否是“合理”的，则需要结合客观因素综合进行考量。实际上，权利的产生往往伴随着一定的义务，在保证不违反公共利益的情况下，公民有权行使监督权，适当的监督能够促进社会的发展，减少侵权行为的发生，但这也往往伴随着权利和自由的冲突，我们对隐私的保护往往意味着对他人权利的限制，如若权利行使不当，势必会造成对他人的伤害，侵害他人的隐私权，因此，权利的行使方式必须要控制在一定的限度里。

《中华人民共和国民法典》虽规定了侵权责任的四个构成要件，但现实中所面临的问题是复杂多样的，如果完全地按照这四个构成要件给案件“下定义”，不免显得过于死板，缺乏灵活性，还有可能造成不公正的裁判结果，因此，在判断隐私权等人格权是否遭受侵犯时就需要借助动态系统论，灵活考虑案件中的相关因素，避免“全有”或“全无”情形的发生，保证裁判结果的客观公正。本案基于未成年人最大化原则，综合考量了行为人的职业、影响范围、过错程度，以及行为的目的、方式、后果等因素进行判定，最大限度地减小对未成年人造成的损害。

三、公共场所未成年人隐私权的保护

公共场所隐私权作为隐私权的一种具体类型，是对隐私权在空间上的一种限定。对公共场所隐私权的保护即意味着，我们的人格尊严和自由在公共场所依然受到保护。如今，随着互联网技术的发展，立法上对公共场所隐私权的保护越来越向网络空间倾斜，网络空间作为一个开放的、虚拟的空间，就信息的传播速度而言，远远超出了现实空间，视频一旦被上传至网络，所带来的影响是不可估量的，这也就加大了隐私权保护的难度，更加模糊了公共领域和私人领域的界限，同时随着短时间内信息的传播，足以形成一个监控网络数据库，我们的隐私将呈现半透明化，不利于公共场所隐私权的保护。

近些年来，国家越来越注重对未成年人的保护，未成年人作为社会上的弱势群体，应当享有不被任何人侵犯的人格权，切实有效地保护好未成年人在公共场所的隐私权是正当其时、十分必要的。但是对公共场所隐私权的保护往往杂糅着多种利益关系，不能单方面地一概而论。本案中，魏某虽有权行使监督权，但权利的行使必须要合法合规，不得损害未成年人的合法利益，魏某传播的涉案视频虽是对于事发当时的客观记录，但由于原告未成年人的特殊身份，应当格外注意对未成年人利益的保护，魏某采取的方式超出了舆论监督的限度，已经背离了其保护未成年人利益的初衷。倘若魏某没有直接将涉案视频上传到网上，而是将事情反映给相关部门，或是将视频进行打码再上传至网络，所带来的影响远小于此，并且也能实现保护未成年的目的。

本案中网络公司在魏某删除视频后，不存在接到通知进行删除的必要，网络公司作为网络服务提供者，虽尽到了其“通知删除”的义务，但这也反映出网络公司对于“涉及未成年人内容”的视频资料的审核有待加强，从“通知删除”规则角度来看，这种事后补救的做法虽然删除了视频问题，但实际上在视频删除之前的这段时间里，仍对未成年人造成了伤害，法律虽然不能苛责网络提供者对所有的视频负有较高的注意义务，但对于关涉特殊利益的视频仍应承担较高的社会责任。法院另行通过司法建议的方式，敦促网络公司以“特定管理”的方式加大对于“涉及未成年人内容”的审核力度，对于未成年人的保护是十分有利的，同时对于日后其他网络服务提供者的发展起到了良好的警示教育作用。

编写人：北京互联网法院　朱阁

首都经济贸易大学　李岩

（四）违反安全保障义务责任纠纷

22

关于安全保障义务合理范围界定以及归责原则问题

——刘某艳等诉某高速公路管理处、某财产保险公司违反安全保障义务责任案

【案件基本信息】

1. 裁判书字号

河北省滦南县人民法院（2019）冀0224民初3234号民事判决书

2. 案由：违反安全保障义务责任纠纷

3. 当事人

原告：刘某艳、张某凤、张某红

被告：某高速公路管理处

被告（追加）：某财产保险公司

【基本案情】

2019年3月2日6时30分，李某鹏驾驶冀B3××××号轻型厢式货车与行人张某江相撞，造成张某江经医院抢救无效后死亡。此次某交警大队作出事故认定书，认定张某江承担本次事故的主要责任，李某鹏承担本次事故的次要责任。

原告刘某艳系死者张某江配偶，原告张某凤系死者张某江长女，原告张某红系死者张某江次女。

原告刘某艳、张某凤、张某红以李某鹏、某财产保险公司为被告于2019年

5月15日向本院提起机动车交通事故责任纠纷诉讼，主张因此次事故造成如下损失：医药费13338.33元，伙食补助150元，营养费150元，办理丧葬事宜误工费1800元，交通费3000元，死亡赔偿金182403元，被扶养人生活费60709.33元，丧葬费35816.5元，精神损害抚慰金30000元，共计327367.16元，请求判令被告赔偿原告各项损失共计223683.59元。本院于2019年6月28日作出（2019）冀0224民初1494号民事判决，认定此次事故给原告造成了如下损失：医药费13314.93元，伙食补助120元，营养费120元，办理丧葬事宜误工费1607元，交通费1000元，死亡赔偿金182403元，丧葬费35816.5元，精神损害抚慰金20000元，共计254381.43元，并判决："一、被告某财产保险公司在交强险医疗费赔偿限额内给付原告刘某艳、张某凤、张某红医疗费10000元，在交强险死亡伤残赔偿限额内给付死亡赔偿金等110000元（含精神抚慰金20000元），本判决生效即履行；二、被告某财产保险公司在超出交强险医疗费赔偿限额部分在商业三者险赔偿限额内给付原告刘某艳、张某凤、张某红医疗费1421.97元，在超出交强险死亡伤残赔偿限额部分给付52330.60元，本判决生效即履行；以上一、二判项，应由被告某财产保险支公司共计给付原告刘某艳、张某凤、张某红经济损失173752.57元。三、被告李某鹏不赔偿原告刘某艳、张某凤、张某红经济损失。四、驳回原告刘某艳、张某凤、张某红的其他诉讼请求。"该判决已经发生法律效力。

另查明，张某江所居住村的村北为某高速公路，在案涉事故发生地附近有一高速涵洞，因周边未能设置有效的隔离设施、设立明显的警示标识，导致高速公路外侧田地间至高速公路有人为踩踏后形成的路面。

又查明，被告某高速公路管理处在被告某财产保险公司投保了公众责任保险，累计责任限额20000000元，每次事故责任限额5000000元，每次事故每人责任限额800000元，保险期间自2018年11月12日0时起至2019年11月11日24时止，被保险人营业处所地址为某高速公路全段。案涉事故发生在保险期间内。

【案件焦点】

本案的焦点在于某高速管理处是否违反了安全保障义务。

【法院裁判要旨】

河北省滦南县人民法院经审理认为：根据原告提供的唐港高速交警大队道路交通事故责任认定书、事故发生地附近照片等证据相互印证，形成证据链条，能够认定受害人张某江是通过高速公路涵洞附近人为踩踏形成的路面步行上了高速公路，并发生交通事故死亡。被告某高速管理处作为事故发生路段的道路管理者、经营者，对高速公路及其附属设施负有经常性、及时性的巡视、养护、维护义务，但本案事故发生路段未能设置有效设施阻止行人进入高速公路，人为踩踏形成了路面，被告未尽到管理职责，对张某江的死亡存在过错，应承担侵权赔偿责任。张某江违反道路交通安全法的规定进入高速公路，其本人对事故的发生存在过错，可以减轻被告的赔偿责任。根据过错程度，以被告对损害后果承担20%的责任为宜。因被告某高速管理处在被告某财产保险公司投保了公众责任保险，案涉事故发生在保险期间内，被告某财产保险公司应承担保险责任。关于三原告因张某江死亡所造成的经济损失，本院（2019）冀0224民初1494号民事判决已经予以认定，即经济损失共计254381.43元。

河北省滦南县人民法院依照《中华人民共和国侵权责任法》第六条、第十六条、第二十二条、第二十六条、第七十六条，《中华人民共和国保险法》第十条、第十四条规定，判决如下：

一、被告某财产保险公司于本判决生效后十日内赔偿原告刘某艳、张某凤、张某红经济损失50876.29元；

二、被告某高速公路管理处不赔偿原告刘某艳、张某凤、张某红的经济损失；

三、驳回原告刘某艳、张某凤、张某红的其他诉讼请求。

宣判后，当事人均未上诉，判决书已生效。

【法官后语】

安全保障义务，是指一定的主体由于担任某项或者从事某种业务而依法被要求履行的一定作为义务，义务人应当对这种人身和财产安全履行相应的积极作为或者消极不作为义务。具体是指经营管理者在经营管理的范围内对进入管理范围内的当事人之人身、财产安全依法承担的安全保障义务，其义务主体为服务场所的经营管理者，包括经营管理的所有者、管理者、承包经营者等对该场所负有法定安全保障义务或者具有事实上控制力的公民、法人或其他社会组织。

当今，人们在公共场所享受社会发展进步带来便利的同时，也因公共场所存在的潜在危险使人们的人身、财产置身于某些潜在的危险之中。近年来，因公共场所发生安全事故而引发的损害赔偿纠纷日渐增多，而对于公共场所的不特定人，很难通过自身努力来完全避免危险的发生，如未明确经营管理者相应的保障义务，那么当事人的合法权益将很难得到保障，最高人民法院于 2003 年出台《关于审理人身损害赔偿案件适用法律若干问题的解释》第六条明确将“安全保障义务”作为条文正式公布，该条规定：“从事住宿、餐饮、娱乐等经营活动或者其他社会活动的自然人、法人、其他组织，未尽合理限度范围内的安全保障义务致使他人遭受人身损害，赔偿权利人请求其承担相应赔偿责任的，人民法院应予支持。因第三人侵权导致损害结果发生的，由实施侵权行为的第三人承担赔偿责任。安全保障义务人有过错的，应当在其能够防止或者制止损害的范围内承担相应的补充赔偿责任。安全保障义务人承担责任后，可以向第三人追偿。赔偿权利人起诉安全保障义务人的，应当将第三人作为共同被告，但第三人不能确定的除外。”这就从整体上规定了安全保障义务人的义务范围和责任界限。2010 年 7 月 1 日起正式实施的《中华人民共和国侵权责任法》该法第三十七条（《中华人民共和国民法典》第一千一百九十八条）规定，宾馆、商场、银行、车站、娱乐场所等公共场所的管理人或者群众性活动的组织者，未尽到安全保障义务，造成他人损害的，应当承担侵权责任。因第三人的行为造成他人损害的，由第三人承担侵权责任；管理人或者组织者未尽到安全保障义务的，承担相应的补充责任，将“安全保障义务”上升到立法层面。

经营者的安全保障义务的法理基础是社会活动安全注意义务，以强调在社会生活上应负防范危害的义务，具体指在自己有责任的领域内，负有义务采取必要的、具有期待可能性的防范措施，保护第三人免于危险的义务，其未尽到安全保障义务主要有以下几种情形：

1. 经营管理者纯粹的不作为，没有营造好一个很安全的环境，导致当事人者受到损害。如挖掘水沟，应加盖或采取必要措施。

2. 经营管理者提供的服务本身或硬件设备不安全导致当事人受害。如餐馆楼梯未全部修好，应设告示牌或者切断通往楼梯的通道。

3. 因从事一定营业或职业的经营者消极不作为，未勤勉地尽到对不法侵害的防范和制止义务。如经营旅馆饭店，应注意清除楼道油渍，维护电梯安全，保证安全门畅通无阻的义务。

4. 因自己行为将导致发生一定结果的危险而负有防范义务，如在公路上堆放修筑物件，但未开启或维持某种交通而负有的警告、防范义务。

安全保障义务的目的在于避免他人的人身、财产遭受损害，所以安全保障义务也可以界定为避免他人遭受损害的义务。从我国立法的实践来看，部分法律法规虽规定了各种具体情况下经营者承担的安全保障义务，但由于个案案情的不同，经营管理者的安全保障义务也有所不同，相应的其应承担的责任也不同。而经营者安全保障义务合理范围的确定以及对归责原则的把握，是判断经营管理者是否需要承担赔偿责任的标尺，也是审理安全保障义务责任纠纷案件的关键。安全保障义务责任纠纷案件在司法实践中有以下需要注意的地方：

一、经营管理者合理限度内的安全保障义务的界定及范围、标准

法律、法规仅原则性地规定了安全保障义务制度的权利、义务主体和责任承担方式，但对安全保障义务的范围没有原则性的指引，虽然学界提出了一些司法中可以借鉴的原则和规则，但对于法律适用而言还不够明确和细化，这就要求我们在司法实践中对安全保障义务案件需要谨慎进行合理研判，要运用合理限度原则对安全保障义务合理范围进行认定。安全保障义务制度的一个重要目的性意义在于促进群众性活动的良好运行。“合理限度范围”要求一种平衡状态，一方面，活动的参与者的安全应得到基本的保障；另一方面，人们在社会活动中对他人人身、财产安全的注意义务是有合理限度的，社会活动的管理

者，其安全注意义务的承担都应当存在一定的底线，他们并不扮演维护公共安全的警察角色，不能无限制地加重其负担，两者若不能兼顾就会打破平衡，从而制约群众性活动的良性开展。

首先，运用“理性认知风险”规则，确定经营管理者在理性认知下应预见的风险和义务，包括法律规定、行业标准、双方约定以及合理注意，初步确定义务范围以及管理者应达到理性的注意程度。

所谓理性认知，从内容上讲，应当包括对法律规定的认知，法律、法规对安全保障义务的内容或标准有明确规定的，组织者应当严格遵守法律、法规的规定。

其次，是对行业标准的认知，在没有法律、法规明确规定的情况下，安全保障义务人要达到同类活动组织者所应达到的通常注意程度；但实践中我们发现相关法律规定不但非常少，而且抽象，行业标准在许多群众性活动中往往还未形成，即便有也存在大量规避责任的情形或不够周延。所以依然不足以完成确定义务主体的理性认定义务范围的工作，此时就需要借鉴所谓的“合理注意”原则，即要以理性人即具有一般谨慎的人，采用一般注意和技能的人的一般注意为基础，对义务范围做出一个初始的合理判断，查明在特定的场合所采取的合理的谨慎和预防措施是否达到了合理注意，判断经营管理者是否能够防范明显的事件、可能的事件和可能预见的事件理性认知的风险范围。

最后，要运用“合理期待”规则，根据经营管理者的实际能力和客观环境的限制，再一次限定经营管理者的安全保障义务范围。

二、安全保障义务的归责原则问题

民法理论认为，需要尽适当注意义务却没有尽这种义务，就具有民法上的过错，就应当承担过错的民事赔偿责任，安全保障义务的归责原则适用过错责任原则，然而经营者的安全保障义务不是无限的，只有经营者未尽合理限度范围内的安全保障义务，才会产生损害赔偿责任。关于安全保障义务人过错的举证责任应当由谁来承担的问题，我们认为，部分责任仍应由受害人一方来承担，因为存在于法理学层面并根植于社会基本价值判断中的安全保障义务本身就是为受害人的权利保护而创设的，所以使其就安全保障义务人的过错进行举证是利益平衡的结论，在认定经营管理者合理限度内的安全保障义务外，部分亦应由受害者自担的风险，受害人作为权利人在安全保障义务规范中也同样属于理性人的设定，这就要求受害者对于自己所参加的活动中可能存在的风险应有一个理性的认知，并要为自己的行为承担责任，即对于一般性的社会生活风险，受害者具有专业判断能力或经营者预先充分提醒，而受害者对于活动风险没有达到理性判断的程度，就应当自己承担部分损害后果。

根据《中华人民共和国公路法》第四十三条第二款规定："县级以上地方人民政府交通主管部门应当认真履行职责，依法做好公路保护工作，并努力采用科学的管理方法和先进的技术手段，提高公路管理水平，逐步完善公路服务设施，保障公路的完好、安全和畅通。"这就进一步明确了高速公路管理者有做好安全、防护、警示的保障义务。本案中，某高速公路管理处作为事故发生路段的道路管理者、经营者，对高速公路及其附属设施负有经常性、及时性的巡视、养护、维护义务，但本案事故发生路段未能设置有效设施阻止行人进入高速公路，人为踩踏形成了路面，被告未尽到管理职责，对受害者的死亡存在过错，应承担侵权赔偿责任。但受害者本身未尽到高度的观察、注意、自我保护义务，对由此造成的损害后果自身有较大过错，故应承担相应的责任。

综上，安全保障义务是公共场所或公共设施管理人的一种法定义务，安全保障义务人既要保障其管理的场所或设施的安全性，也要对在场所内活动或使用设施的人进行必要的警告、指示说明、通知及提供必要的帮助，以预防侵害的发生。判断安全保障义务的"合理限度"，应当根据与安全保障义务人所从事的营业或者其他社会活动相适应的安全保障义务的必要性和可能性，结合具体情况认定。对经营管理者合理限度的界定既事关安全保障义务人的责任成立，又事关其责任范围的确定。其判断的标准一般是，该安全保障义务人的行为是否符合法律、法规、规章或者特定的操作规程的要求，是否属于同类社会活动或者一个诚信善良的从业者应当达到的通常的程度，包括维护、保管公共设施以及及时发现安全隐患并采取妥善措施消除危险，对可能造成危险的设施、行为设置明显的标志并采取相应的保护措施。

编写人：河北省滦南县人民法院　梁秀生

23

参与人在高风险娱乐活动中应当对自身安全承担注意义务

——晏某强诉某生态农庄违反安全保障义务责任案

【案件基本信息】

1. 裁判书字号

北京市第一中级人民法院（2020）京 01 民终 2384 号民事判决书

2. 案由：违反安全保障义务责任纠纷

3. 当事人

原告（上诉人）：晏某强

被告（上诉人）：某生态农庄

【基本案情】

晏某强前往某生态农庄“弹力空间蹦床公园”内玩耍。进入馆内之前，晏某强等人签署了《弹力空间蹦床馆入场安全免责须知》，其中规定了场馆内的注意事项和安全准则，并载明“如本人违反安全须知和安全准则，则馆内发生的所有安全问题，责任自负”。

庭审中，某生态农庄提交的当天场馆内监控视频显示：11 时 59 分晏某强在白色区域一个蹦床上玩耍（此时工作人员正在一旁另一张蹦床上做跳跃、空翻等动作），约 12 时晏某强在做一个空翻跳跃时头背部先与蹦床接触后倒在蹦床上，后自行从白色蹦床上爬起后平躺在两个白色蹦床间的红色间隔带上，约站立一分钟后随同伴一起走出蹦床场馆内，其间，晏某强同伴及场馆内工作人员多次上前察看晏某强情况。另外，监控视频中，白色蹦床区域在蹦床馆入口正前方，馆内墙上及地上多处贴有提示标语“一张床一个人”“禁止连续跳跃蹦床”。

诉讼中，经鉴定晏某强致残等级为十级。

【案件焦点】

1. 某生态农庄是否尽到了安全保障义务；2. 晏某强自身是否应当承担主要责任。

【法院裁判要旨】

北京市延庆区人民法院经审理认为：宾馆、商场、银行、车站、娱乐场所等公共场所的管理人或者群众性活动的组织者，未尽到安全保障义务，造成他人损害的，应当承担侵权责任。

第一，虽然某生态农庄在晏某强进入蹦床馆内要求其签署了安全免责须知，但该条提示并非特别标注。某生态农庄在蹦床馆内的墙上及地上多处贴有提示标语，起到了一定的安全提示作用，但未能充分说明危险动作存在的受伤风险，消费者并不具备完全的风险判断能力。

第二，从某生态农庄提交的证据来看，其蹦床馆内对高级区域和初级区域的区分并非显而易见，也并非如晏某强一样的初玩者能简单区分，且从馆内区域设计来看，白色蹦床区域（某生态农庄所称高级区域）在蹦床馆入口正前方，其设置不具有科学性，也未对其进入白色区域进行确认或及时劝诫和阻拦，故某生态农庄未尽到区域区分、引导、确认等安全保障义务。

第三，从视频来看，蹦床馆内一名身穿荧光绿色上衣的工作人员在白色蹦床区域的一张蹦床上做跳跃、空翻等动作，晏某强自进入蹦床馆内径直能看到上述工作人员的动作，其在蹦床上的动作和步调与该工作人员有一定的一致性，故该工作人员的表演动作对晏某强有一定的迷惑和诱导性。

第四，蹦床作为一项具有一定危险性的运动，某生态农庄对该项运动的危险性有一定的认识，但在晏某强跳跃倒地后，馆内工作人员未及时出现，也没有专业医护人员察看救治，工作人员发现后，在蹦床区域连片的情况下，工作人员亦未考虑晏某强附近区域周围人员的弹跳对晏某强的影响而进行阻止。综上，某生态农庄虽对晏某强进行了安全提示，但提示的内容并不全面，未尽到安全保障义务，对晏某强的受伤存在过错，应当承担赔偿责任。

北京市延庆区人民法院依照《中华人民共和国侵权责任法》第十六条、第二十六条、第三十七条第一款，《最高人民法院关于审理人身损害赔偿案件适用法律若干问题的解释》第十七条、第十八条、第十九条、第二十条、第二十一条、第二十二条、第二十三条、第二十四条、第二十五条、第二十六条，《中华人民共和国民事诉讼法》第六十四条第一款规定，判决如下：

一、某生态农庄于判决生效后七日内赔偿晏某强医疗费 24364.45 元；

二、某生态农庄于判决生效后七日内赔偿晏某强误工费 3600 元；

三、某生态农庄于判决生效后七日内赔偿晏某强护理费 1800 元；

四、某生态农庄于判决生效后七日内赔偿晏某强营养费 540 元；

五、某生态农庄于判决生效后七日内赔偿晏某强住院伙食补助费 160 元；

六、某生态农庄于判决生效后七日内赔偿晏某强残疾赔偿金 27196 元；

七、某生态农庄于判决生效后七日内赔偿晏某强精神损害抚慰金 1000 元；

八、某生态农庄于判决生效后七日内赔偿晏某强鉴定费 1003.24 元；

九、某生态农庄于判决生效后七日内赔偿晏某强交通费 160 元；

十、某生态农庄于判决生效后七日内赔偿晏某强残疾辅助器具费 560 元；

十一、驳回晏某强的其他诉讼请求。

晏某强与某生态农庄均不服一审判决，提起上诉。二审法院同意一审法院的裁判意见。

北京市第一中级人民法院依照《中华人民共和国民事诉讼法》第一百七十条第一款第一项规定，判决如下：

驳回上诉，维持原判。

【法官后语】

可支配收入的增加促使广大人民群众不断提高对于生活品质的要求，日益丰富的社会娱乐活动可供消费者选择。在我们享受现代社会带来的丰富多彩与自由的同时，也发觉自己其实亦处于一个充满损害的风险社会。[①]

一、某生态农庄是否尽到了安全保障义务

（一）安全保障义务的性质及适用领域

社会风险理论认为，过多的人群聚集在一起，就会形成一种社会风险，人群聚集范围越大则社会风险也越高。[②] 安全保障义务的设定在目的上是使组织者、经营者、管理者通过履行自身义务来降低风险发生的可能性，也是对可能发生的不特定风险进行提前分配，从而在风险真正来临时可以对参与者的损害进行一定的弥补。那么，安全保障义务存在的领域应当对社会生活中的风险进行全面考量，又不应刻意扩大其适用范围，否则将会阻碍社会生活的自由开展。从立法具体的表述中，安全保障义务主体范围经过了一个渐变式的过程。在《中华人民共和国民法典》中专门将“经营场所”“公共场所”“群众性活动”与“经营者”“管理者”“组织者”加以区分性规定，无疑是明示了安全保障义务的存在不以契约关系及盈利为前提，“经营者”“管理者”“组织者”均可以成为安全保障义务的责任主体。笔者对《中华人民共和国民法典》这一规定深表赞同，安全保障义务的设立本身即为了应对多变的大千世界，风险的存在均不会以有偿与否为考量，扩大安全保障义务的适用范围及主体，更加可以体现法律规制与保护的作用。本案中的判断较为简单，某生态农庄作为对外开放的经营主体，向游客提供蹦床消费项目并聘请教练在现场进行教学及管理，晏某强作为蹦床活动的参与者，在其进入蹦床场馆那一刻起，经营者与管理人员就对晏某强应当具有安全保障的义务。而场馆内的教练为某生态农庄的聘用人员，其在工作中所应承担的义务应当由某生态农庄予以继受，本案中安全保障义务的责任主体应为某生态农庄。

---

① 程啸：《侵权行为法总论》，中国人民大学出版社2008年版。

② 黄胜开：《我国踩踏事故民事责任制度的检讨》，载《河北法学》2015年第6期。

（二）某生态农庄是否尽到了安全保障义务

“软硬件标准”[①]的展开与司法审判的审理思路较为契合，亦容易被社会大众所接受，基本可以对是否在“合理限度内”进行诠释。具体为：第一，硬件设施标准。安全保障义务的义务人的硬件设施状况具体又可以细分为物和人两个方面。物的方面主要是指服务场所内的配套服务设施、设备应当保证安全可靠，应当符合国家及行业标准。在人的方面安全保障义务是指经营者对于可能出现的危险应当采取必要的安全防范措施，配备数量足够的、合格的安全保障人员，如保安、健身教练、救生员等。第二，软件设施标准，主要是要履行消除不安全因素，为消费者提供一个安全的环境的义务。大致为：其一，管理义务，保障参与者有序参加活动，减少不必要的冲突。其二，提示义务，在有安全隐患的地方放置警示牌，告知风险的类型。其三，减少外来风险的义务，对于外界可能影响内部安全的风险进行隔离。其四，保护及救助义务，在风险到来之际对参与者进行保护及风险发生后对伤者进行救助等。根据法经济学的理论基础，风险与利益一直是相辅相成的状态，风险越高说明利益越高，其义务标准也相应越高。具体到本案中，某生态农庄在一二审时均抗辩称，其已经在多处设立了“注意安全”的警示标语，而且分出“初级”和“高级”的区域配专门教练指导和管理，并在游客入门前签订的《弹力空间蹦床馆入场安全免责须知》中也对危险进行了阐述，说明自身已经履行了安全保障的义务。诚然，某生态农庄的上述做法确实说明对蹦床项目的危险性有一定的预知，并想要通过各种手段予以避免风险。但值得注意的是，意识到义务的存在与实际履行义务之间存在天壤之别。从现场情况来看，某生态农庄虽然提示了蹦床具有危险性，但整个场地仍处于完全开放的状态，“初级”区域与“高级”区域之间亦无工作人员进行讲解与引导，蹦床经验过少的游客根本无从明确获知风险是否确实存在及后果。《弹力空间蹦床馆入场安全免责须知》中有蹦床存在风险的告知，但作为关系到人身安全的告知其并未提示游客特别注意。在缺少警示的情况下，现场负责管理和教学的教练在场地中轻松的做出空翻、后空翻的

---

① 张新宝：《民法分则侵权责任编立法研究》，载《中国法学》2017年第3期。

高难度动作，亦会使游客放松对蹦床危险的警惕，对高难度动作进行模仿。由此可见，某生态农庄虽预知了蹦床项目的风险，但是并未切实履行安全保障义务，其所称场地存在的“软硬件措施”几乎是形同虚设，避免的只是自身承担法律责任的风险，而不是游客受伤的风险。

三、某生态农庄减轻责任的理由

在竞技体育中，刺激、对抗与冲撞正是本身魅力之所在，而参与者明知自己所参加的体育活动具有这种特性，仍然自愿冒险从事该行为，故其因此遭受损失应当自担。但是，自甘风险的适用也是有条件的，其中最基本的损害应当是由加害人的行为所导致。《中华人民共和国民法典》在自甘风险的规定中，也明确了该条的适用条件之一是“因其他参与者的行为而受到损害”。[①] 因此，本案并不存在自甘风险适用的前提条件，因为蹦床并不需要有其他参与者一起参与或对抗，因此不能因晏某强选择了蹦床就认定其应当自甘风险，从而免除或减轻某生态农庄的责任。

编写人：北京市第一中级人民法院　姜斐

① 《中华人民共和国民法典》第一千一百七十六条第一款：自愿参加具有一定风险的文体活动，因其他参加者的行为受到损害的，受害人不得请求其他参加者承担侵权责任；但是，其他参加者对损害的发生有故意或者重大过失的除外。

24

精神疾病研究和治疗的专科医院对其正在办理住院手续尚未实施诊疗的患者具有较一般公共场所更为严格的安全保障义务

——周某荣等诉某医院违反安全保障义务责任案

【案件基本信息】

1. 裁判书字号

湖北省襄阳市中级人民法院（2020）鄂06民终3676号民事判决书

2. 案由：违反安全保障义务责任纠纷

3. 当事人

原告（被上诉人）：周某荣、邵某然、邵某非、邵某喆

被告（上诉人）：某医院

【基本案情】

周某荣系死者邵某虎之妻，邵某然、邵某非、邵某喆系死者邵某虎之子女。2019年12月23日，邵某虎因行为异常，经常胡言乱语，被其亲属送至某医院治疗，于2020年1月6日出院。病历记载其入、出院诊断均为：使用酒精引起的精神和行为障碍；躁狂发作。出院时医嘱为：院外坚持服药，药物由家属保管，避免误服、漏服；注意休息避免劳累等。某医院于出院当日出具的《非正常出院告知书》载明邵某虎的目前诊断为躁狂发作，目前出院可能存在的风险是：精神症状未完全消失，自知力未恢复，病情不稳定，出现消极、冲动毁物、伤人、外出等行为。患者家属即原告周某荣在该告知书上自书“我已明白并理

解以上情况，仍坚持要求出院”并签名。2020 年 1 月 11 日 20 时许，邵某虎在家饮酒后又出现情绪、行为异常，其妻子周某荣、堂弟邵某勇等多人将其于当晚 20 时 30 分左右送至被告某医院就诊，该院安置康复楼四病区值班护士接待后通知值班医生到场接诊，随后对病人邵某虎进行安全检查，并告知当晚无法办理住院手续，若要将邵某虎留在医院，需要家属陪护。家属决定让邵某虎留院，由其堂弟邵某勇陪护，其他人回家，值班护士遂带着邵某勇开始安排病室床位。其间，邵某虎在走廊自行将衣服脱至只剩秋裤，说“我要洗澡”，之后就直接走向该院 2 病室，于 20 时 49 分进入该病室。20 时 53 分，值班护士进入 2 病室洗澡间查看，发现邵某虎用从天花板上拉出的白色电线自缢，立即抱住邵某虎往上抬并呼救，其同事和患者家属随即过来将邵某虎从电线上取下，抬至病室走廊就地进行急救并报警。当晚，邵某虎经抢救无效死亡。后家属报警，经法医鉴定为自缢死亡，排除刑事案件。在派出所的调解下邵某虎的家属与某医院达成协议，约定某医院先行支付丧葬费 20000 元。后邵某虎的家属向法院起诉要求某医院赔偿其各项损失共计 919702. 91 元。

【案件焦点】

1. 精神疾病研究和治疗的专科医院对患者的安全保障义务的归责原则和责任限度；2. 精神疾病研究和治疗的专科医院安全保障义务的过错如何认定问题。

【法院裁判要旨】

湖北省襄阳市襄城区人民法院经审理认为：本案事件发生在办理住院手续的过程中，尚未实施诊疗，案由应为违反安全保障义务损害责任纠纷。被告某医院作为公共场所的管理人，对就诊的患者负有安全保障义务。且被告作为精神疾病研究和治疗的专科医院，对就诊的患者负有别于普通医院的特别注意义务。邵某虎到被告处就诊时从进入被告处卫生间用天花板内的电线自缢，到身亡仅仅四分钟时间，足见被告病室内卫生间的设施不足以保障患者的人身安全，对邵某虎未尽到安全保障义务。另外，邵某虎的家属对其有监护义务，而邵某虎自杀前正处于使用酒精引起的精神和行为障碍、躁狂病发作期间，且此前邵某虎在被告处第一次住院时其家属明确知晓患者病情及需要陪护和预防，就此危险和防范，其陪护的家属应为明知，而在就诊中其陪护的亲属未对其进行全程陪护和预防，以致悲剧发生，对此死者家属负有对邵某虎监护不周的过错，应承担相应的民事责任。综上，邵某虎在其亲属监护不周的情况下自杀，是本案事件发生的主要原因；被告涉案的安置康复大楼的设施经验收为合格，而对于一个身体健全、一心求死的精神和行为障碍躁狂发作的成年患者来说，被告显然不可能确保整个院区范围内每一位置在每一时刻均是绝对安全的，故其病室内的设施不足以保障患者安全是本案事件发生的次要原因，由被告对四原告的损失承担20%的赔偿责任。

湖北省襄阳市襄城区人民法院依照《中华人民共和国侵权责任法》第六条第一款、第十六条、第二十六条、第三十七条第一款，《中华人民共和国精神卫生法》第三十八条，《最高人民法院关于审理人身损害赔偿案件适用法律若干问题的解释》第十七条第三款、第十八条、第二十七条、第二十八条、第二十九条，《最高人民法院关于确定民事侵权精神损害赔偿责任若干问题的解释》第十条规定，判决如下：

一、被告某医院于本判决生效之日起十五日内一次性赔偿原告周某荣、邵某然、邵某喆、邵某非各项损失共计150936.27元；

二、驳回原告周某荣、邵某然、邵某喆、邵某非的其他诉讼请求。

某医院不服一审判决，提出上诉。湖北省襄阳市中级人民法院经审理认为：二审中当事人的争议焦点是某医院对邵某虎的死亡是否存在过错。二审法院认可一审判决关于院方室内设施不足以保障患者人身安全，院方对邵某虎未尽到安全保障义务的裁判理由。除此之外，邵某虎因精神疾病被家属送至某医院治疗，院方对患者除负有医治的责任外，还负有相应的监管责任。但某医院工作人员却在安排床位的过程中，忽视监管，以致邵某虎脱离院方和陪护人员视线范围，某医院亦存在过错。一审判决综合考虑院方和家属一方的责任，判令上诉人对四被上诉人因邵某虎死亡遭受的损失承担20%的赔偿责任，事实和法律依据充分。一审认定事实清楚，适用法律正确，应予维持。

湖北省襄阳市中级人民法院依照《中华人民共和国民事诉讼法》第一百七十条第一款第一项规定，判决如下：

驳回上诉，维持原判。

【法官后语】

本案的特殊性在于患者自杀行为发生在患者进入精神疾病专科医院后正在办理入院手续时，因尚未确立医疗服务合同关系且损害后果并非医疗机构或医务人员的诊疗行为所导致，所以本案涉及的问题是关于精神疾病研究和治疗的专科医院对患者的安全保障义务的归责原则和责任限度。

本案适用的《中华人民共和国侵权责任法》以及目前生效实施的《中华人民共和国民法典》仅对公共场所管理人的安全保障义务做了一般概括性规定，未对精神专科医院的安全保障义务做特别规定。精神病人因不具有对其行为的完全控制力和意识，一般属于无民事行为能力人和限制民事行为能力人，在精神专科医院发生违反安全保障义务的情形时，可综合参照教育机构对无行为能力人和限制行为能力人的安全保障义务责任来确定责任承担和归责原则，应为较一般公共场所管理人更为严格的过错责任原则。

另外，值得一提的是，本案结合了精神病患者的监护人对其的监护义务和医院的安全保障义务对损害结果发生的因果关系参与度来划分侵权责任。本案中，患者家属对其有监护义务，精神病人被送至精神病医院住院治疗，可以视为监护人将部分监护职责依据医疗服务合同委托给医院，在患者办理住院手续等待入院时虽然并未成立医疗服务合同，但是基于精神病专科医院收治病人的特殊性，从进入医院开始，监护人的监护责任可视为部分但并未完全转交给院方，家属在明知患者的病情且在不久前出院时签署《非正常出院告知书》的情况下，对高度注意预防自杀的监护措施应为明知，但患者的陪护亲属未做好陪护和预防工作，对此家属负有监护不周的过错，对患者自杀的后果具有较大的因果关系，应承担相应较重的民事责任。综合考虑院方和家属一方的责任，最终判令院方承担20%的赔偿责任，这就将院方的安全保障义务限制在合理的范围之内。

关于精神专科医院的安全保障义务的过错如何认定问题。因其所收治的患者具有一定个人或者社会危险性，根据《中华人民共和国精神卫生法》第三十八条规定，医疗机构应当配备适宜的设施、设备，保护就诊和住院治疗的精神障碍患者的人身安全，防止其受到伤害，并为住院患者创造尽可能接近正常生活的环境和条件。由此可见其对就诊的患者负有的注意义务有别于普通医院，负有特别的注意义务，要采取有效的安全措施以消除危险，且配备的设施、设备能够保障人身安全。比如，窗户应设置限位装置、排查病人有无携带危险物品、水、电装置是否存在危险等。又如，精神专科医院在采取捆绑、约束等措施时不能超越必要限度，以免对患者造成伤害。同院的其他具有暴力倾向的精神病患者会对其他患者的人身安全产生威胁的，医院在分配病房和看护该类患者时须尽到高度的注意义务，防止患者受到伤害。

编写人：湖北省襄阳市襄城区人民法院　王芳

25

安全保障义务主体责任不因“外包”转移

——杨某赏诉超市、环境科技公司违反安全保障义务责任案

【案件基本信息】

1. 裁判书字号

北京市海淀区人民法院（2020）京0108民初21884号民事判决书

2. 案由：违反安全保障义务责任纠纷

3. 当事人

原告：杨某赏

被告：超市、环境科技公司

【基本案情】

超市系超市某分店的实际经营者。2016年，超市（甲方）与环境科技公司（乙方）签订《清洁服务合同》，约定由乙方为甲方提供清洁服务事宜。2019年10月19日上午，杨某赏前往超市某分店购物。双方无争议事实为杨某赏在水果区行走时摔倒，摔倒后由超市工作人员叫了救护车，将杨某赏送至医院，并垫付了部分费用。双方争议部分为杨某赏摔倒原因及责任承担。

针对摔倒原因，杨某赏主张系因地面积水湿滑摔伤，并提交现场视频及照片加以证明。该视频及照片显示事发现场地面存在部分污渍划痕，并无明显水渍，另从视频和照片中可以看出杨某赏所穿鞋的鞋底纹路存在较多磨损，鞋底较为光滑。超市表示因事发时环境科技公司员工刚拖过地，故地面存在潮湿情况；环境科技公司认可地面存在划痕，但表示无法核实当时是否刚拖过地，但如果系刚拖过地，则地面不可能存在积水情况。环境科技公司称根据照片可以看出杨某赏鞋底光滑，存在明显磨损痕迹，对摔伤杨某赏自身亦存在过错；杨某赏对此不予认可，其主张事发时所穿鞋子系2019年5月购买的新鞋，并提供购物小票加以证明。超市及环境科技公司对小票的真实性认可，但表示购物小票仅能证明鞋子价格，无法证明该小票和事故的关联性。经询问，双方表示事发地点没有监控，杨某赏、超市主张事发地点周围并未设立警示牌，环境科技公司主张其在合理范围内在超市的重点区域摆放了警示牌，并提供相应照片为证。杨某赏、超市对环境科技公司提交照片不予认可，表示无法核实该照片是事发时拍摄。

针对责任承担，杨某赏主张超市及环境科技公司均未尽安全保障义务，具体表现为超市及环境科技公司在地面湿滑的情况下未设立警示标志提示顾客小心地滑且环境科技公司作为保洁单位未确保地面干燥，故要求超市及环境科技公司承担连带赔偿责任。经询问，杨某赏表示其主张连带责任的依据系《中华人民共和国侵权责任法》第八条“二人以上共同实施侵权行为，造成他人损害的，应当承担连带责任”。超市主张自己已将地面保洁和安保义务都承包给环境科技公司，且双方清洁合同约定赔偿责任由环境科技公司承担，故因地面保洁原因导致杨某赏摔伤应由环境科技公司赔偿。环境科技公司主张清洁合同约定的保洁范围是积水，本案并非积水导致摔伤，故其未违反合同约定，不应承担赔偿责任。

【案件焦点】

1. 环境科技公司作为外包单位是否应承担安全保障义务责任；2. 超市是否已履行安全保障义务责任；3. 本案侵权责任如何承担。

【法院裁判要旨】

北京市海淀区人民法院经审理认为：宾馆、商场、银行、车站、娱乐场所等公共场所的管理人或者群众性活动的组织者，未尽到安全保障义务，造成他人损害的，应当承担侵权责任。被侵权人对损害的发生也有过错的，可以减轻侵权人的责任。

本案中，双方对杨某赏在超市某分店中摔伤的事实没有争议，本院对此予以确认。就摔伤原因，结合杨某赏提交的照片和视频，可以看出事发地点周围地面存在明显污渍划痕，而杨某赏所穿着鞋子底面存在磨损情况，较为光滑，以现有证据，结合双方当事人陈述，本院认定杨某赏之摔伤系地面不整洁及其自身鞋子磨损共同导致。就责任承担，超市某分店的实际经营管理者系超市，故承担超市某分店安全保障义务的责任主体应为超市，作为公共场所的经营管理者，超市有责任提供安全整洁的场所环境，对于杨某赏因超市内地面不整洁而导致摔伤的事故，超市已违反安全保障义务，应承担相应责任。超市虽抗辩称其与环境科技公司签订了《清洁服务合同》，将超市内的日常保洁工作委托环境科技公司负责，但该项抗辩并非其不承担安全保障义务的理由，故本院对此不予采纳。针对杨某赏要求环境科技公司与超市承担连带赔偿责任的诉求，根据杨某赏在庭审中的陈述，其主张二被告承担连带责任依据系共同侵权，但其未提供证据证明环境科技公司及超市存在共同侵权的行为，且要求环境科技公司及超市就违反安全保障义务承担连带责任缺乏法律依据，本院对此不予支持。杨某赏作为成年人，其穿着底面磨损严重的鞋外出活动，杨某赏自身亦具备一定过错。综上，综合考虑双方过错程度，本院酌情认定由超市承担70%的赔偿责任。本院最终认定杨某赏的损失为：医疗费64504.77元、住院伙食补助费200元、护理费4500元、营养费3000元、交通费626元，合计72830.77元。按照70%的赔偿责任并扣除垫付费用后，超市应向杨某赏赔偿各项损失48722.54元。

北京市海淀区人民法院依据《中华人民共和国侵权责任法》第三十七条规定，判决如下：

一、超市于本判决生效后十日内，向杨某赏赔偿医疗费、住院伙食补助费、护理费、营养费、交通费合计48722.54元；

二、驳回杨某赏的其他诉讼请求。

宣判后，当事人均未上诉，判决书已生效。

【法官后语】

本案例系在《中华人民共和国民法典》生效前发生的案件，但《中华人民共和国民法典》未对安全保障义务的责任承担作出实质性改变，因此对于安全保障义务的承担无论是基于《中华人民共和国民法典》还是《中华人民共和国侵权责任法》解读都是一致的。本案中，双方争议的核心焦点系超市是否可以通过“外包”形式将安全保障义务转移给环境科技公司。该问题的实质是对安全保障义务内容的解读，对此，理论上存在三类观点。

第一种观点认为，安全保障义务仅属于侵权法上的一般注意义务，只要义务人谨慎地选任了具有履行该义务能力的第三人，就相当于履行了自己的安全保障义务。若采取该种观点，本案中只要超市可以证明其与环境科技公司签订合同时具备谨慎选任具备良好资质履行人的情形，则证明超市已尽到履行安全保障义务。

第二种观点认为，当安全保障义务人借由他人履行相应安保义务时，原义务人安全保障义务的内容转换为持续监督的义务，这一监督义务并非来源于双方的外包合同，而是源自安全保障义务自身的转换。据此，安全保障义务人仅需要对自己的监督过失承担相应责任。若采取该种观点，本案中需查明的焦点则转换为超市是否对于环境科技公司的履职行为实行监管责任，若未履行监管职责，则超市应承担补充责任。

第三种观点认为，安全保障义务属于法律创设的特殊义务，安全保障义务人虽可以委托他人代为履行，但并不能使其免除该项义务，其仍需确保该项义务被正确履行。目前该种观点属于实务界中主流观点，本案中法院采取的亦为该种观点，即超市作为安全保障义务人，虽可以通过外包的形式将保洁服务等内容委托给环境科技公司，但该行为并不能改变超市安全保障义务主体身份，在本案中只需查明存在未尽安全保障义务的情况，如未确保地面整洁，仍然应由超市承担侵权责任。

对于采取第三种观点的理由，笔者认为可以通过安全保障义务人和被侵权人两个层面理解。在安全保障义务人层面，法律创设安全保障义务时所考虑的是作为经营、管理或组织活动这一整体性行为的影响，安全保障义务人应负有预防危险、保障安全的责任，若允许其可以通过外包形式转移责任，因承包人的风险偿付能力无法保证，最终损失反而可能由被侵权人自己承担。此外，安全保障义务人作为场所管理者，无论从人员安排、运营策略等各方面考虑，安全保障义务人都处于更优的风险预防地位，其对于经营管理活动具备最终决定权，因此将责任锁定在安全保障义务人本身有利于督促其更好地预防风险发生。在被侵权人层面，其选择进入安全保障义务人所管理的场所，系居于对场所安全性的合理信赖，这一信赖系基于安全保障义务人本身的，举例而言，普通消费者进入商场等环境中，并不能了解商场是否将保洁等工作外包给他人实施，消费者对场所安全的信赖是针对商场管理者本身的，因此若要求消费者对在商场中未出现的所谓保洁公司请求赔偿，显然不利于保护消费者的权益。

编写人：北京市海淀区人民法院　王子葭

26

电信诈骗案件中银行的安全保障义务界定

——黑某诉某银行紫芳园支行违反安全保障义务责任案

【案件基本信息】

1. 裁判书字号

北京市丰台区人民法院（2020）京0106民初21983号民事判决书

2. 案由：违反安全保障义务责任纠纷

3. 当事人

原告：黑某

被告：某银行紫芳园支行

【基本案情】

2019年12月25日，黑某至某银行紫芳园支行自动存款机汇款。次日，经黑某向派出所报警，派出所出具《受案回执》，载明：你于2019年12月报称的被诈骗案一案我单位已受理。同日，黑某被传唤至派出所询问。

庭审中，黑某称，其转账系因遭受电话诈骗，其带着现金去银行，在某银行紫芳园支行的自动存款机上操作了存款转账，最终产生了财产损失。事发后其本人精神遭受很大刺激，希望社会保护老年人弱势群体。

某银行紫芳园支行为证明其支行已尽到相关义务，提交照片、黑某办理业务过程的录像等证据佐证。照片显示该支行自动存款机紧邻右侧显著位置贴有大幅蓝底白色及黄底黑色两张显眼的文字告示，蓝底告示上有醒目的警徽及大字标题“警方提醒您防诈骗”，内容主要为关于电信诈骗犯罪活动的警醒、电信诈骗犯罪主要形式的列举及快捷报警方式等；黄底告示上有醒目的警察卡通形象及大字标题“民警提示”，内容主要为对打着公安、司法机关、社保或医保等幌子的电话诈骗及网购、中奖信息等诈骗手段的提醒。录像显示黑某系自行办理业务，未向在场银行工作人员寻求帮助，该支行大厅始终播放防诈骗提示。黑某对以上证据主张，其实际办理汇款时间自下午四点多直至某银行紫芳园支行当日停止营业，此期间一直在通话，故未听见周遭提示，根据视频可知，此期间某银行紫芳园支行没有任何工作人员对其进行询问，违反安全保障义务的案由成立。

【案件焦点】

1. 某银行紫芳园支行在本案中是否负有防范电信诈骗风险的安全保障义务；2. 某银行紫芳园支行是否尽到防范电信诈骗的安全保障义务。

【法院裁判要旨】

北京市丰台区人民法院经审理认为：黑某主张其遭受电信诈骗侵害导致财产损失，结合其存款事实、报警回执及双方庭审陈述等在案证据，本院对其遭受电信诈骗的事实予以确认。因第三人的行为造成他人损害的，由第三人承担侵权责任；管理人或者组织者未尽到安全保障义务的，承担相应的补充责任。黑某以某银行紫芳园支行未尽到安全保障义务为由，主张银行应赔偿其因遭受电信诈骗所产生的损失，某银行紫芳园支行主张其已尽到了安全保障义务，对双方诉争，依法认定如下：

一、某银行紫芳园支行在本案中是否负有防范电信诈骗风险的安全保障义务

某银行紫芳园支行辩称主要围绕其已尽到安全保障义务进行反驳，但违反安全保障义务系侵权之债，应以当事人依法负有安全保障义务为前提，当事人事后的自认不构成安全保障义务的来源，故应对某银行紫芳园支行于本案是否负有该义务予以认定。本院阐明如下：

首先，从安全保障义务的规定来看，对于场所内第三人的不法行为导致的损害，安保义务人负有相应的安保义务。安全保障义务之目的在于保障公共场

所内的人身及财产安全，确保进入公共场所的人员之固有利益不受损失。产生歧义之根源在于电信诈骗在侵权方式上与安保义务所保护的常见侵害有较大的区别：从侵害方式上看，并无可显著识别的第三方对黑某财物的直接侵害；从在场人员上看，直接侵权的第三方并不在场，银行无法针对第三方进行身份识别、行为监督及交易管理等风险防范；从行为表象来看，系黑某自身通过办理存款业务的方式实现了钱款转移。综上，电信诈骗侵权与安保义务中一般的第三人侵权相比，具有隐蔽性、借助现代通信手段所产生的跨空间性、其不法性难以即时辨别的混淆性等显著区别，但就其本质而言，电信诈骗仍系不法第三人对位于银行场所内的受害人的固有财产的侵害，符合安全保障义务的法律要件和防范安全风险的法律目的。

其次，从客户与银行之间的关系来看，本案黑某通过某银行紫芳园支行向他人账户进行存款，其与某银行紫芳园支行之间存在金融合同关系，双方除履行合同的主要权利义务外，还需依照诚实信用原则，根据合同的性质、目的和交易习惯履行通知、协助、保密等义务，银行一方基于其专业、信息等作为优势缔约方，有义务就可能存在的电信诈骗风险对合同相对方尽到适当的告知、提示，而双方之合同义务，亦是安全保障义务的考量因素。

综上，银行对于进入营业点、利用其设备进行转账交易的客户，依法负有适度地防范电信诈骗侵害的安全保障义务。黑某作为到某银行紫芳园支行现场办理转账业务的金融合同消费者，某银行紫芳园支行对黑某依法负有防范其遭受第三人不法电信诈骗侵害的安全保障义务。

二、某银行紫芳园支行是否尽到防范电信诈骗的安全保障义务

黑某主张其系老年人且长时间操作自助存款机，若某银行紫芳园支行工作人员上前提供帮助即可防止诈骗结果的发生，其本质系对某银行紫芳园支行是否尽到安全保障义务、是否应对老年人群体尽到特殊注意义务的争议。对是否尽到安全保障义务的认定应结合案件情况予以认定，本院综合某银行紫芳园支行已尽到的作为情形、黑某所选择的银行服务形式及其影响认定如下：

首先，根据在案证据，某银行紫芳园支行在自助存款机周边专门进行了防

范电信诈骗的风险告知，在自助机现场既有通过录音方式播放的声音提醒，亦有图文方式的醒目警示，即文字及语言警示同时兼具，业务办理者实际仅需略加注意周遭环境即可注意到银行的专门警示。可以认定，某银行紫芳园支行已经按要求在营业网点和柜台醒目位置张贴防范电信网络新型违法犯罪提示等。

其次，黑某作为业务办理者，掌握选择所办理银行业务方式的主动权，本案其使用的系某银行紫芳园支行的自助存款机，就其性质而言，属于自助办理业务，并非银行窗口的人工服务，银行未派人员上前符合自助服务的特性。并且从银行自助机器的使用主体来看，自助机器的利用系面向不特定人群，需要考量不特定使用者包括隐私性、便捷性、个人能力等多方面的需求，不能仅以年龄高为由即断定所有老年人群体均有相应的需求，即使有，亦可现场主动向银行提出服务需求。故在黑某选择自助办理业务的情况下，某银行紫芳园支行工作人员是否上前协助完全属于市场服务质量范畴，并非其义务。

最后，黑某自身过分缺乏警惕性系其自始至终未能寻求帮助的原因所在。从黑某使用自助服务的角度而言，如其自身缺乏操作知识，可主动寻求帮助，亦可转为银行的窗口人工服务，而黑某在长达半个多小时的操作中，实际并未主动寻求银行的帮助，如系第三方不法诱导所致，亦系该第三方导致其未享受相应银行服务，不应归结于银行一方；从对电信诈骗的防范意识来看，近年来电信诈骗犯罪导致诸多令人惋惜的损害发生已近乎引起社会的高度关注，并非罕见的犯罪行为，黑某即使作为老年人，亦应了解相应的信息及风险。

法律一般将完全民事行为能力人视作一个能够具有正常的风险认知、能够自主行为并自担风险的一般理性人，作为一个社会一般观念中的理性人，既享受法律下的自由，亦承担相应的行为、交易等伴随的社会风险，于本案情形中，某银行紫芳园支行对黑某不存在高于一般人的注意义务。综上情形，本院认定某银行紫芳园支行对黑某尽到了相应的安全保障义务，案外不法分子的侵权行为系本案损失发生的法律原因。对黑某主张因某银行紫芳园支行侵权遭受的损失，本案不予认定，亦基于此，其关于赔偿被骗款项的诉请，缺乏事实依据，本院不予支持。

北京市丰台区人民法院依照《中华人民共和国侵权责任法》第六条、第三十七条规定，作出判决如下：

驳回黑某的诉讼请求。

宣判后，当事人均未上诉，判决书已生效。

【法官后语】

确定银行的安全保障义务应当考虑社会利益的平衡，使银行的安全保障义务具有现实性、必要性。客户因遭受电信诈骗在银行被侵害的直接原因是加害人所为的侵权及犯罪行为，银行在安全保障上的不作为并不是损害后果发生真正的事实上的原因。银行已尽到合理限度内的安全保障义务的，不对客户因遭受电信诈骗损失的财产承担相应责任。

从各类电信诈骗案件来看，无论前期作案人以何种骗局诱导受害人，归根最后都要落实到银行交易上，无论是柜台转账、还是自助设备、网上银行、手机银行转账等，从交易链条来讲，银行交易都是无法越过和避开的一个环节，因此银行也成为防止电信诈骗链条中重要的一环，银行作为交易媒介所发挥的保障客户资金安全的防火墙作用是非常重要的。尤其是近年来，老年人作为受害群体的案例屡见不鲜，一般而言老年人对于ATM机、网银等电子交易渠道不熟悉，多数是通过柜台交易完成的资金划转，银行柜员在办理转账业务时可以通过观察客户是否紧张，是否不间断接听电话，进而做出初步判断，通过询问是否认识收款人等措施有效阻止受骗资金的转出。银行方面通过落实加强支付结算管理防范电信网络新型违法犯罪有关事项等规范性文件，在很大程度上减少了老年人在柜台交易中可能遭遇电信诈骗概率的发生。

本案系因老年人遭遇电信诈骗在自助存款机汇款导致的银行安全保障义务责任认定，与其他同类电信诈骗引发的侵权纠纷案件一样，本案的核心焦点在于银行是否依法负有防范客户遭受第三人不法电信诈骗侵害的安全保障义务以及是否尽到防范电信诈骗的安全保障义务。于本案情形中，虽法院判决认定银行对黑某不存在高于一般人的注意义务，但法律仅确定所应当尽到的义务底线，无法亦不可能要求市场服务的层次或标准，而服务质量的提升、对不同人群提供差异性服务标准等，应通过市场竞争来实现的。银行作为市场主体，理应通过提升其服务质量及服务效果，达到赢得客户信赖、提升市场竞争力的目的。就银行方面理应在以下两个方面强化落实防范电信网络新型违法犯罪有关事项的规定，减少纠纷的发生。

一是为老年人等客户提供专门的金融服务。根据《国务院办公厅印发关于切实解决老年人运用智能技术困难实施方案的通知》的精神原则，坚持传统金融服务方式与智能化服务创新并行，充分兼顾老年人需要。例如，老年人作为特殊群体，容易遭受不法侵害或遇到财产损失纠纷，在对于老年人客户办理存款汇款、理财等业务过程中，银行人员应更加主动进行服务或帮助，提醒其阅知防诈骗提示，向该客户群体尽到高于一般人的风险告知提示注意义务，充分考虑老年人习惯，不断改善老年人服务体验，充分提升对老年人等客户的服务质量和客户满意度，以打造高质量服务标准的最佳客户体验银行。

二是保留自助服务区域的必要人工服务。智能技术的高速发展，各大银行营业网点均开始转变为增设自助服务区与限缩柜台窗口服务的经营模式，但随着我国老龄化社会的到来，老年人在运用智能技术方面遇到的困难日益凸显。本案中，农业银行虽在自助服务区域内配有专职安保人员实行守护值班，但是在黑某长时间自行办理业务过程中，该保安人员并未对其滞缓的操作行为与逗留行为有所察觉或提供问询。因此，建议银行在自助服务区域保留必要的人工服务帮助，配备工作人员对该区域进行定时或不定时的巡视和监管，对于发现使用自助机器办理业务的客户存在的问题及时提供帮助，突出人性化服务，以减少可能产生的纠纷隐患。

编写人：北京市丰台区人民法院 周海平 全敏敏 李坤

27

对健身房等场所管理者安全保障义务的认定

——李某诉文化公司公共场所管理者责任案

【案件基本信息】

1. 裁判书字号

北京市第二中级人民法院（2020）京02民终8843号民事判决书

2. 案由：公共场所管理人责任纠纷

3. 当事人

原告（被上诉人）：李某

被告（上诉人）：文化公司

【基本案情】

2019年3月，李某向文化公司所属某健身会所购买20节私教课程，支付课程费和会费总计5400元。2019年4月10日08：40前后，在第一节私教课进行过程中，李某按照健身教练梁某指示做上下蹲跳动作时受伤，李某稍事休息后自行离开。2019年4月12日李某至甲医院就诊，被诊断为左膝扭伤；膝关节半月板损伤，行动不便，建议休一周。李某支付医疗费926.89元。2019年4月24日，李某至乙医院就诊，被诊断为左膝扭伤；膝关节前交叉韧带损伤；行动不便，建议手术。李某支付医疗费60元。2019年5月4日，李某至丙医院住院治疗，住院5天，被诊断为左膝前交叉韧带损伤，左膝半月板损伤，左膝内侧髌骨韧带损伤。李某认为文化公司应提供安全的场地和具备相应资质的教练，并尽合理的安全提醒和保障义务。本案中，李某是第一次去健身，教练并未出示其教练资格证，也未事先告知其安全注意事项，在第一次上课时就安排了具有一定难度和危险性的健身动作，并且没有做好保护措施，直接导致其在做第一个波比跳动作时摔倒受伤。李某受伤后，文化公司工作人员亦没有采取任何救助措施，而是让其自行离开，未尽救助义务。故文化公司未能尽到安全保障义务，存在严重过错，应该对李某受伤承担全部责任。

【案件焦点】

1. 李某左膝部损伤的原因认定；2. 对李某左膝部受伤的责任划分。

【法院裁判要旨】

北京市丰台区人民法院经审理认为：宾馆、商场、银行、车站、娱乐场所等公共场所的管理人或者群众性活动的组织者，未尽到安全保障义务，造成他人损害的，应当承担侵权责任。李某系在文化公司上私教课时受伤，文化公司作为专业健身机构，应当提供专业的健身指导服务，安排专业的私人教练负责指导健身，其应具有较大的保障义务；李某作为健身人员，亦应知晓健身运动存在损伤风险，清楚自身身体状况，对自己的安全尽到基本的注意义务。根据双方陈述，文化公司在安排李某第一次上课过程中，在不了解李某基本身体状况的情况下，即安排李某做了多个热身动作，导致李某摔倒受伤，应当承担相应的侵权责任。文化公司主张李某腿部存在陈旧性损伤、健身与损伤之间不存在因果关系的抗辩意见，与他案鉴定意见相左，法院不予采信。法院综合考虑双方的过错程度，酌定李某对自身损害承担10%的责任，文化公司承担90%的责任。

北京市丰台区人民法院依照《中华人民共和国侵权责任法》第十六条、第三十七条，《中华人民共和国民事诉讼法》第六十四条规定，判决如下：

一、文化公司于本判决生效后十日内支付李某医疗费、住院伙食补助费、交通费、残疾辅助器具费合计74790.68元；

二、文化公司于本判决生效后十日内支付李某误工费、护理费、营养费、残疾赔偿金、被扶养人生活费合计217992.06元；

三、文化公司于本判决生效后十日内支付李某精神损害抚慰金10000元；

四、驳回李某的其他诉讼请求。

文化公司不服一审判决，提起上诉。北京市第二中级人民法院认为：本案上诉主要争议焦点为李某左膝部损伤的原因认定以及相关责任划分。

关于李某左膝部损伤的原因，文化公司在（2019）京0106民初29229号民事案件中曾申请对李某到其健身房健身与其受伤是否存在因果关系及李某的左膝是否存在陈旧性损伤进行鉴定。但一审中文化公司未就鉴定意见书提出异议，亦未申请鉴定人员出庭说明情况，二审中亦未提交充分有效证据证明鉴定意见书存在不合法之情形，故本院对其该项主张不予采信。

关于相关责任划分，本案中文化公司作为经营健身房的专业机构，应当为顾客提供安全可靠的健身设施，配备专业适当的健身教练，并根据李某的个人情况对健身运动给予充分的指导说明和提醒警示，现其未能全面了解李某身体状况，导致李某受伤，对此应承担相应责任。同时，李某作为具备完全民事行为能力的成年人，亦应对自身身体素质具备充分认知，对健身运动存在的损伤风险予以必要关注。本案中，李某对自身安全亦未尽到充分的注意义务，对此李某应自行承担相应责任。综合考虑双方的过错程度及李某的损伤情况，一审法院酌定文化公司承担90%的责任，李某承担10%的责任，符合本案实际情况，本院予以维持。

北京市第二中级人民法院依据《中华人民共和国民事诉讼法》第一百七十条第一款第一项规定，判决如下：

驳回上诉，维持原判。

【法官后语】

本案是一起因健身房的经营者未尽到合理限度的安全保障义务导致消费者受伤引起的民事纠纷。我国《中华人民共和国民法典》第一千一百九十八条在《中华人民共和国侵权责任法》第三十七条的基础上完善了安全保障义务的适用主体和适用情形，该条第一款规定，“宾馆、商场、银行、车站、机场、体育场馆、娱乐场所等经营场所、公共场所的经营者、管理者或者群众性活动的组织者，未尽到安全保障义务，造成他人损害的，应当承担侵权责任”。民事立法对安全保障义务的设定主要是为了更好地保护在经营场所、公共场所正常活动大众的人身安全；同时也有利于合理分配损害责任，避免纠纷的发生，从而维护大众场所正常的经营管理秩序和社会的和谐。就本案而言，涉及的法律问题主要有：

第一，经营者合理限度内安全保障义务的界定及标准。经营者利用其经营的场所、设施，从中获利，就应对其场所具有控制危险发生和扩大的能力。但同时，安全保障义务并不是让经营者承担绝对的、无条件的义务，对消费者的倾斜保护并不意味着忽视经营者的合理需求和利益，经营者承担的安全保障义务是在合理限度范围内的，只有经营者未尽合理限度范围内的安全保障义务，才会产生损害赔偿责任。判断安全保障义务的“合理限度”，应当根据与安全保障义务人所从事的营业或者其他社会活动相适应的安全保障义务的必要性和可能性，结合具体情况认定。本案中，文化公司作为经营健身房的专业机构，为顾客提供安全可靠的健身设施并配备专业适当的健身教练属于其正常经营必备的条件，但其在第一次上课前未根据李某的身体情况对健身运动给予充分的指导说明并对其中可能出现的风险予以合理的提醒警示，这属于对李某没有尽到合理限度内的安全保障义务，因此该公司应对李某在健身运动中受伤承担相应的责任。

第二，免除或减轻经营者责任的条件。在该类特殊侵权案件中，可以减轻或免除经营者责任的情况有三种：一是受害人自我加害的情形，这一般由受害人对自己的行为承担责任，可以免除经营者的责任，当然前提是受害人必须为完全民事行为能力人。二是受害人的损失是由第三人造成的，根据《中华人民共和国民法典》第一千一百九十八条第二款的规定，即因第三人的行为造成他人损害的，由第三人承担侵权责任；经营者、管理者或者组织者未尽到安全保障义务的，承担相应的补充责任。三是受害人有过错的，可以减轻经营者的责任。在本案中，李某作为具备完全民事行为能力的成年人，亦应对自身身体素质与健身运动可能存在的损伤风险予以认知与关注，但其对自身安全也没有尽到充分的注意义务，对此李某应自行承担部分责任。

因此，综合考虑双方的过错程度及李某的损伤情况，法院酌定文化公司承担90%的责任，李某承担10%的责任，符合本案实际情况。

编写人：北京市丰台区人民法院　袁新

28

自甘风险规则中群众性活动组织者违反安全保障义务应适用过错责任

——李某延诉篮球协会等群众性活动组织者责任案

【案件基本信息】

1. 裁判书字号

北京市第二中级人民法院（2020）京02民终2503号民事判决书

2. 案由：群众性活动组织者责任纠纷

3. 当事人

原告（被上诉人）：李某廷

被告（上诉人）：篮球协会

被告（被上诉人）：某街道办事处

被告：体育局

【基本案情】

2017年体育局作为主办单位，篮球协会作为承办单位举办了社区篮球联赛。在该联赛举办前的8月22日，篮球协会发出了关于举办2017年社区篮球联赛的通知，该通知载明了篮球联赛报名时间、地点、方式等事项。体育局作为甲方与乙方篮球协会签订了协议，该协议约定了比赛地点、预算、双方权利义务、费用及给付时间、违约责任等事项。在社区篮球联赛举办过程中，篮球协会没有为李某廷投保人身意外伤害保险及公共责任保险。

2017年11月3日下午，李某廷作为某街道下属街道一队的队员参加了社区篮球联赛。李某廷在比赛中右膝受伤。李某廷向一审法院提起诉请，要求体育局、篮球协会、某街道赔偿其交通费、住院伙食补助费、误工费、护理费、营养费、鉴定费、残疾赔偿金、被抚养人生活费、精神抚慰金共计24万余元。

【案件焦点】

1. 李某廷遭受损害的责任承担主体及责任比例认定问题；2. 李某廷主张的损害赔偿数额的认定问题。

【法院裁判要旨】

北京市房山区人民法院经审理认为：因篮球比赛属于对抗性较强的体育竞技活动，该活动本身存在固有的风险，李某廷作为多次参加篮球比赛的运动员对该类活动存在的安全风险是明知的，其在此情况下自愿参加此次篮球比赛，应对其自身在比赛活动中可能受伤是有一定认知的。李某廷在此种情况下参加比赛属自甘承担风险的行为。李某廷在比赛时因争抢篮板受伤，其对自身自甘冒险的行为应承担相应的后果。

此外，依据《中华人民共和国侵权责任法》第三十七条规定的安全保障义务条款，认定篮球协会作为承办公益性群众性活动组织者，有为参赛运动员投保人身意外伤害保险的义务，但其未能为李某廷投保人身意外伤害保险，因此其应对李某廷的合理损失承担相应的赔偿责任。因李某廷未能提供其所投保的意外保险的保险公司的名称和保险赔付情况的证据，故法院根据本案的实际情况酌定篮球协会赔偿李某廷合理损失100000元。李某廷过高的诉讼请求法院不予支持。

北京市房山区人民法院依照《中华人民共和国侵权责任法》第六条规定，判决如下：

一、篮球协会于本判决生效后十日内赔偿李某廷100000元；

二、驳回李某廷的其他诉讼请求。

篮球协会不服一审判决，提出上诉。北京市第二中级人民法院经审理认为：该案的争议焦点有二，一是李某廷遭受损害的责任承担主体及责任比例认定问题；二是李某廷主张的损害赔偿数额的认定问题。

关于争议焦点一，第一，李某廷参与篮球比赛，属于自甘风险行为，因此造成的损害首先应由其自己承担。第二，篮球协会未给李某廷购买意外伤害保险，未完全适当地履行安全保障义务，应在过错范围内承担相应的赔偿责任。

篮球协会作为竞赛承办方，系本次篮球比赛的组织管理人；依据篮球协会与体育局的协议约定及赛事惯例，篮球协会负责赛事的组织、执行及赛事活动的安全保障，故其在履行前述组织管理职能时，负有职务范围内的安全保障义务。依据查明的事实，篮球协会在组织管理及风险提示上履职到位，不存在过错。现李某廷主张篮球协会没有为其投保意外伤害保险，致使其所受伤害无法获得保险赔偿，篮球协会应对此承担责任。故二审法院就篮球协会未给李某廷购买意外伤害保险是否属于安全保障义务履行缺位进一步分析如下：首先，由风险运动主办方负责购买保险符合“危险开启理论”及体育产业保障运动员利益的通行做法。其次，篮球协会未履行为李某廷购买意外伤害保险的约定义务，存在过错。最后，篮球协会安全保障义务履行缺位与李某廷因伤所受损失在一定范围内构成法律上的因果关系。

关于争议焦点二，对于李某廷主张的损害赔偿数额的认定问题，篮球协会应赔偿的损失数额应以其履行投保义务时李某廷可获赔的保险金额为限。结合篮球协会提交的中体跑步球类运动及田径保险—接触类2018—计划二和2016年公众责任保险（A）投保单及理赔政策，并以李某廷本次伤情的残疾程度计算其可以获得的赔偿为21000元。而李某廷系于2017年11月的篮球比赛中受伤，故一审法院认定篮球协会赔偿李某廷100000元明显超出篮球协会应负担的合理数额。最后参考篮球协会其他年度投保保险的理赔政策和标准，考虑到本次诉讼持续时间及给李某廷工作生活带来的不利影响，本院认定篮球协会应赔偿李某廷损失25000元。

北京市第二中级人民法院依照《中华人民共和国侵权责任法》第三十七

条，《中华人民共和国民事诉讼法》第一百七十条第一款第二项规定，判决如下：

一、撤销北京市房山区人民法院民事判决第二项；

二、变更北京市房山区人民法院民事判决第一项为篮球协会于本判决生效后十日内赔偿李某廷25000元；

三、驳回篮球协会的其他上诉请求；

四、驳回李某廷的其他诉讼请求。

【法官后语】

一、自甘风险造成损害的归责原则

自愿参加具有一定风险的文体活动，因其他参加者的行为受到损害的，除因其他参加者对损害的发生有故意或者重大过失外，造成的损害首先应由自己承担，依据《中华人民共和国民法典》第一千一百七十六条之规定，自甘风险的构成要件应包括：一是受害人明知风险；二是受害人自愿参与；三是导致损害发生的是文体活动的固有风险；四是其他参与者没有故意或者重大过失。体育中的固有风险是体育项目的组成部分，该类风险的发生是显而易见和可以预见的，并具有不可避免性、不确定性，甚至在一些体育活动中，以追求在不确定性中找到刺激感、成就感作为体验式的活动追求。李某廷作为多次参加篮球比赛的运动员对该类活动存在的风险是明知的，在此情况下自愿参加此次篮球比赛，在比赛过程中因争抢篮板造成损害，其争抢篮板的行为并未超出篮球比赛固有风险的范围，应认定为自甘风险的行为。

二、群众性活动组织者违反安全保障义务应以过错责任为归责原则

群众性活动组织者是指面向社会公众举办的参与人数较多的活动的法人或者组织者。[①] 依据致损行为的来源不同，安全保障义务分为直接责任和补充责任。如果因安全保障义务主体未尽安全保障义务，直接导致损害的发生，安全

---

① 王圣明：《〈中华人民共和国侵权责任法〉条文解释与立法背景》，人民法院出版社2010年版，第158页。

保障义务主体是直接侵权人，承担直接责任；如因损害系第三人行为导致，安全保障义务主体属于履行安全保障义务造成损害的发生，安全保障义务作为间接侵权人承担补充责任。无论是直接责任还是补充责任，安全保障义务主体尽到了安全保障义务，就可以免除责任，因而群众性活动组织者违反安全保障义务应当适用过错责任的归责原则。

有观点认为，安全保障义务主体的责任是一种过错推定责任，安全保障的义务主体应当对自己尽了相应的安全保障义务承担证明责任。过错推定原则是一种法定的归责原则，适用于特定的侵权责任纠纷中，从本条的立法原意来看，立法并未将未尽到安全保障义务的证明责任明确为过错推定原则，故被侵权人对安全保障义务主体未尽安全保障义务仍应承担相应的举证责任。

本案中，篮球协会作为此次竞赛的承办方，负有职务范围内的安全保障义务，尽管其在组织管理及风险提示履职到位，不存在过错，是否能以篮球协会未给李某廷购买意外伤害保险为由认定篮球协会未履行安全保障义务呢？对于活动组织者而言，因其组织了群众性活动，开启了危险源，基于其对组织活动具有一定的控制力，组织者应当在活动中负有监督、管理的义务，故而安全保障义务是一种因先前行为而引发的责任。结合庭审查明的事实，篮球协会在其竞赛规程及秩序册中已经载明医院救治等相关费用由保险及本人负担，且其历届联赛均由篮球协会购买保险，作为此类公益活动的惯例，参赛者有理由认为本届联赛应当由篮球协会购买保险，故因篮球协议未给李某廷购买保险的行为存在过错，故应当承担违反安全保障义务的责任。

三、群众性活动组织者未完全适当地履行安全保障义务，应就其未履行安全保障义务造成的损失承担赔偿责任

根据危险发生的不同阶段，安全保障义务体现为三个方面，即危险预防义务，危险消除义务和发生损害后的救助义务。根据《中华人民共和国民法典》确立的自甘风险制度，李某廷参与篮球比赛，属于自甘风险行为，因此造成的损害首先应由自己承担。篮球协会因未给李某廷购买人身意外保险，造成李某廷发生损害后无法通过保险理赔分担损失，故而认定篮球协议应赔偿的损失数

额应以其履行投保义务时李某廷可获赔的保险金额为限，将一审判决中篮球协会的赔偿数额由 100000 元变更为 25000 元。本案具有积极的社会导向作用，倡导群众性活动组织者通过合同约定或赛事章程的强制性规定将购买保险纳入赛事主办人的安全保障义务，进而更好地衡平参赛者与主办人的利益并积极推动及完善运动员的意外伤害处理机制，有助于我国群众性体育运动的蓬勃发展。

编写人：北京市通州区人民法院　刘晓静

29

经营场所“安全保障义务”的合理限度如何判断

——李某等诉赖某保生命权、健康权、身体权案

【案件基本信息】

1. 裁判书字号

广东省广州市中级人民法院（2020）粤 01 民终 22918 号民事判决书

2. 案由：生命权、健康权、身体权纠纷

3. 当事人

原告（上诉人）：李某、林某香、丁某琼、李某阳

被告（被上诉人）：赖某保

【基本案情】

2019 年 6 月 19 日 6 时 23 分，李某佛入住被告赖某保经营的某公寓（无证经营）311 房。2019 年 6 月 19 日 6 时 51 分，李某佛坠楼。同时 7 时 05 分，救护车到达现场。李某佛被送往医院经抢救无效，于 2019 年 6 月 19 日 7 时 30 分死亡，重度颅脑损伤、失血性休克、多处骨折致呼吸循环衰竭。

经派出所调查查明：2019 年 6 月 19 日上午 6 时 18 分，事主李某佛乘坐摩

托车到达某公寓。6 时 21 分，案外人韦某海接“丽丽”（化名）到达某公寓。韦某海用捡来的身份证开了 311 房间，将房间锁匙交给事主李某佛，收取 250 元嫖资。事主李某佛当时为醉酒状态，卖淫女与事主发生性行为后约 6 时 46 分离开某公寓，离开时未见事主有异常情况。6 时 51 分许，事主坠楼。经法医初步鉴定，死者李某佛，男，口鼻及右侧外耳道出血，左前额见一划伤，左肩，背部，双前臂，双手，双膝均见小量挫擦伤，右中指骨折。医院 CT 示右侧脑疝形成，双侧额顶颞骨折，硬膜外，下出血，腰椎肋骨多发骨折。未见附加性外伤。内裤后臀部发现已使用避孕套一个。死因符合高坠死亡（损伤处存在生理反应）。调查结论为：经走访李某佛入住的公寓经营者、见证人、与其接触过的人员、救治医生等，通过开展现场勘查，调取监控视频，结合法医鉴定意见，暂未发现李某佛有受他人侵害的情况，现场勘查门系反栓，窗沿有踩踏痕迹，不符合拖拽，符合自行坠楼。该区公安分局对该事件中涉嫌违法的嫌疑人予以行政处罚，其中韦某海因介绍卖淫被处行政拘留 15 日；“丽丽”因卖淫被处行政拘留 10 日；赖某保因未获公安许可擅自经营被处行政拘留 10 日并处罚款 500 元，处以取缔该公寓。

另，李某、林某香是李某佛的父母，丁某琼是李某佛配偶，李某阳是李某佛儿子。

【案件焦点】

宾馆经营者是否因其未尽到安全保障义务需对死者坠楼结果承担侵权责任。

【法院裁判要旨】

广东省广州市白云区人民法院经审理认为：《中华人民共和国侵权责任法》第三十七条第一款规定，宾馆、商场、银行、车站、娱乐场所等公共场所的管理人或者群众性活动的组织者，未尽到安全保障义务，造成他人损害的，应承担侵权责任。据此，被告赖某保作为案涉宾馆的经营者，是否需要承担侵权责任在于是否因其未尽到安全保障义务造成李某佛坠楼结果的发生。根据派出所的调查结论，李某佛坠楼原因排除了受他人侵害的情形，符合自行坠楼的情形。

李某佛作为完全民事行为能力人，应当对自己的行为具有认知能力，对于坠楼行为的发生，能预见其行为后果，其应对攀爬窗户坠楼致死的损害后果自行承担责任。赖某保虽然存在未经许可擅自经营宾馆，以及案涉房间窗户离地面高度80cm，低于建筑设计规范要求90cm等安全保障瑕疵，但与李某佛坠楼死亡没有必然的因果关系，无须承担民事赔偿责任。故对李某佛近亲属主张赖某保承担本案民事赔偿的诉求，因缺乏依据，依法不予支持。

广东省广州市白云区人民法院依照《中华人民共和国侵权责任法》第三十七条第一款，《中华人民共和国民事诉讼法》第六十四条规定，判决如下：

驳回李某、林某香、丁某琼、李某阳的诉讼请求。

李某、林某香、丁某琼、李某阳不服一审判决，提起上诉。广州市中级人民法院经审理认为：根据《最高人民法院关于适用〈中华人民共和国民事诉讼法〉的解释》第三百二十三条，第二审人民法院应当围绕当事人的上诉请求进行审理。当事人没有提出请求的，不予审理，但一审判决违反法律禁止性规定，或者损害国家利益、社会公共利益、他人合法权益的除外。依当事人的上诉请求范围，本案二审争议焦点为：赖某保经营涉案某公寓有无尽到合理限度内的安全保障义务，其应否对李某佛的死亡承担责任。

根据《中华人民共和国侵权责任法》第三十七条第一款规定，宾馆、商场、银行、车站、娱乐场所等公共场所的管理人或者群众性活动的组织者，未尽到安全保障义务，造成他人损害的，应当承担侵权责任。赖某保作为涉案某公寓的经营者，其应对入住房屋的李某佛承担安全保障义务，如未尽到安全保障义务，其应承担侵权责任。而安全保障义务的目的是保护他人的人身和财产安全，要求义务人须采取一定的行为来维护他人的人身或者财产免受侵害，并非只要出现损害结果就一定要承担赔偿责任。判断义务人是否尽到安全保障义务，要结合损害发生的原因、义务人的安保能力以及采取的防范等措施，根据实际情况进行综合判断，同时，从侵权责任的构成要件分析，安全保障责任属于过错责任，在违反安全保障义务的情况下，也应当以因果关系作为责任的构成要件，即受害人须证明安全保障义务的违反与损害发生之间存在关联性。

本案中，首先，李某佛系因嫖娼目的入住涉案公寓，在入住时特意以他人身份证开房，并未进行实名登记。在李某佛自身行为明显违法、故意规避管理的情况下，李某等 4 人主张赖某保未如实登记入住人员信息，管理上存在过错的理由不成立。李某等 4 人主张赖某保参与容留他人卖淫，未有公安机关对此作出认定或予以处罚，故不予采纳。至于赖某保无证经营公寓的问题，属于在相关职能部门行政管理中的违规行为，与李某佛的死亡亦无因果关系。

其次，根据派出所的调查结论，李某佛坠楼原因排除了受他人侵害的情形，符合自行坠楼的情形。派出所作出的《李某佛死亡调查情况》载明“床的南侧是窗户，窗外正下方为死者受伤时倒卧位置，窗户内下面摆放有一张桌子，桌子上摆放有一个电视机。窗户离地面高为 80cm，放电视的桌子上发现一枚鞋印，鞋印与死者鞋为同一种属。窗户东侧外沿发现一枚残缺鞋印，鞋尖朝外，鞋印花纹与死者鞋花纹相似”。据此分析，李某佛生前经由放电视的桌子攀爬上窗户，具有高度可能性。案涉窗户距离地面虽低于建筑设计规范要求 90cm，存在一定不足，但在李某佛故意攀爬上窗户的情况下，窗户的高度问题不能成为本案要求赖某保承责的事由。李某佛入住公寓后攀爬上窗台并非一般住客的正常举动，该攀爬窗户行为是由其个人主观意志所决定，李某佛作为完全民事行为能力人，应对自身行为所产生的危险性具有认知能力，应对坠楼致死的后果自行承担责任。李某等 4 人以赖某保未尽到安全保障义务为由要求其承担赔偿责任，理由不成立，不予支持。

广东省广州市中级人民法院依照《中华人民共和国民事诉讼法》第一百七十条第一款第一项规定，判决如下：

驳回上诉，维持原判。

【法官后语】

安全保障义务系经营场所、公共场所或群众性活动场所的经营者、管理者或组织者，对不特定主体的人身权和财产权采取一定保障措施，包括消除、避免或防止损害的法定义务。安全保障义务最早于 2004 年 5 月 1 日起施行的《最高人民法院关于审理人身损害赔偿案件适用法律若干问题的解释》（以下简称

《人身损害赔偿解释》）第六条明确规定，2010年7月1日正式实施的《中华人民共和国侵权责任法》（以下简称《侵权责任法》）将“安全保障义务”上升至立法层面，具体规定于其中第三十七条。违反安全保障义务侵权责任的法律规定是侵权责任理论体系的重大发展和创新，其法律价值不仅在于保护受害人的合法权益，而且在于维护不同主体之间的利益平衡，实现对个体行为自由的保障。因此，安全保障义务并非无限度，而应有一定边界，否则对相关场所经营者、管理者和活动组织者过度苛责，与立法初衷相违背。司法实践中，安全保障义务的适用难题主要在于其适用场景如何界定？合理限度范围如何确定？履行安全保障义务存在的主观过错对因果关系的影响？

一、安全保障义务的适用场景

从安全保障义务的沿革来看，其适用场景发生过轻微变化。修正前的《人身损害赔偿解释》规定负有安全保障义务的主体为“从事住宿、餐饮、娱乐等经营活动或者其他社会活动的自然人、法人、其他组织”；《侵权责任法》规定为“宾馆、商场、银行、车站、娱乐场所等公共场所的管理人或者群众性活动的组织者”；《中华人民共和国民法典》[①]（以下简称《民法典》）确定为“宾馆、商场、银行、车站、机场、体育场馆、娱乐场所等经营场所、公共场所的经营者、管理者或者群众性活动的组织者”。《侵权责任法》《民法典》对安全保障义务适用场景的列举规定做了延伸、展开，《侵权责任法》将义务主体确定为公共场所的管理人或群众性活动的组织者，较之《人身损害赔偿解释》规定，删除了“经营场所”，字面上看主体范围进行了限缩。按照《侵权责任法》立法本意，实际上，宾馆、商场、银行、车站、娱乐场所等公共场所均具有经营性质，故其强调的公共场所应理解为向社会公众提供服务的经营场所，单纯的公共服务性场所如广场、街道、公园、公路等不应在其涵射范围内。《民法典》规定更为全面，经营场所、公共场所或群众性活动场所均为负有安全保障

① 由于本案判决时间在《民法典》实施前，并不适用《民法典》规定，故援引《民法典》相关规定主要在于与在先的法律规定作比较分析，以能全面解读安全保障义务制度的立法精神。

义务的场所，单纯的公共服务性场所应理解为包含在内。

本案坠楼行为发生于宾馆，宾馆经营者作为管理人，是负有安全保障义务的主体，本案适用《侵权责任法》第三十七条符合该条文关于义务主体和场所的规定。从安全保障义务适用场景延伸，一审法院审结的另一起出租屋坠楼案件，事发场所则具有一定特殊性。一方面，出租屋是承租人租赁房屋用于生活居住的地方，性质上属于私人所有、使用的不动产，不具有对外经营性质，因此不属于公共场所，不能适用《侵权责任法》第三十七条规定。另一方面，出租屋以房屋租赁合同关系为基础，涉及的权利主体包含不动产所有权人和不动产占有、使用权人，出租人和承租人对房屋享有不同权利，均负有作为义务，这种作为义务建立在租赁合同关系基础上，比《侵权责任法》第三十七条规定的公共场所安全保障义务特殊。是以侵权事件发生场所问题直接影响法律适用的准确性，安全保障义务的法定性寓意也在于此。

二、安全保障义务合理限度的判断标准

《人身损害赔偿解释》第六条将安全保障义务限定在“合理限度范围”，但对“合理限度范围”的认定并无明确标准。《侵权责任法》第三十七条更是将“合理限度范围”的限定词删除，一定程度上使安全保障义务的边界不清。虽然合理限度标准已被实务界普遍接受，但“合理限度”本身是抽象的、模糊的，具体以何标准或要素界定“合理限度”仍未形成共识。有学者提出，“合理限度”的判断标准包括四个方面：“一是安全保障义务人是否获益；二是风险或损害行为的来源或强度；三是安全保障义务人控制、防范危险或损害的能力；四是受害人参加经营活动或社会活动的具体情形。”① 该判断标准主要从客观方面界定，于司法实践而言具备可操作性。首先，安全保障义务人是否获益，是权利义务一致性原则的直接体现，义务主体获益的同时必然需承担一定的义务，具备法理正当性。其次，风险或损害行为的来源，是将安全保障义务主体的自己责任与他人责任相区分。如损害风险来源于义务主体管理职责范畴，则

① 杨立新：《中华人民共和国侵权责任法草案建议稿及说明》，法律出版社2007年版，第208页。

义务主体负有直接的安全保障责任；如损害风险来源于他人行为，超越义务主体管理职责范畴，则义务主体的安全保障义务应是防范、制止损害行为。再次，安全保障义务人控制、防范危险或损害的能力，要求义务主体应有能力阻止危险或损害发生，一定程度上也表明义务主体应对危险或损害发生具有预见可能性。最后，受害人参加经营活动或社会活动的具体情形，是判断受害人的个人情况是否具有特殊性（如年龄、身体状态等的区分）以及是否存在受害人自身行为导致危险或损害发生的情形。确立合理限度标准的目的在于最大限度地平衡安全保障义务主体与受害人之间的利益，而不施加过高的注意义务给相关责任主体，否则将违背权利义务一致原则，不利于社会经济发展。①

本案的争议焦点即在于宾馆经营者是否未尽到安全保障义务。其一，原告主张被告经营的某公寓并未取得相关经营执照，属于违反相关行政管理规定的行为，办理经营执照的行政义务并非经营者安全保障义务的法定来源，该事实状态不直接导致李某佛死亡结果的发生。其二，结合安全保障义务合理限度的后三个判断标准，损害行为的来源主要在于事主李某佛擅自攀爬窗户，李某佛作为完全民事行为能力人，对擅自攀爬窗户导致的危险后果理应具有预见可能性和一般人的认知能力，坠楼结果的发生是由其个人自主行为直接导致。实际上，本案损害行为的来源与受害人参加经营活动或社会活动的具体情形的判断具有重叠性，受害人的个人自主行为直接导致损害结果的发生。按社会生活常理，住客入住宾馆后，房间属于私人活动空间，宾馆经营者对一般住客且是成年住客在房间擅自爬窗的行为不具有预见可能性，不能苛责经营者具备阻止该种危险发生的控制能力。涉案窗户距离地面80cm，虽低于建筑设计规范要求90cm，但就成年人对危险性认知而言，窗户高度上的瑕疵问题不会直接导致坠楼结果的发生。其三，安全保障义务合理限度的判断问题，实际上归结到损害行为与损害结果之间因果关系的审查上，即是否因义务主体未尽到合理限度范围的安全保障义务导致损害结果的发生。结合本案情形分析，公寓经营者安全保障义务上的轻微瑕疵与李某佛坠楼结果之间不具备必然的因果联系。

① 刘小璇：《论公共场所管理人的安全保障义务》，载《法学杂志》2019年第8期。

三、履行安全保障义务存在过错对判断因果关系的影响

侵权责任归责原则包括无过错责任原则、过错责任原则与过错推定原则，其中无过错责任原则与过错推定原则均以法律规定为前提。在学理讨论上，关于违反安全保障义务的侵权责任归责原则，虽然存在适用过错责任和特殊情况下（如第三人介入情形、受害人为限制民事行为能力人或无民事行为能力人时）适用过错推定责任并举的主张，但从《侵权责任法》第三十七条规定分析，违反安全保障义务侵权责任适用仍然是过错责任原则，即一般侵权责任所倡导的“谁主张，谁举证”规则，受害人须对经营场所、公共场所或群众性活动场所的经营者、管理者或组织者的过错承担举证责任，如后者存在过错则应承担侵权责任。经营场所经营者在履行安全保障义务上是否存在过错，可以结合经营者客观行为表现判断，具体可从事前预防、事中阻断和事后救助三个方面展开。

一是预防潜在危险的发生，即经营者是否按照足以避免危险发生、减少事故损害后果的谨慎注意履行义务；是否向受害人作出真实的说明和明确的警示，以达到防止危险发生的目的。例如，经营场所内的建筑物、构筑物、配套服务设施是否符合国家标准、安全标准；是否在易发、多发安全隐患区域设置安全警示牌、风险告知声明；是否配备特定的防止危险的设备；是否配备相应的安保人员；对提供服务的人员有特定技能要求的，还应达到相应技能水平。

二是消灭现实危险源，即潜在的危险转化为现实损害时，经营者是否采取一切有效措施消除危险。例如，在经营场所发生火灾情形时，经营者是否在第一时间合理疏散在场人员；当危险发生于第三人对受害人的侵权损害时，经营者应在可能的条件下及时制止第三人侵害。

三是事后及时救助，即经营者是否具备应急措施与实施救护手段的设施，使可能发生的意外事件造成的损失降至最小。例如，危险发生后，经营者应立即报警并采取合理救助措施，对受害人的救助不存在延误等。

实践中，受害人主张经营场所、公共场所或群众性活动场所的经营者、管理者或组织者存在过错时也多集中于这些主体存在消极不作为情形，故可结合

事前预防、事中阻断和事后救助三个方面的客观行为分析是否消极不作为，如存在消极不作为可认定在履行安全保障义务时存在过错。首先，关于赖某保未如实登记入住人员信息问题。从法理上讲，受害人不能将自身明显违法行为归咎于他人。本案事主李某佛因嫖娼目的入住涉案公寓，在入住时特意以他人身份证开房，并未进行实名登记。在李某佛自身行为明显违法、故意规避管理的情况下，原告主张赖某保未如实登记入住人员信息，管理上存在过错的理由不能成立。其次，关于赖某保无证经营问题。无证经营属于在相关职能部门行政管理中的违规行为，不能直接认定经营者履行安全保障义务存在过错。最后，关于涉案窗户距离地面低于建筑设计规范要求90cm的问题。窗户设计规范确与安全标准存在差距，经营者在履行安全保障义务上存在不足，主观上可认定存在一定过错。然按照一般侵权责任构成要件，包括行为人实施了侵权行为、发生损害事实、侵权行为和损害事实之间存在因果关系、行为人有过错，这四个要件须同时满足才能构成一般侵权责任。与李某佛故意攀爬窗户行为相比，赖某保履行安全保障义务上的瑕疵与李某佛死亡结果之间不具有直接因果关系。因此，安全保障义务主观过错的成立并不当然引起承担侵权责任的结果，还需结合侵权责任其他构成要件综合判断。

四、李某佛擅自爬窗行为是否属于自甘风险

《民法典》第一千一百七十六条确立了自甘风险规则，即危险的自愿承担，是指受害人自愿参加具有一定风险的文体活动，因其他参加者的行为受到损害的，不得请求其他参加者承担侵权责任，如其他参加者对损害的发生有故意或重大过失的除外的免责事由。[①] 同时，活动组织者在故意或过失范围内承担违反安全保障义务的侵权责任。那么，本案事主李某佛在公寓房间擅自爬窗的行为是否构成自甘风险？

从自甘风险规则立法过程来看，其适用范围受到严格限制，《民法典》（草案）中将受害人自甘风险的范围确定为“危险性的活动”，但《民法典》终稿则修改了“危险性的活动”表述，确定为“具有一定风险的文体活动”。前后

---

① 杨立新：《中华人民共和国民法典条文要义》，中国法制出版社2020年版，第852页。

表述对比可知，“危险性的活动”比“具有一定风险的文体活动”语义范围更大。“具有一定风险的文体活动”范围仅限于文体活动，即与文化、体育有关的各类活动；风险必须是“一定”范围内，可从风险内容和程度的角度理解，风险内容上的“一定”即必须为特定的风险，而非抽象的风险，风险程度上的“一定”即风险应介于社会生活中人们应当承受的一般风险与高度风险之间，不能设定为过高或显而易见的风险。[①] 立法予以严格限定的目的在于限缩自甘风险规则适用范围，防止减责或免责法律效果的滥用。延伸之，自甘风险规则适用情形主要为对抗性和风险较小、一般具有商业性质的文化娱乐活动；如篮球、足球等的对抗性竞赛活动；如探险、极限运动类的冒险活动。其中，又以对抗性竞赛活动作为主要规制对象。因此，并非受害人参与的任何对个人人身、财产安全具有危险的活动，都属于自甘风险；出于法律或道德上的义务从事的冒险活动，一般也不属于文体活动，不适用自甘风险。同时，须指出的是，从自甘风险规则立法旨意出发，参加一定风险的文体活动造成的损害必须来源于其他参加者的行为，并且是由活动自身固有的性质引起的。活动组织的责任不适用自甘风险规则，《民法典》第一千一百七十六条第二款即规定，具有一定风险的文体活动的经营者、管理者、组织者的侵权责任，并不以受害人自甘风险为由免除。上述主体如未尽到安全保障义务，造成他人损害的，或者因第三人侵权而没有尽到安全保障义务的，依据第一千一百九十八条至第一千二百零一条承担侵权责任。

本案李某佛事发地点位于公寓房间，其对自身擅自爬窗行为产生的风险虽具有充足认知能力，知悉行为本身存在特定风险并受个人意思自治所支配，且虽然坠楼死亡的结果是由其行为自身固有的风险引起，但该行为并不属于文体活动范畴，不能适用自甘风险规则。在《民法典》背景下，作为完全民事行为能力人的受害人，擅自爬窗属于其个人有意而为之，坠楼结果因其故意行为直接造成，可适用《民法典》第一千一百七十四条确立责任归属。

---

① 杨立新、佘孟卿：《〈民法典〉规定的自甘风险规则及其适用》，载《河南财经政法大学学报》2020年第4期。

综观本案，法律从社会诚信和公平角度出发，对宾馆经营者设立了安全保障义务以保护他人的人身和财产安全免受侵害，但该安全保障义务并非没有限度，也并非只要出现损害结果就必定承担责任。死者作为完全民事行为能力人，应对自身行为危险性具有认知能力，自行爬窗超出一般住客的正常举动和认知，应对坠楼后果自行承担责任，窗户高度这一瑕疵问题与其死亡之间不具有必然因果关系。悲剧结果令人惋惜，但这不能成为守法者为他人过错埋单的理由。本案判决切实防止“谁死谁有理”“谁受伤谁有理”的“和稀泥”做法，对维护社会道德、倡导法治精神有积极引导意义，充分发挥了司法裁判教育、评价、指引、规范功能。

编写人：广东省广州市白云区人民法院　林卫文　林嘉丽

30

第三人侵权情况下，安全保障义务人违反安全保障义务承担责任的认定方式及我国自甘冒险制度的适用范围

——王某鹏诉刘某征、旅游公司生命权、健康权、身体权案

【案件基本信息】

1. 裁判书字号

北京市第三中级人民法院（2020）京03民终11186号民事判决书

2. 案由：生命权、健康权、身体权纠纷

3. 当事人

原告（被上诉人）：王某鹏

被告（上诉人）：刘某征、旅游公司

【基本案情】

2018年1月6日，王某鹏和刘某征到旅游公司开办的某乐园滑雪。下午4时，王某鹏在难度为初中级的曼陀罗雪道滑雪途中，于雪道转弯靠近防护网处坐倒，并滞留半分钟，同样在雪道中滑行的刘某征与王某鹏相撞。刘某征拨打雪卡上载明的某乐园急救电话后，旅游公司对王某鹏进行了救助。当日，王某鹏被送至医院急诊抢救中心治疗。2018年1月10日，王某鹏出院，住院时间为4天。2018年1月10日至2018年2月15日，王某鹏在某医院住院治疗，住院时间为35天。2018年9月20日至2018年9月26日，王某鹏在某医院住院治疗，住院时间为6天。

另查，曼陀罗雪道无指定的休息区、修整区或缓冲区；2018年1月6日至1月10日，曼陀罗雪道曾发生7起滑雪者受伤的事故。

诉讼中，本院依法委托某司法鉴定中心对王某鹏的伤残等级及误工期、营养期、护理期进行鉴定。经鉴定，王某鹏左腕关节功能丧失50%以上的伤残等级为九级；左侧桡神经损伤，遗留相应肌群肌力4级的伤残等级为十级；伤残赔偿指数为25%。王某鹏的误工期为365日，护理期为150日，营养期为150日。

【案件焦点】

1. 刘某征是否有过错及与王某鹏的损害后果之间是否存在因果关系；2. 旅游公司的行为是否违反安全保障义务以及与王某鹏的损害后果之间是否存在因果关系；3. 侵权责任如何承担；4. 损害赔偿的数额如何计算。

【法院裁判要旨】

北京市朝阳区人民法院经审理认为：首先，刘某征作为在后的滑雪者未尽到避让前人的注意义务，致使与王某鹏相撞。刘某征存在过错，其行为对王某鹏的损害发生有因果关系，应当承担侵权责任。

其次，旅游公司未尽到其作为善良管理人标准下必要的谨慎和努力，未尽到安全保障义务，对王某鹏的损害发生存在过错。而且，若旅游公司履行其安全保障义务，如在雪道旁或防护网处设置警示标牌或标志，从理性人视角，滑雪参与者因为事先受到警示而会提前采取相应预防措施，从而降低甚至消除事故发生的风险。旅游公司不履行上述安全保障义务与王某鹏损害后果具有较强的关联性。因此，旅游公司的过错与王某鹏损害后果具有客观联系，构成侵权行为要件项下的因果关系。

最后，刘某征的过错行为并非王某鹏受损的唯一原因，旅游公司亦独立实施了侵权行为，两者结合起来共同导致了王某鹏损害后果的发生，构成无意思联络数人侵权。综合本案情况，本院判定旅游公司、刘某征对王某鹏损害后果各承担50%的责任，并赔偿王某鹏因伤致残而发生的必要费用。

北京市朝阳区人民法院依照《中华人民共和国侵权责任法》第六条、第三十七条，《最高人民法院关于审理人身损害赔偿案件适用法律若干问题的解释》第十七条、第十八条、第十九条第一款、第二十一条第一款、第二十二条、第二十三条第一款、第二十四条、第二十五条，《最高人民法院关于民事诉讼证据的若干规定》第四十条规定，判决如下：

一、刘某征赔偿王某鹏各项费用共计2404369.76元；

二、旅游公司赔偿王某鹏各项费用共计310901.86元；

三、驳回王某鹏的其他诉讼请求。

刘某征、旅游公司均不服一审判决，提出上诉。

北京市第三中级人民法院经审理，确认一审法院认定的事实和证据，同意一审法院裁判意见。

北京市第三中级人民法院依照《中华人民共和国民事诉讼法》第一百七十条第一款第一项规定，作出如下判决：

驳回上诉，维持原判。

【法官后语】

一、本案中旅游公司未尽到安全保障义务

滑雪为有高度专业性、技巧性、危险性的活动，滑雪场属于容易出现安全事故的公共场所，此时，旅游公司作为营利性滑雪场的经营者、管理者，其应当承担更高标准的安全保障义务，具体包括：1. 旅游公司应遵守法律规定，尽到审慎注意义务，确保不因自己的行为或管理、控制下的物件及人员给他人造成损害，具体表现在：（1）提供合格的雪道、客运索道、滑雪器具等雪场设备；（2）对滑雪中可能出现的各种危险情况进行告知及安全警示；（3）对雪道设置安全保障措施，包括以明晰而又简单易懂的标志标识场地界限、难度等信息，配备巡逻人员、医务人员保障滑雪者安全等。2. 旅游公司应在合理限度内采取相应行为，在一定程度上降低第三人对他人实施侵权行为的风险或在侵权发生时减少损害程度，具体表现在：配备安保人员、医务人员，在发生第三人侵权的情况下对侵权行为及时予以制止，对受伤人员及时进行救助、送医等。

结合本案情况，旅游公司未尽到安全保障义务，对王某鹏的损害发生存在过错。

二、本案应适用民法典第一千一百七十二条规定的竞合型无意思联络的数人侵权情形

第三人侵权情形下，安全保障义务人违反安全保障义务承担责任的形态包括补充责任、共同侵权情形下的连带责任、并发型无意思联络数人侵权情形下的连带责任及竞合型无意思联络数人侵权情形下的按份责任。

本案中，首先，旅游公司与刘某征不存在主观上的意思联络，且旅游公司违反安全保障义务的行为或刘某征未尽到注意义务的行为均不足以造成王某鹏的全部损害后果，故本案不适用共同侵权及并发型无意思联络数人侵权情形下的连带责任。其次，关于补充责任及竞合型无意思联络数人侵权形态。根据上文分析，区分该两种侵权责任形态，核心在于判断安全保障义务人是否尽到了安全保障义务，如果没有，该不作为与被侵权人的损害后果之间是否存在因果关系。本案中，旅游公司存在未尽到安全保障义务的违法行为。关于因果关系。我国现行法上对因果关系的判断标准多采用相当因果关系规则，即确定行为与结果之间有无因果关系，要依行为时的一般社会经验和知识水平作为判断标准。本案中，若旅游公司履行了安全保障义务，滑雪参与者事先受到警示，从理性人视角，其会提前采取相应预防措施，从而降低甚至消除事故发生的风险。故

旅游公司违反安全保障义务行为与本案王某鹏损害后果具有客观联系，构成侵权行为要件项下的因果关系，进而满足侵权行为的构成要件，构成独立的侵权行为。

刘某征与旅游公司均独立实施了侵权行为，两者结合起来共同导致了王某鹏损害后果的发生，因此应适用民法典第一千一百七十二条规定的无意思联络的数人侵权情形。

三、本案不宜适用民法典第一千一百七十六条规定的自甘冒险制度

应当严格限制我国民法典第一千一百七十六条规定的自甘冒险制度的适用范围，将其限定为具有多个参加者的，具有身体对抗性、协同性或竞技性的，具有内在的、固有的、可以为一般人所预见到的风险的文化体育活动，且受害者因其他参加者所受损害须与活动的内在风险之间有因果关系。

本案中，首先，滑雪①并非对抗性或协同性运动，各滑雪者之间不必然产生相撞的风险。其次，滑雪运动虽然具有高度专业性、危险性，但这种风险是来自该运动本身，而非其他参加者。故不宜将滑雪运动纳入该条规定的“有一定风险的文体活动”。退一步说，即使滑雪运动符合“有一定风险的文体活动”的构成要件，滑雪运动的规则亦包括“后者避让前者”，被不遵守规则的他人撞击导致严重后果亦不是滑雪运动内在的、固有的风险，也并非一般人所能预见。本案中，王某鹏的损害后果是刘某征从后方撞击王某鹏所致，高速状态下的撞击并造成两处伤残的严重后果不宜认定为王某鹏自愿承担危险的范围。

因此，本案不符合民法典第一千一百七十六条规定的自甘冒险制度的构成要件，不宜适用该规定。

编写人：北京市朝阳区人民法院　杨兵　韩迪

---

① 此处的滑雪不包括多人参加的滑雪比赛，滑雪比赛由于具有竞技性，多人高速竞滑情况下，参赛者间有碰撞可能。

31

经营者安全保障义务应结合损害事故综合认定

——董某勋诉某酒店、某酒店分店健康权案

【案件基本信息】

1. 裁判书字号

山东省济南市中级人民法院（2020）鲁01民终1793号民事判决书

2. 案由：健康权纠纷

3. 当事人

原告（被上诉人）：董某勋

被告（上诉人）：某酒店

被告：某酒店分店

【基本案情】

2018年12月3日17时57分，董某勋由东向西步行至某酒店分店前方区域时，因其边走路边看手机，被某酒店分店设置的横栏铁链（用来隔离自家停车场和相邻酒店的停车场）绊倒。后董某勋被送往山东省立医院治疗，诊断结果为：右侧尺骨鹰嘴骨折，住院8天。双方就纠纷未达成调解，董某勋将某酒店分店起诉至法院，要求某酒店分店赔偿其医疗费、二次手术费用、住院伙食补助费、营养费、误工费、护理费、交通费、精神损害抚慰金等，共计124118.29元。

【案件焦点】

1. 某酒店分店设置铁链是否存在过错；2. 董某勋走路低头玩手机是否存在

过错；3. 董某勋的摔倒与某酒店分店设置铁链行为有无因果关系；4. 某酒店分店是否尽到安全保障义务。

【法院裁判要旨】

山东省济南高新技术产业开发区人民法院经审理认为：自然人的生命权、身体权、健康权受法律保护。根据《中华人民共和国侵权责任法》第三十七条第一款，宾馆、商场、银行、车站、娱乐场所等公共场所的管理人或群众性活动的组织者，未尽到安全保障义务，造成他人损害的，应当承担侵权责任。本案中，某酒店分店作为酒店经营部门，在其停车场周边设置铁链，但是并未设置任何安全警示标志，导致路过的董某勋被铁链绊倒摔伤，疏于履行自己在合理限度内的安全保障义务，其行为具有一定的过错。另，董某勋作为一个成年人，系完全民事行为能力人，在行走过程中没有注意自身安全，其行为对于事故的发生也具有一定的过错。一审法院结合事故发生时的现场录像、周边环境，综合考量双方过错程度，确认某酒店分店对董某勋的损失承担 50% 的赔偿责任。某酒店分店为某酒店的分公司，根据《中华人民共和国公司法》第十四条规定，公司可以设立分公司。设立分公司，应当向公司登记机关申请登记，领取营业执照。分公司不具有法人资格，其民事责任由公司承担，故某酒店分店对董某勋的赔偿责任由总公司某酒店承担。

山东省济南高新技术产业开发区人民法院依照《中华人民共和国侵权责任法》第三条、第六条、第十六条、第二十六条、第三十七条，《最高人民法院关于审理人身损害赔偿案件适用法律若干问题的解释》第十七条、第十九条、第二十条、第二十一条、第二十二条、第二十三条、第二十四条，《中华人民共和国民事诉讼法》第六十四条、第一百四十二条规定，判决如下：

一、某酒店于判决生效之日起十日内给付董某勋医疗费 19205. 04 元、住院伙食补助费 400 元、营养费 1575 元、误工费 8126. 51 元、护理费 4150 元、交通费 250 元、二次手术费 5000 元、鉴定费 1472. 9 元；

二、驳回董某勋的其他诉讼请求。

某酒店不服一审判决，提出上诉。山东省济南市中级人民法院经审理认为：

判断经营者是否违反安全保障义务，即认定经营者侵权行为是否成立。《中华人民共和国侵权责任法》第三十七条第一款规定的经营者安全保障义务，应结合损害事故是否发生在经营者所管理的公共场所内、受害人是否是经营者安全保障义务的履行对象、经营者是否在合理限度内尽到安全保障义务等空间范围、义务来源方面综合认定。

《中华人民共和国侵权责任法》第六条第一款规定，行为人因过错侵害他人民事权益，应当承担侵权责任。根据该规定，侵权行为的成立须具备四个构成要件，即行为人实施了侵权行为、行为人存在过错、产生损害后果、侵权行为与损害后果之间存在因果关系。本案中，事故发生地点位于某酒店分店停车场，该停车场以酒店外墙、停车杆、护栏和绿化带等与外界隔离，是某酒店分店管理区域内的独立场所，并非行人通行的正常道路。该停车场与其他酒店停车场相邻，某酒店分店设置隔离桩及铁链与其他酒店相隔离，属其正常的内部管理行为，其该行为不存在过错。董某勋从涉案酒店所属的停车场穿行，并非在正常的人行通道上行走。同时，董某勋行走时一直低头看手机，至上述隔离设置处时，仍边低头看手机边行走，以致未抬脚跨越隔离物，从而摔倒。结合董某勋关于其此前曾多次在此穿行的陈述，二审法院认定董某勋摔倒是其未按正常道路行走且行走中未注意观察道路情况，与上述某酒店分店隔离设置不存在因果关系，故对董某勋的诉讼请求不予支持。

山东省济南市中级人民法院依照《中华人民共和国民事诉讼法》第一百七十条第一款第二项之规定，判决如下：

一、撤销济南高新技术产业开发区人民法院民事判决；

二、驳回董某勋的诉讼请求。

【法官后语】

本案中，判断某酒店分店侵权行为是否成立的重要因素是某酒店分店是否违反安全保障义务，这要从是否符合安全保障义务的空间范围、义务来源和是否在合理限度内尽到安全保障义务三方面进行分析。

一、经营者承担安全保障义务的空间范围

经营者不是在任何地点、任何时间都要对所有人承担相应的安全保障义务。在法律中对安全保障义务有一定的限制，义务承担者和权利人进行接触或者权利人进入义务人所需要承担安全保障义务的场所，在这段时间内义务人需要承担安全保障义务。安全保障义务是在公共场所。根据侵权责任法第三十七条（《中华人民共和国民法典》第一千一百九十八条）规定，公共场所应该具有与宾馆、商场、银行、车站、娱乐场所等场所类似的特征①：一是公共性，公共场所必须是对外开放的。二是管理性，即该公共场所由特定的组织或者特定自然人进行管理。三是服务性，包括营利性服务和公益性服务。在1987年国务院发布，经2016年、2019年两次修订的《公共场所卫生管理条例》中第二条以列举的形式归纳出了公共场所的范围：1. 宾馆、饭馆、旅店、招待所、车马店、咖啡馆、酒吧、茶座；2. 公共浴室、理发店、美容店；3. 影剧院、录像厅（室）、游艺厅（室）、舞厅、音乐厅；4. 体育场（馆）、游泳场（馆）、公园；5. 展览馆、博物馆、美术馆、图书馆；6. 商场（店）、书店；7. 候诊室、候车（机、船）室、公共交通工具。本案例中，事故发生地点属于某酒店分店管理的停车场，该区域以酒店外墙、停车杆、护栏和绿化带等与外界隔离，其作用是为酒店客人提供停车便利，仅对酒店客人开放，具有特定的功能性。因此，董某勋虽在某酒店分店管理的停车场内受伤，但其不具备作为安全保障义务对象的条件。

二、安全保障义务的来源

安全保障义务的来源主要有三个方面：（1）法律直接规定。如消费者权益保护法第七条的规定。（2）合同约定的主义务。如旅客运输合同中，客运公司对乘客人身财产安全的保障义务。（3）法定或合同约定的附随义务。如餐饮业、旅馆向顾客提供服务时，应同时对接受服务的客人的人身财产安全进行保障。本案中，董某勋与某酒店分店不存在任何合同关系，也不属于法定须提供

① 王楚：《论侵权责任中公共场所的安全保障义务》，载《甘肃政法学院报》2011年1月。

安全保障义务的情形。因此，从义务来源的角度，要求某酒店分店尽到合理范围内的安全保障义务的基础不存在。

除安全保障义务外，某酒店分店在事故区域设置铁链是否具备合法性也是判断其是否存在侵权行为的又一重要因素。因事故停车场与其他酒店停车场相邻，某酒店分店设置隔离桩及铁链与其他酒店相隔离，属其正常的内部管理行为。反之，董某勋未遵守公共秩序，在该停车场处穿行，未在正常的人行通道上行走，违反公序良俗原则，如若让某酒店分店承担赔偿责任，显然不妥。

三、安全保障义务的承担应当在合理范围内

法律上规定安全保障义务人承担合理限度范围的义务，既是为了避免过分限制义务人的行为自由，也是为了衡平安全保障义务人与受害人之间的利益。在经营者承担责任的情形中，经营者履行安全保障义务应以其是否排除了危险源为标准。

侵权责任纠纷中判断经营者是否在合理范围内承担了安全保障义务可参考四个标准[①]：1. 消除内部不安全因素，为消费者创造一个安全的消费环境。如公共交通工具和浴池没有定期的消毒、存在不合理的危险而不事先告知等。2. 通过对外部不安全因素的防范，制止第三方对消费者的侵害。这主要是指通过经营者的服务工作，照顾、保护消费者的人身、财产安全不遭受来自外界、第三人的侵害。3. 不安全因素的提示、说明、劝告、协助义务。经营者应当对各种可能出现的伤害和意外情况作出明显的警示。如经营者对经营场所内的电源、易于滑跌的急弯陡坡等可能发生危险的部位或事项，应以醒目的方式，用文字、图案给出提示或警告。必要时，在场的保安及管理人员，应当随时口头提醒、劝阻、警告。4. 对于已经或者正在发生的危险，进行积极的救助，以避免损害的发生或者减少损害。综合考量上述四个标准，判断经营者是否在合理范围内履行安全保障义务，以及履行安全保障义务时是否足以排除了危险源，从而认定是否应当承担相应的民事责任。本案例中，某酒店分店不存在对董某

---

① 崔艳：《经营者安全保障义务的合理范围》，载《河南公安高等专科学校学报》2007年8月。

勋承担安保保障义务的基础，也就无从谈是否在合理范围内履行安全保障义务的问题。

编写人：山东省济南市中级人民法院　刘丹丹

32

管理者对私自进入未开发区域的游客不承担安全保障义务

——林某祥、李某云诉某村村民委员会等侵权责任案

【案件基本信息】

1. 裁判书字号

湖北省黄冈市中级人民法院（2020）鄂11民终772号民事判决书

2. 案由：侵权责任纠纷

3. 当事人

原告（上诉人）：林某祥、李某云

被告（上诉人）：旅游公司、某村村民委员会

被告（被上诉人）：某县文化和旅游局

【基本案情】

鱼洋河谷位于湖北省某县某镇某村内，系未经开发的自然河谷。2018年8月11日，某服务公司自发组织包括林某在内的41名员工，前往某县旅游。当晚，公司领队与导游等人称在手机上搜索到由某县文化和旅游局所发布的介绍鱼洋河谷的文章，遂商定于翌日前往该地游玩。

2018年8月12日上午9时，该团队乘车来到旅游公司。旅游公司事先没有与该团队有过联系和业务往来，也没有收取该团队任何费用。该团队仅在旅游公司所开的农家乐中订了中餐，就在当地村民的带路下自行从后门进入鱼洋河

谷进行徒步活动。后林某脱离队伍，自行进入河谷中的深潭附近。中午 12 时，团队人员准备集合返回，清点人数时发现林某失踪。遍寻无果后，该公司领队报警并雇请打捞队来此打捞，遂将林某的尸体从十几米的深潭里打捞上来。后经派出所认定排除林某被他杀。

2018 年 8 月 14 日，某服务公司与林某祥、李某云（二人系受害人林某父母）达成《协议书》，约定“鉴于 2018 年 8 月 11 日林某及公司其他几名员工自发组织前往鱼洋河谷游玩发生意外身亡事件……公司同意代为支付赔偿金 75 万元后，取得林某祥、李某云向某县文化和旅游局及其他赔偿义务人的赔偿请求权……”事后，林某祥、李某云为维护自身合法权益，向法院提起诉讼，以旅游公司、某村村民委员会以及某县文化和旅游局对此次事故的发生有过错为由，请求判令旅游公司、某村村民委员会、某县文化和旅游局共同赔偿林某祥、李某云因林某死亡所造成的损失。

二审审理期间，承办法官对受害人林某溺亡事故发生地进行实地勘察。该地位于鱼洋河谷半山腰处，系山涧瀑布水流冲刷岩石而形成的一处天然水潭，潭壁四周岩石湿滑，潭水深不见底。该水潭人迹罕至，周边无村民居住，无可供游客驻足观赏的旅游设施，亦无便道连接河谷之外的盘山公路。旅游公司的经营场地之一某驿站并无通往事故发生地水潭的人行通道。

【案件焦点】

1. 某村村民委员会、旅游公司是否具有安全保障义务；2. 受害人是否应“自担风险”。

【法院裁判要旨】

湖北省英山县人民法院经审理认为：林某具有完全民事行为能力，自发结伴到鱼洋河谷游玩，擅自脱离团队，溺水身亡，根本原因在其自身，其本人应承担主要责任。旅游公司没有员工出面劝阻某服务公司职员出入鱼洋河谷游玩，没有尽到充分的安全保障责任，且旅游公司临近鱼洋河谷，因地缘优势而成为该处旅游一定效益的受益方，酌定旅游公司承担 3%的补偿责任。因鱼洋河谷地处某村村民委员会境内，某村村民委员会依法对其具有管理权，某村村民委员会在失事深潭周围未设置较严实的防护栏，未尽到充分的安全保障责任，存在一定过失，酌定某村村民委员会承担 5%的赔偿责任。某县文化和旅游局发布公众号荐文，宣传鱼洋河谷风景，与林某溺水死亡无直接因果关系，对该野外风景亦无直接管理之责，故某县文化和旅游局对林某溺水死亡不承担赔偿责任。

湖北省英山县人民法院依照《中华人民共和国侵权责任法》第六条、第七条、第十六条、第十八条、第二十六条、第三十七条规定，判决如下：

一、限旅游公司在本判决生效之日起 20 日内赔偿林某祥、李某云各项损失 10810 元。

二、限某村村民委员会在本判决生效之日起 20 日内赔偿林某祥、李某云各项损失 18017 元。

三、驳回林某祥、李某云的其他诉讼请求。

林某祥、李某云、旅游公司、某村村民委员会均不服一审判决，提出上诉。湖北省黄冈市中级人民法院经审理认为：一是正确理解并适用《中华人民共和国侵权责任法》第三十七条所规定的公共场所的经营者和管理者的安全保障义务是判断某村村民委员会、旅游公司是否承担侵权责任的关键。

首先，受害人溺亡事故发生地是否属于公共场所是判断某村村民委员会是否承担安全保障义务的前提条件。该条所规定的公共场所指的是人群经常聚集、供公众使用或服务于人民大众且能够举办群众性活动的场所。而根据二审法院承办法官实地勘察情况来看，该地周围丛林密布，人迹罕至，无可供行人正常通行的道路，亦不具备举行群众性活动的条件。因此，事故发生地从地理位置和周边环境来看均不属于《中华人民共和国侵权责任法》第三十七条中所规定的公共场所。因此，某村村民委员会对于事故发生地不具有该法条所规定的安全保障义务。虽然鱼洋河谷位于某村村民委员会辖区内，但是某村村民委员会作为村民自治组织对辖区内未经正式开发的自然河谷滩涂仅具有一般的安全管理义务。该义务应以普通的安全管理义务为限，不应扩大范围解释。如果要求某村村民委员会对辖区内所有潜在的危险都负有安全保障义务，对辖区内所有滩涂、水潭、瀑布等自然区域都必须采取围蔽、设置警示标志等相应的防护措施，则明显超过善良管理人的注意限度，将大大加重某村村民委员会的负担，不符合公平原则的要求。某村村民委员会对受害人林某一行人私自进入河谷进行徒步活动而发生溺亡事件事先并不知情也无法预见。因此，某村村民委员会对受害人林某溺水死亡事件的发生并无过错，不应当承担赔偿责任。

其次，旅游公司是否从此次活动中获益是判断该公司是否具有安全保障义务的必要条件。根据林某祥、李某云所提供的证据无法证明鱼洋河谷的实际经营管理人系旅游公司，更无法证明事故发生地属于该公司的经营场所。受害人林某一行人仅在该公司就餐，就进入河谷游玩一事并未事先告知该公司，该公司既非活动的组织者也未从中获取利益。故旅游公司对事故发生地不负有安全保障义务，对受害人林某溺水死亡并无过错，无须承担赔偿责任。

二是判断某县文化和旅游局是否应承担侵权责任应审查其对事故的发生是否具有主观上的过错，以及与此次事故的发生是否具有法律上的因果关系。本案中，某县文化和旅游局发布微信公众号推荐鱼洋河谷的风景，针对的是不特定的社会公众，目的在于向社会公众宣传本县的旅游资源，并非故意诱导受害人林某等一行人前往鱼洋河谷徒步旅游，故某县文化和旅游局对受害人林某溺水死亡并不具有主观的过错。况且，某县文化和旅游局的旅游推荐行为并不必然引起受害人林某的溺亡事故，其与受害人林某溺水死亡并无法律上的因果关系，故一审判决某县文化和旅游局不承担赔偿责任并无不当，本院依法予以维持。

三是审查受害人林某对于事故的发生是否具有过错。他在对河谷地理状况不明、水潭深浅不知的情况下，自愿前往鱼洋河谷进行户外徒步探险，其个人应当预见并且可以预见徒步进入未开发的河谷且擅自脱队进入不知深浅的水潭游泳可能造成的风险，并且这种风险如果加以谨慎防范是可以避免的。因此，受害人林某对此次事故的发生具有过错，是导致其溺亡的直接原因。

湖北省黄冈市中级人民法院依照《中华人民共和国侵权责任法》第三十七

条、《最高人民法院关于适用〈中华人民共和国民事诉讼法〉的解释》第四条,《中华人民共和国民事诉讼法》第一百七十条第一款第一项规定，判决如下:

一、撤销湖北省英山县人民法院民事判决;

二、驳回林某祥、李某云的诉讼请求。

【法官后语】

随着户外徒步运动的兴起，活动中发生意外伤害的侵权责任纠纷时有发生。为了填补受害人的损失，许多法官在审理时往往陷入以结果为导向倒追责任主体的审理误区，从而将安全保障义务进行扩大解释，加重了场所管理者的负担。因此，在审查各主体是否承担侵权责任时仍应回归一般侵权责任的构成要件，严格把握安全保障义务的适用条件和范围限度，避免权责利不相适应的情形出现。而在审查场所的管理者是否具备安全保障义务时应注意以下几点:

首先，安全保障义务来源于“场所责任”和“组织责任”，其义务存在的前提条件是该场所应属于公共场所，应具备组织群众性活动的必要条件。而根据《中华人民共和国侵权责任法》第三十七条(《中华人民共和国民法典》第一千一百九十八条)的规定，公共场所指的是人群经常聚集、供公众使用或服务于人民大众且能够举办群众性活动的场所。但就本案中，从二审承办法官实地勘查结果来看，受害人林某溺亡事故发生地丛林密布，人迹罕至，无人行便道，更无任何旅游设施。故该地并不具备成为公共场所和举办群众性活动的硬件条件。

其次，安全保障义务内容的确定应限于管理人的管理和控制能力范围之内。某村村民委员会作为村民自治组织对辖区内未经正式开发的自然河谷滩涂仅具有一般的安全管理义务。该义务应以普通的安全管理义务为限，不应扩大范围解释。如果要求某村村民委员会对辖区内所有潜在的危险都负有安全保障义务，对辖区内所有滩涂、水潭、瀑布等自然区域等都必须采取围蔽、设置警示标志等相应的防护措施，则明显超过善良管理人的注意限度。并且，成年人才是自身安危的第一责任人，如果总是将自身安危寄托在相关管理机构无时无刻的提醒之下则明显加重了它们的义务负担，违背了公平原则。

最后，本案发生在《民法典》颁布实施之前，但是裁判结果与《民法典》第一千一百七十六条“自甘风险原则”的立法宗旨不谋而合，即具有完全民事行为能力的成年人作为法律意义上的“理性人”，对于自身凭借常识即可预见的风险应当自担损失。他们既充分享受法律之下的权利与自由，也应承担自身抉择带来的风险和责任。而作为一名理性的成年人，不随意进入非群众性活动场所是每一个公民应自觉遵守的行为规范，也是构建社会主义法治社会的应有之义。

编写人：湖北省黄冈市中级人民法院　闫思

（五）教育机构责任纠纷

33

父母的法定监护责任不因子女入学而转移

——韦某梅等诉某学校、梁某教育机构责任案

【案件基本信息】

1. 裁判书字号

广西壮族自治区贵港市中级人民法院（2020）桂08民终984号民事判决书

2. 案由：教育机构责任纠纷

3. 当事人

原告（上诉人）：韦某梅、黄某平、覃某盟

被告（被上诉人）：某学校、梁某

【基本案情】

韦某（曾用名：覃某）出生于2003年10月20日，系韦某梅与覃某盟的婚生女儿。韦某梅与覃某盟于2009年4月28日办理离婚登记手续，双方自愿离婚，约定韦某归韦某梅抚养。2010年2月1日，韦某梅与黄某平登记结婚后共同抚养韦某。韦某生前就读于某学校九年级。某学校对学生出入校门管理制度规定，学生因事因病需出入校门时，一律凭班主任签字同意的盖有德育处公章的假条出入。请假条下方有与家长联系情况一栏，包括电访、家长亲自到校两种方式。2018年12月20日，韦某（事发时年满十五周岁）以需要去医院看病为由再三向班主任梁某请假，梁某予以批准后，未以任何形式通知韦某监护人请假情况。韦某于16：50许离开学校，于17：47回到家中，当时背着黑色背包，手提鼓着的白色塑料袋，向楼下网吧的管理人员借笔、日常交谈，网吧管理人员未见其有异常，进入厕所十分钟左右后于18：02上楼。韦某梅于19：06回到家中，发现韦某留下字条："爸爸妈妈，很抱歉以这种方式见面，原因在我个人，对不起，我无法再坚持像个正常人生活下去了，我爱你们，对不起"。19：17，韦某梅打电话给黄某平，黄某平于19：26打电话给梁某，询问韦某是否在校，梁某告知韦某请假一事，黄某平去学校寻找未果后，黄某平表示于19：50许发现韦某在家中楼顶自缢并对韦某进行心肺复苏。黄某平于19：51打电话给韦某梅，韦某梅于20：10拨打120电话，救护车到达时间20：22。某医院院前急救病历显示，家属代诉约20时上楼寻找女儿时发现上溢于自家楼顶，当时已无生命迹象，随后自行心肺复苏。医院到诊时查体：体温不升，P0次/分，R0次/分，BP测不出，神志丧失，瞳孔左侧右侧均为φ6.0mm，对光反射消失，颈动脉搏动未触及，双肺呼吸音消失，心音消失，面色、口唇、肢端紫绀，颈部正中可见约10cm横行勒痕，呈暗红色，生理反射消失。经抢救无效，于21：30宣布死亡。黄某平于20：36、20：59、21：08、21：23、21：29五次打电话给梁某。后刑事侦查大队以本案不属于刑事案件为由，不予立案。

另查明，韦某在小学六年级时有过早恋，原告阻止后，韦某曾一个人跑到家中楼顶的天台坐，在原告做韦某思想工作后，韦某并无异常。原告表示韦某初中期间很乖。梁某亦反映韦某性格乖巧、在校是好学生，平时及请假时均无异常情形。

【案件焦点】

1. 某学校、梁某未告知原告韦某请假或派人陪同韦某应否承担教育机构责任；2. 梁某是否具有导致原告错失发现、救助韦某时机的行为，与韦某的死亡有无法律上的因果关系。

【法院裁判要旨】

广西壮族自治区贵港市覃塘区人民法院经审理认为：关于争议焦点一，教育机构责任是指在学校和其他教育机构的教育、教学活动中或在其负有管理责任的校舍、场地、其他教学设施、生活设施中，由于学校未尽教育、管理职责，导致在其中学习或生活的无民事行为能力人和限制民事行为能力人遭受人身损害的，学校依法应当承担的侵权责任。在职责产生上，学校的教育、管理责任来自教育法律、法规的直接规定；在履行义务的时间上，学校只在法定的教育管理活动期间对学生负有教育、管理职责；在履行义务空间上，学校只能在其能力所及的空间范围。

本案中，首先，事发当日韦某已年满15周岁，对其自身行为有相应的认知能力及判断力，其以看病为由向班主任梁某请假的行为系与其年龄、智力相适应的民事行为，梁某批准其请病假系正当履行管理责任的行为，且韦某在请假后已回到家中，其回到家后的时间段、空间上，不再属于学校管理职责的时间、空间范围内。其次，参照《学生伤害事故处理办法》第九条第十一项规定，“因下列情形之一造成的学生伤害事故，学校应当依法承担相应的责任……对未成年学生擅自离校等与学生人身安全直接相关的信息，学校发现或者知道，但未及时告知未成年学生的监护人，导致未成年学生因脱离监护人的保护而发生伤害的……”，学校有责任与未成年人监护人及时沟通有关信息，以保证学校保护与监护人保护的衔接，但学校未及时告知，并不意味学校必然对学生所发生的伤害承担法律责任，应综合考虑两者之间有无法律上的直接因果关系，需对照《学生伤害事故处理办法》第十二条学校无法律责任之例外情形予以综合确定。该办法第十二条第三项、第四项的规定，“因下列情形之一造成的学生伤害事故，学校已履行了相应职责，行为并无不当的，无法律责任……学生有特异体质、特定疾病或者异常心理状态，学校不知道或者难于知道的；学生自杀、自伤的”。本案中，原告并无证据证实韦某自杀系因学校的不当行为如老师粗暴侮辱性的批评、不文明体罚等日常教育、管理问题所导致；最后，结合韦某的日常表现，作为至亲的原告亦未能发现韦某有自杀倾向等异常情形，乃至事发当日韦某请假时、回到家中与网吧管理人员交流时均未有异常情形，学校、老师无从预见和防范韦某自杀的发生，难以对其进行有针对性的疏导、教育和管理，梁某作为班主任遂按照日常教学管理同意韦某请假，虽梁某确实未以任何形式通知韦某监护人请假，但未告知原告韦某请假的行为与韦某死亡不存在法律上的直接因果关系，韦某的自杀原因在于个人，不应无限扩大学校的管理责任。综上，韦某自杀已经超出常人能预见的风险防控范围和预见能力，学校、梁某不存在行为不当之情形，不应对韦某的自杀行为承担教育机构责任。

关于争议焦点二，梁某是否延误了原告对韦某救助的时机。从医学角度而言，自缢主要是缺氧、阻断血流而窒息，一般 5~10 分钟足以对大脑造成不可逆转的损伤，导致死亡。18：06 分韦某上楼，韦某梅 19：06 回到家中，19：17 韦某梅打电话给黄某平，19：26 黄某平打电话给梁某，从 18：06 到 19：26 时间跨度长达 1 小时 20 分。正如前述证据分析，不能确定韦某准确死亡时间，如韦某在该时间段自缢，不排除原告首次打电话给梁某前，韦某已经死亡的可能。某医院院前急救病历亦显示原告在救护人员来到时，自述韦某当时已无生命迹象。退一步说，即使在原告第一次打电话给梁某时，韦某未死亡，但原告无确实、充分证据证实当时有告知梁某关于韦某所留字条内容、梁某确定告知韦某已经在校，梁某延误了原告对韦某救助的时机。被告质疑原告自述的寻找方式有不符合常理之处。原告发现韦某自缢于楼顶的时间为 19：50，韦某梅在家发现韦某留下字条，意味着韦某有回过家中，但从 19：17~19：50 这么长的时间段，原告没有询问网吧管理人员韦某是否回来、是否出去，一个简单的询问即可锁定家中是最关键的搜索范围。而且，寻找学生范围、方式一般而言首先是家中、家中至学校途中、学校，向老师、同学、朋友、可能知道去向的有关人员等询问，原告即便不问作为班主任的梁某，去学校寻找韦某符合常理、逻辑，且其中一个原告去学校寻找，亦不影响其他原告同时在家、在其他地方寻找。原告诉称因梁某的一句“你去学校找”致使延误对韦某救助的时机，被告难免提出质疑。根据谁主张谁举证原则，由原告承担对其不利的法律后果，就现有证据，不予支持原告提出梁某延误韦某救助时机的主张。

韦某的自杀，对于原告家庭而言是悲剧，生命中不可承受之重，确令人无比痛心及惋惜，但被告是否承担教育机构责任仍需以事实为根据，以法律为准绳，依照各方提交证据所查明的法律事实，依法驳回原告的诉讼请求。

广西壮族自治区贵港市覃塘区人民法院依照《中华人民共和国侵权责任法》第三十九条以及《最高人民法院关于适用〈中华人民共和国民事诉讼法〉的解释》第九十条第二款规定，判决如下：

驳回原告韦某梅、黄某平、覃某盟的全部诉讼请求。

韦某梅、黄某平、覃某盟不服一审判决，提出上诉。广西壮族自治区贵港市中级人民法院经审理认为：关于被上诉人某学校、梁某应否对韦某的自杀行为承担责任的问题，原判已经做了充分而正确的论述，该院支持原判对此问题的论述。原判认定事实清楚，适用法律正确，审判程序合法，实体处理恰当，依法应予维持。

广西壮族自治区贵港市中级人民法院依照《中华人民共和国民事诉讼法》第一百七十条第一款第一项规定，判决如下：

驳回上诉，维持原判。

【法官后语】

学生的人身安全问题一直是社会关注的焦点，但学生自杀、自伤事件仍层出不穷，究其根本，在于学生的心理健康问题。面对同一种刺激，有些人可以坦然处之，而有些人却往往表现出软弱的一面，常采取退缩、逃避甚至极端错误的做法，不惜失去年轻的生命。为了减少这一类悲剧的发生，我们应当从本案中吸取教训，在日常的学习、生活中，学校与家长应多与学生进行沟通、交流，在建立信任的基础上，及时对其心理上的疑惑和问题采取干预措施，提高学生的心理素质、定期进行心理普查，同时也要加强自身对学生自杀前兆和危险信号知识的学习，进行家校互动，共同呵护学生的健康成长。

本案中韦某的自杀，对于原告家庭而言是悲剧，生命中不可承受之重，确令人无比痛心及惋惜，但被告是否承担教育机构责任仍需以事实为根据，以法律为准绳。

学校依法对在校学习、生活的学生履行教育、管理、保护的职责。韦某属于限制民事行为能力人，学校应适用过错原则，承担与其过错程度相应的民事责任。事发当日，韦某已年满15周岁，对其自身的行为应有一定的认知能力及判断力，其向班主任请病假的行为系与其智力相适应的民事行为，对自缢这种危险行为的后果也应当能够预知，其选择请假回家后在自家楼顶自缢，显然是有意避开学校及同学的注意力。且事发前，韦某在平时上课和生活中的行为举止均没有表现出明显异常，其本人也未主动就心理困扰问题向学校求助，老师、同学以及其父母均反映其性格乖巧、成绩优异。在这种情况下，学校难以对其进行有针对性的疏导和教育，亦无从预见和防范其自杀的发生。

但对韦某父母而言，父母的法定监护责任不因子女入学而转移，父母较之学校及老师，更能及时掌握其心理动态，根据法律规定，对学生在家期间和非在校期间，应由其法定监护人承担相应的监护职责，联系本案的具体情况，对韦某自缢造成的损害后果，应由韦某及其父母共同承担。此外，某学校虽对学生请假事项制定了严格的管理制度，但该管理制度系其内部规定，而非法律、行政法规的强制性规定，班主任梁某未严格执行该管理制度并不违法，在通常情况下并不足以导致学生自杀，且韦某在请假后已经安全到家，故本案中学校的教育或管理行为与韦某的死亡损害后果不存在法律上的因果关系。至于原告所主张的因梁某欺骗其说韦某在学校，从而延误了抢救时间，并提出，如果事发当天知道韦某不在学校而直接在家中寻找，或许有可能会避免本案事件在当天发生。但韦某自缢在主观上明显存在躲避他人之行为，不想让他人知晓其轻生的意识，他人无从得知和防范，且原告未能提供充分证据证明梁某存在欺骗行为，加之其寻找韦某的过程确实存在可质疑之处，故其该主张理据不足，依法不予支持。

编写人：广西壮族自治区贵港市覃塘区人民法院　冯倩瑜

（六）产品责任纠纷

34

产品缺陷的一般认定标准

——苗某、张甲诉家具厂、气弹簧公司产品责任案

【案件基本信息】

1. 裁判书字号

北京市第三中级人民法院（2020）京 03 民终 6603 号民事判决书

2. 案由：产品责任纠纷

3. 当事人

原告（上诉人）：苗某、张甲

被告（被上诉人）：家具厂、气弹簧公司

【基本案情】

2010 年 9 月 19 日，张乙（买方）与家具厂（卖房）签订《北京市家具买卖合同》购买高箱床（含床垫）2 个及床头柜 3 个，以上共计 6400 元。质保 3 年，终身维修。后张乙一家一直在使用上述物品，并未出现质量问题。2017 年

4 月 14 日，张乙因窒息死于家中型号为 1.8 米×2 米高箱床处，死亡时该人脖子被夹于床垫与床屉夹角处。经公安机关调查排除刑事案件嫌疑。

诉讼中，苗某、张甲申请法院委托具有合法资质的鉴定机构，对涉案产品（含支架）是否存在质量缺陷进行鉴定。后鉴定机构向法院出具退函，认为鉴定标的物不具备鉴定条件无法进行鉴定。

气弹簧公司否认涉案床安装的气弹簧是其公司生产的，称其公司同家具厂并未有买卖合同关系。

【案件焦点】

在鉴定机构因涉案产品缺乏国家标准或行业标准无法得出鉴定结论的情况下，法院应如何对产品的合理期待判断对产品是否存在缺陷进行认定。

【法院裁判要旨】

北京市通州区人民法院经审理认为：涉案产品从购买到事故发生在长达近 7 年的时间中并未出现质量问题，根据现有证据本院亦无法确认存在不合理的危险或不符合相应标准。对于产品存在缺陷的举证责任在苗某、张甲一方，本院本着保护消费者权益的原则，对于苗某、张甲的举证证明力予以酌情衡量，即便如此，按照民事证明标准中的高度盖然性标准进行考量，苗某、张甲提供的现有证据亦无法就此认定涉案产品必定存在缺陷。综上所述，苗某、张甲要求家具厂、气弹簧公司承担侵权责任并赔偿其相关损失的诉讼请求，证据不足，本院不予支持。

北京市通州区人民法院依据《中华人民共和国侵权责任法》第四十一条、第四十三条第一款，《中华人民共和国产品质量法》第四十六条，《最高人民法院关于适用〈中华人民共和国民事诉讼法〉的解释》第九十条规定，判决如下：

驳回苗某、张甲的全部诉讼请求。

苗某、张甲不服一审判决，提起上诉。北京市第三中级人民法院经审理认为：本案的争议焦点有二，一是在现有鉴定条件下是否能够认定涉案高箱床存在产品缺陷；二是家具厂、气弹簧公司是否应承担赔偿责任。关于争议焦点一，鉴定机构写明不能鉴定的原因是涉案高箱床三角区域的设计并无国家标准，该标准应认定为衡量产品缺陷的法定标准，即国家和行业对某些产品制定的保障标准。但是判断某一产品是否存在缺陷所依据的不应仅仅是法定标准，更重要的标准是判断产品是否存在危及人身、他人财产安全的不合理的危险。高箱床储物功能的正常使用的前提是床板不会出现意外坠落，对于一般消费者或使用者而言，其在正常使用高箱床的储物功能时可以期待高箱床的此类设计是安全的，生产者已经尽到了谨慎设计的义务。如果床板发生坠落且无第三人看护的情况下则可能发生使用人被砸伤乃至致死的严重后果。对于上述危险，家具厂并未在高箱床的任何位置进行警示，且其作为家具的生产、销售厂家，对于其生产的涉案高箱床在设计和制造过程中符合国家标准或不存在不合理危险均未提供证据予以证明，对于高箱床的储物功能在使用过程中所存在的潜在风险也没有向使用者进行必要的提示。家具厂称其承诺的质保年限已经超过了国家规定的期限，法院认为厂家承诺的质保年限与产品是否存在缺陷并不存在必然联系。故，法院认定涉案高箱床存在产品缺陷。关于争议焦点二，苗某及其家人正常使用高箱床已有 7 年，可以推定其对于如何使用床箱是知晓的，一般人出于对自身安全的考虑应对如何更安全地使用产品有一定的认知，且苗某、张某在一审法院审理期间亦认可张乙本身确实存在一定过失。综上所述，法院酌情认定家具厂对苗某、张甲因张乙死亡承担 50% 的赔偿责任。苗某、张甲上诉要求气弹簧公司承担侵权责任，但根据现有证据无法认定涉案高箱床使用的气弹簧确为气弹簧公司生产，故对其该项诉讼请求本院不予支持。

北京市第三中级人民法院依照《中华人民共和国侵权责任法》第四十一条，《中华人民共和国产品质量法》第四十六条，《最高人民法院关于审理人身损害赔偿案件适用法律若干问题的解释》第十八条、第二十七条、第二十八条、第二十九条，《中华人民共和国民事诉讼法》第一百七十条第一款第二项规定，判决如下：

一、撤销北京市通州区人民法院民事判决；

二、家具厂于本判决生效之日起十日内赔偿苗某、张甲丧葬费、死亡赔偿金、被扶养人生活费、精神损害赔偿金共计 841153 元；

三、驳回苗某、张甲的其他诉讼请求。

【法官后语】

因产品存在缺陷造成他人损害的，生产者应当承担侵权责任。通常而言，产品责任的构成必须具备以下三个条件：产品具有缺陷，缺陷产品造成了受害人的损害，缺陷产品与造成损害事实之间具有因果关系。在上述三个构成要件中，产品缺陷是认定产品侵权责任的最关键要素，也是消费者或用户向生产者主张权利的基础。在司法鉴定不能的情况下，如何认定产品缺陷既关系着裁判尺度是否统一的问题，更关系着消费者的合法权益能否得到有效保护的问题，值得探讨和研究。

一、司法实践中存在不同观点

《中华人民共和国产品质量法》第四十六条规定："本法所称缺陷，是指产品存在危及人身、他人财产安全的不合理的危险；产品有保障人体健康和人身、财产安全的国家标准、行业标准的，是指不符合该标准。"虽然法律中对于产品缺陷的定义已有明确定义，但是司法实践中对于如何适用却有不同观点：一种观点认为，产品责任案件应当并且只能通过司法鉴定程序来甄别涉案产品是否存在产品缺陷，在无法进行司法鉴定时只能推定认为原告方（主张产品存在缺陷一方）未尽举证责任，承担举证不能的不利后果；另一种观点认为，涉案产品是否存在产品缺陷不应仅仅依靠鉴定结论进行认定，如果根据查明的事实能够认定产品存在危及人身、他人财产安全的不合理的危险，在缺乏鉴定结论的情况下同样可以认定产品存在缺陷。以上两种不同对待鉴定结论的态度，从本质上看是对产品缺陷认定标准的不同理解的具体体现，笔者同意第二种意见，这种意见无论是就还原产品缺陷认定的本意而言还是就有效保护消费者的合法权益而言都更具合理性，如果只机械性地依靠鉴定结论来认定产品是否存在缺陷，在难以得出鉴定结论或是鉴定结论与法官依据其他证据进行综合判断后得出的结论不一致的情况下，不利于对产品缺陷的准确认定。

二、鉴定结论不能替代法官对于产品缺陷进行的司法认定

司法鉴定是指在诉讼活动中鉴定人运用科学技术或者专门知识对诉讼涉及的专门性问题进行鉴别和判断并提供鉴定意见的活动。在绝大多数产品责任案件中，法官都希望通过鉴定机构的结论来判断涉案产品是否存在缺陷，原因就在于司法鉴定结论为法官在面对五花八门产品时提供了更专业的判断，尤其涉及汽车、高科技产品等超出日常认知的专业领域，司法鉴定结论更是被普遍认为是审判中的重要裁判依据。但应指出的是，司法鉴定结论不能也不应当替代法官对于产品缺陷进行的司法认定，在没有鉴定结论的情况下不能直接认定产品生产者或销售者不存在侵权责任。理由如下：

第一，从鉴定结论的性质上看。法院对鉴定结论的认定应遵循对证据审核认定的一般原则，即对在案的全部证据从各证据与案件事实的关联程度、各证据之间的联系等方面进行综合审查判断。鉴定结论虽具有较强的专业性但仍属于证据的一种，不能当然得出鉴定结论的证明效力一定高于其他证据的结论，在这一前提下单纯依靠鉴定结论对产品缺陷进行判断显然是缺乏法律依据的。

第二，从启动鉴定的司法实践角度上看。在产品责任案件中启动司法鉴定存在一定的局限性：首先，可供选择的鉴定机构有限。其次，鉴定标准缺失以至于无法得出鉴定结论的情况较为普遍，如本案中鉴定机构出具的退函中写明："根据床的有关标准，没有对床的三角区域相关尺寸做出规定……鉴定标的物不具备鉴定条件无法进行鉴定。"日常生活中的产品五花八门，国家不可能就所有产品制定国家或行业标准，这既不现实也不经济，一旦这些产品发生了侵害事实而又必须依靠鉴定才能确认产品是否存在缺陷时就可能面临无标准可依的情况，十分不便。

第三，从判断产品缺陷的法定要件上看。判断某一产品是否存在缺陷所依据的不应仅仅是法定标准，更重要的标准是判断产品是否存在危及人身、他人财产安全的不合理的危险。通常而言，鉴定机构所依据的标准是法定标准，即国家和行业对某些产品制定的保障人体健康、人身和财产安全的专门标准。当存在法定标准时，可以适用法定标准进行认定，如果没有法定标准的就应该适

用一般标准,① 即人们对产品有权期待的安全性。更进一步而言，即使产品符合相应的“国家标准、行业标准”，如果可以通过证明该标准不能保证产品不存在缺陷，则仍要承担产品责任。② 也就是说，鉴定机构所依据的法定标准仅仅应作为法官在认定产品缺陷时的一个标准，当没有法定标准或经审查产品符合法定标准却不符合一般标准时，法官仍然可以认定产品存在缺陷。

三、产品缺陷的认定要素

《中华人民共和国民法典》对于产品缺陷的认定沿用了《中华人民共和国产品质量法》中“不合理危险”的一般标准及“国家、行业标准”的法定标准，同时将消费者的合理期待标准也作为认定标准之一。③ 除“国家、行业标准”较为明确外，“不合理危险”标准和消费者合理期待标准都过于抽象，司法实践中法官一般会借助下列认定要素对产品是否存在缺陷进行判断，包括：1. 产品的一般用途；2. 产品的正常使用方式；3. 产品的结构、原材料等内在特征；4. 产品的标示；5. 产品的使用消费时间。针对不同的产品，以上要素在对于判断产品是否存在缺陷的问题上所起到的作用不一，但是都应遵循以下原则：

第一，消费者主张产品缺陷对其造成损害必须是按照产品一般用途或正常使用方式使用或消费产品，超出产品的一般用途或以非正常方式使用产品的，即使造成消费者的人身或财产损害也无法认定产品存在缺陷。以本案为例，床的一般用途是供人睡觉使用，但涉案的产品是高箱床，在设计之初除通用的睡眠功能外，床的箱体部分还可以作为储物空间使用，消费者使用高箱床的储物功能时必须将床板抬起，在这一过程中高箱床的床板坠落致使正在取放物品的

① 杨立新:《侵权责任法原理与案例教程》，中国人民大学出版社2008年版，第209页。

② 杨立新主编:《中华人民共和国侵权责任法草案建议稿及说明》，法律出版社2007年版，第226页。

③ 最高人民法院民法典贯彻实施领导小组主编:《中华人民共和国民法典侵权责任编理解与适用》，人民法院出版社2020年版，第316页。所谓消费者合理期待标准指的是以一个正常的理性消费者的合理期待作为判断产品是否存在的依据，只要不符合消费者的合理期待，该产品存在缺陷，产品的制造商就要承担责任。

消费者被压，应认定为消费者系按照正常方式使用产品，不存在超过产品的一般功能或正常使用方式的情形。

第二，在能够确定消费者系按照正常方式使用产品的前提下，产品的结构设计、原材料等内在特征是认定产品是否存在缺陷的关键因素，造成损害后果的原因既有可能是设计缺陷也有可能是制造缺陷，或者是两者共同作用的结果。以涉案的高箱床为例，床板抬起时采用的是整体床板抬起的模式，床板长宽约1.8×2米且为实木材质，质量较重，消费者取放物品时站立于床边侧或床后侧。造成床板坠落的原因有多种可能，包括：床板与床箱之间的夹角角度过小、气弹簧的安装角度不当、气弹簧的支撑性不稳定等。从举证责任的分配角度看，对于消费者而言，其在使用高箱床的储物功能时有理由相信生产者已经对可能产生的危险尽到了谨慎的注意义务，可以期待高箱床的储物功能设计是安全的，故消费者无须举证证明造成床板坠落的具体原因，因为其在正常使用产品的过程中床板坠落的事实本身已经起到了“自证事实”的效果；即使消费者提供的证据不足以认定涉案产品存在缺陷，但是在产品责任纠纷中通常应由生产者、销售者承担更重的举证责任，[①] 家具厂作为家具的生产、销售厂家，应对其生产的高箱床在设计和制造过程中尽到审慎义务，即对已经充分考虑到床板坠落且无第三人看护的情况下会对使用人造成伤害采取了必要的预防措施承担举证责任。但是本案中家具厂不能说明该种床型设计的合理性，也无法证明消费者存在超出一般使用功能非正常使用产品的行为，应由其自身承担举证不能的后果。

第三，产品标识是产品生产者就消费者如何正确使用产品做出的必要说明，同时也是对产品危险性做出的警示。本案中家具厂对于高箱床床板抬起时可能发生坠落的风险，并未在高箱床的任何位置进行警示，同时也未以其他形式对消费者进行告知或提示，其虽辩称已在说明书中对人不能进入三角区域进行了警示，但却并不能提供消费者收到过说明书的证据，应认定高箱床缺乏必要的

---

① 最高人民法院民法典贯彻实施工作领导小组编：《中华人民共和国民法典侵权责任编理解与适用》，人民法院出版社2020年版，第316页。

产品标识。

第四，将产品的消费使用时间作为认定产品缺陷的考量因素并不意味着超出产品质保期限后产品生产者不承担责任，具体还应考虑到产品的用途、性质。本案中，家具厂认为根据国家规定木质家具的质保期仅为一年，而家具厂承诺的质保期限是三年已经远远超过了国家规定的期限，故认定即使产品存在缺陷，产品生产者也不应因此承担责任。但对于普通的消费者而言，床的使用寿命绝不应是短短的三年，产品生产者所述的质保期限与法院认定产品缺陷不产生必然联系。不过本案的特殊之处在于，消费者正常使用高箱床已有 7 年，一般人出于对自身安全的考虑应对如何更安全地使用产品有一定的认知，且原告方在庭审中自认死者自身存在一定过失，法院最终认定消费者自身也应对损害后果承担部分责任。

编写人：北京金融法院　周易

35

产品责任的性质及产品缺陷认定标准

——田某华诉段某娥等产品责任案

【案件基本信息】

1. 裁判书字号

陕西省商洛市中级人民法院（2020）陕 10 民终 660 号民事判决书

2. 案由：产品责任纠纷

3. 当事人

原告（被上诉人）：田某华

被告（上诉人）：财产保险公司

被告（被上诉人）：段某娥、甲花炮公司、乙花炮公司

【基本案情】

2019 年 1 月田某华从段某娥处购买了一箱烟花和若干鞭炮，付给段某娥货款 200 元左右。2019 年 2 月 19 日，田某华上坟燃放烟花时发生熄火，第二次点燃烟花，在田某华离开 10 米左右时烟花发生斜射爆炸，将其左眼炸伤，当天被送往医院救治，经诊断为：眼球挫伤；角膜烧伤、眼睑挫伤。田某华先后在两家医院住院治疗及门诊治疗，其中，住院治疗 93 天，花去医疗费 61842.1 元。田某华受伤当天就与销售商段某娥联系，段某娥当场查看了烟花燃放现场并提取了烟花外包装残片及破损烟花管子，段某娥又联系供货商甲花炮公司的史某娟，史某娟联系烟花生产商乙花炮公司的渊某峰，渊某峰承认涉案烟花系其公司生产，且已经在财产保险公司投保了产品责任险。史某娟、渊某峰向段某娥转款 10000 元，段某娥在医院看望田某华时将此 10000 元及自己的 500 元交给田某华，后田某华用电话向财产保险公司报案。现已查明田某华所燃放的 48 发烟花产品，系乙花炮公司生产，甲花炮公司史某娟从乙花炮公司购买该烟花后连同自己生产的鞭炮一起卖给段某娥，段某娥将烟花及鞭炮又出售给田某华。2018 年 12 月 5 日，烟花及民爆产品质量监督检验站对乙花炮公司生产的“锦绣前程”烟花进行监督抽查，检验报告认为产品实物质量合格，包装标志合格，判定该批次产品合格，该检验报告有效期至 2020 年 11 月 12 日。2018 年 12 月 3 日，乙花炮公司将其生产的烟花产品向财产保险公司投保了产品责任险（1995 版），保险单记载每人人身伤亡赔偿限额为 60 万元，财产损失赔偿限额 4 万元，免赔额为 1000 元，产品责任保险风险问询表及投保单记载每次事故赔偿限额为 60 万元，累计赔偿限额为 200 万元，其中每次人身伤亡赔偿限额 56 万元，每次财产损失赔偿限额 4 万元，特别约定伤残赔偿限额 8 万元，医疗费用限额 8 万元，保险期间为 2018 年 12 月 4 日 0 时起至 2019 年 12 月 3 日 24 时止。田某华在燃放烟花时发生事故致伤其左眼，经本院委托的司法鉴定所出具司法鉴定意见书认为，田某华左眼眼球爆炸伤致左眼盲目 4 级为 8 级伤残，误工期为 180 日。田某华出院后，寻找乙花炮公司及财产保险公司要求赔偿，因各方对事故责任争议较大，协商未果。

另查明，田某华母亲曾某梅，生于1947年10月2日，现年73岁，共有3个子女。

【案件焦点】

1. 产品责任的性质及产品缺陷认定标准如何界定；2. 产品责任的构成要件及责任主体如何界定；3. 涉案烟花产品是否存在缺陷以及各方当事人责任如何划分确定；4. 产品责任保险如何适用。

【法院裁判要旨】

陕西省丹凤县人民法院经审理认为：各方当事人对于田某华因涉案烟花燃放时炸伤其左眼的损害事实没有异议，当事人争议焦点问题为：第一，涉案烟花是否存在产品质量问题；第二，各方当事人之间赔偿责任如何确定；第三，田某华各项赔偿请求是否合理合法。现分析如下：第一，关于涉案烟花产品质量问题。根据《中华人民共和国产品质量法》第十三条和第四十六条规定，产品缺陷是指产品存在不合理危险，一般可以分为制造缺陷、设计缺陷、警示说明缺陷等，国家标准GB10631—2013《烟花爆竹安全与质量》第5.7.8条明确规定产品燃放时不应出现倒筒、烧筒、散筒、低炸现象，且燃放后筒体不应继续燃烧超过30秒等。本案涉案烟花存在斜射、低空爆炸及烧筒现象，在燃放过程中发生爆炸炸伤田某华眼睛，足以说明涉案烟花存在危及人身安全的不合理危险，可以认定其属于缺陷产品。田某华左眼受伤与涉案烟花低空爆炸、烧筒等产品质量缺陷之间存在因果关系，其向产品生产者及销售者主张损害赔偿，符合法律规定，依法应予支持。第二，各方当事人之间赔偿责任如何确定划分的问题。涉案烟花产品的外包装箱上明确印有燃放说明和警示语："远离人群，离建筑物25米以上，燃放过程中如发生间隔时间超长、断火、熄引，严禁再次点燃，15分钟后灌水处理。"原告在燃放烟花过程中出现断火后又再次点燃且未撤离到安全距离等违规操作行为，对损害发生具有一定过错，应承担相应过错责任。乙花炮公司虽然具有安全生产许可证，能够C级制造、销售烟花类产品，并且经质监部门进行抽检产品质量合格，但是该涉案48发烟花仍然发生低炸、烧筒等质量缺陷问题，说明该涉案烟花属于缺陷产品，田某华所遭受的损害是由于烟花产品质量缺陷导致的，二者之间存在法律上的因果关系，故乙花炮公司应承担侵权赔偿责任。段某娥无烟花爆竹经营许可证，甲花炮公司只能生产、销售爆竹类产品不能生产、销售烟花产品，但二被告却违法销售烟花产品，违犯了国家有关行政管理法规的规定，应由有关行政部门予以处理，但是二被告的违规销售经营活动不可能使涉案烟花存在质量缺陷，根据《中华人民共和国产品质量法》第四十一条、第四十二条之规定，涉案烟花产品存在烧筒、低炸等质量缺陷是由生产者乙花炮公司在生产中形成的，并不是被告段某娥及甲花炮公司在销售环节形成的，应该由缺陷产品的生产者承担损害赔偿责任，因此被告段某娥与甲花炮公司不承担因产品质量引起的侵权赔偿责任。由于乙花炮公司生产的烟花产品在财产保险公司投保有产品责任险，烟花爆炸伤人事故发生在保险期间内，故应由财产保险公司在保险限额内替代乙花炮公司承担赔偿责任。被告段某娥、乙花炮公司认为原告田某华有用纸点燃烟花、点燃烟花连线及探头观看等过错情形，但未提供证据予以证实，原告作为一个具有正常思维和自我避险本能的完全民事行为能力人，以常理推断，不可能有上述行为，二被告的辩述既无证据证实，亦不符合情理，本院不予采信。第三，田某华各项赔偿请求是否合理合法的问题。田某华未提供充分证据证明其经常居住地和主要收入来源地均为城镇，因此其残疾赔偿金和被抚养人生活费应按农村居民标准计算。司法鉴定意见书是本院委托专门机构做出，鉴定程序合法，鉴定机构及其工作人员均具有相应资质，鉴定结论客观公正，依法予以认定。田某华左眼受伤致残，既影响其面容美观又影响其生产生活，也使其心理产生压抑悲伤情绪，应判决支持赔偿其精神损害抚慰金，给予其一定精神慰藉。对于原告主张的营养费、误工费、精神损害抚慰金等过高部分予以调整，复印费、打印费不属于原告治疗中必需支出的费用，故不予认定。

陕西省丹凤县人民法院依照《中华人民共和国产品质量法》第十三条、第二十六条、第二十七条、第二十八条、第四十一条、第四十二条、第四十三条、第四十四条、第四十六条，《中华人民共和国侵权责任法》第二条、第三条、

第六条、第十六条、第二十二条、第二十六条、第四十一条、第四十三条,《中华人民共和国保险法》第二条、第六十五条、第六十六条,《最高人民法院关于审理人身损害赔偿案件适用法律若干问题的解释》第二条、第十七条、第十八条、第十九条、第二十条、第二十一条、第二十二条、第二十三条、第二十四条、第二十五条、第二十八条,《最高人民法院关于确定民事侵权精神损害赔偿责任若干问题的解释》第一条、第八条、第十条、第十一条规定,判决如下:

一、限被告财产保险公司在判决生效后30日内赔偿原告田某华医疗费、误工费、营养费、护理费、住院伙食补助费、残疾赔偿金、被抚养人生活费、精神损害抚慰金、交通费、住宿费等经济损失196935.43元的80%即157548.34元,扣除免赔额1000元后,实际赔偿156548.34元;

二、限被告乙花炮公司在判决生效后10日内赔偿原告田某华经济损失1000元(保险公司免赔款);

三、原告田某华在获得上述赔偿款后返还被告乙花炮公司垫付的医疗费10000元;

四、驳回原告田某华对被告段某娥、甲花炮公司的诉讼请求及其他诉讼请求。

财产保险公司不服一审判决,提起上诉。陕西省商洛市中级人民法院认为,本案二审的争议焦点是:第一,一审判决的责任划分是否正确;第二,案涉烟花产品是否属于财产保险公司的承保范围,以及一审判决结果是否超出财产保险公司的保险限额。对以上焦点问题,评析如下:第一,关于本案的责任划分问题。一审法院依据国家标准GB10631—2013《烟花爆竹安全与质量》认定涉案烟花产品存在质量缺陷并据此判决乙花炮公司承担80%的责任是正确的,上诉人认为本案保险事故的发生完全是由田某华违规使用而引起的上诉理由不能成立。第二,关于涉案烟花产品是否属于财产保险公司的承保范围,以及一审判决结果是否超出财产保险公司的保险限额的问题。本案中,乙花炮公司的《保险单》的保险产品名称及规格型号栏中明确记载为“烟花”,保险限额和免赔额栏中记载为“每次事故赔偿限额60万元，财产损失赔偿限额4万元，每次事故免赔额为1000元，累计赔偿限额200万元”。《产品责任保险风险问询表及投保单》中记载的投保产品名称无涉案烟花产品，保险金额和免赔率项下记载为“每次事故赔偿限额为60万元，累计赔偿限额为200万元，其中每次人身伤亡赔偿限额56万元，每次财产损失赔偿限额4万元，特别约定伤残赔偿限额8万元，医疗费用限额8万元”，以上费用全部为手写体。本院认为，《保险单》是保险公司交付投保人用于证明投保业务内容的正式凭证，是保险合同的组成部分，而《产品责任保险风险问询表及投保单》是保险公司在办理保险业务过程中形成的内部文件，而非交付投保人的正式文件，且该文件中关于保险限额和免赔额的记载均为手写体，该手写体内容是由投保人书写还是保险人单方事后添加并不明确，故本案保险合同的内容应当以《保险单》的记载为准，《产品责任保险风险问询表及投保单》不能作为认定保险限额和免赔额的依据。本案中，涉案产品系投保人乙花炮公司生产的产品，属于《保险单》约定的投保产品范围，一审判决结果亦符合《保险单》中关于保险限额和免赔额的约定，故上诉人认为本案侵权产品不在其承保范围且一审法院判决结果超出该公司保险限额的上诉理由亦不能成立。综上所述，财产保险公司的上诉请求不能成立，应予驳回。一审判决认定事实清楚，适用法律正确，应予维持。

陕西省商洛市中级人民法院依照《中华人民共和国民事诉讼法》第一百七十条第一款第一项规定，判决如下：

驳回上诉，维持原判。

【法官后语】

一、产品责任的性质及产品缺陷认定标准

产品责任是指产品的生产者、销售者因其生产、销售的产品造成他人人身及该产品以外的其他财产权益损害而依法应承担的赔偿责任，包括合同责任和侵权责任。产品责任是一种特殊的侵权责任，即产品的生产者、销售者因产品缺陷导致人身损害或缺陷产品以外的其他财产损害而承担的法律责任。

产品缺陷是产品责任成立的重要前提，产品缺陷的认定对审理产品责任纠纷案件至关重要。产品缺陷是指产品按照正确操作流程使用或者能够预见产品被误用而存在对使用者人身、财产权益带有潜在的危险。《中华人民共和国产品质量法》第四十六条规定："本法所称缺陷，是指产品存在危及人身、他人财产安全的不合理的危险；产品有保障人体健康和人身、财产安全的国家标准、行业标准的，是指不符合该标准。"在审判实践中，对产品质量是否存在缺陷的界定，应把握双重判断标准，一是产品存在不合理危险，二是适用国家强制性标准。产品不合理危险，是指产品没有符合人们对于安全的合理期待或产品具有危险等，强制性标准是指产品应符合保障人体健康、人身、财产安全的国家标准、行业标准。不符合该标准的产品则认定为该产品存在缺陷。在依据行业标准、国家标准无法进行判断，对于产品是否为缺陷产品发生较大分歧时，应发挥司法鉴定机构在案件审理中具有的专业知识的作用，对产品是否为缺陷产品通过司法鉴定予以认定。

二、产品责任的构成要件及责任主体

我国产品责任的构成要件一般包括产品存在缺陷、损害结果的发生、产品缺陷与损害结果之间存在因果关系。其中，产品存在缺陷及损害结果的发生是产品责任成立的前提和必要条件，受害者所遭受的损害是由于产品缺陷导致的，产品缺陷与损害结果之间存在一定的因果关系，是产品责任成立的关键。如果受害者的损害与产品缺陷之间没有因果关系，则产品责任就不能成立。在司法实践中，法官应努力寻找缺陷产品与损害结果之间的因果关系及结合点，寻找出真正损害消费者权益的原因和承担责任的责任主体，切实保护消费者的合法权益，体现法律的公平公正。

根据《中华人民共和国侵权责任法》第四十一条（《中华人民共和国民法典》第一千二百零二条）、第四十三条（《中华人民共和国民法典》第一千二百零三条），《中华人民共和国保险法》第六十五条规定，产品的生产者、销售者及保险公司均可成为产品责任的主体。生产者是产品的制造者、原材料的生产者或者部件的制造者，并将自己的姓名、商标或者识别性标记标注于产品上的人，生产者是产品责任的首要责任主体，一般意义上也是缺陷产品的最终生产商。销售者是连接生产者和销售者之间的媒介，销售者因其过错使产品存在缺陷，造成他人损害的，销售者应承担侵权责任。在消费者不能确定自己所遭受的损害是因为生产者还是销售者导致时，可以同时起诉生产者和销售者，在确定责任主体后，由赔偿者对责任主体进行追偿，极大地减轻了受害者的举证责任，也是对生产者和销售者权益的维护。当保险事故发生后，受害人有权向被保险人索赔，被保险人有权向保险人（保险公司）索赔，也可以基于被保险人请求，由保险人直接向受害人赔偿，被保险人怠于请求保险人赔偿的，受害人有权直接向保险人请求赔偿，因此保险公司也可以成为产品责任纠纷案件的主体。

三、涉案烟花产品是否存在缺陷以及各方当事人责任如何划分确定

本案涉案烟花系乙花炮公司所生产，甲花炮公司与段某娥将烟花出售转卖给田某华，因此乙花炮公司为产品生产者，甲花炮公司与段某娥为产品销售者，田某华为消费者。乙花炮公司虽然具有安全生产许可证，能够C级制造、销售烟花类产品，并且经质监部门进行抽检产品质量合格，但是该涉案48发烟花仍然发生低炸、烧筒等质量缺陷问题，国家标准GB10631—2013《烟花爆竹安全与质量》规定，组合类烟花产品燃放时不应出现倒筒、烧筒、散筒、低炸现象，并且燃放后筒体不应继续燃烧超过30秒等。本案涉案烟花存在斜射、低空爆炸及烧筒现象，在燃放过程中发生爆炸炸伤原告眼睛，足以说明涉案烟花存在危及人身安全的不合理危险，可以认定涉案烟花属于缺陷产品。原告所遭受的损害是由烟花产品质量缺陷导致的，二者之间存在法律上的因果关系，故被告乙花炮公司应承担侵权赔偿责任。段某娥无烟花爆竹经营许可证，甲花炮公司只能生产、销售爆竹类产品，但二被告却违法销售烟花产品，违犯了国家有关行政管理法规的规定，应由有关行政部门予以处理。因为二被告的违规销售经营活动不可能使涉案烟花产生质量缺陷，涉案烟花产品的缺陷是在生产过程中形成并非在销售过程中形成，因此段某娥与甲花炮公司不承担因产品质量引起的侵权赔偿责任。田某华在燃放烟花过程中出现断火后又再次点燃且未撤离到安全距离等违规操作行为，对损害结果的发生具有一定过错，应承担一定责

任。综合分析该起事故原因、结果及各方当事人的过错程度，按照田某华应承担20%的责任，乙花炮公司应承担80%的责任来确定本案民事赔偿责任比较公正合理，段某娥及甲花炮公司不承担赔偿责任，乙花炮公司的侵权赔偿责任由财产保险公司在产品责任保险限额内替代赔偿。

四、产品责任保险如何适用

根据《中华人民共和国保险法》第六十五条的规定，"保险人对责任保险的被保险人给第三者造成的损害，可以依照法律规定或者合同的约定，直接向该第三者赔偿保险金。责任保险的被保险人给第三者造成损害，被保险人对第三者应负的赔偿责任确定的，根据被保险人的请求，保险人应当直接向该第三者赔偿保险金。被保险人怠于请求的，第三者有权就其应获赔偿部分直接向保险人请求赔偿保险金。责任保险的被保险人给第三者造成损害，被保险人未向该第三者赔偿的，保险人不得向被保险人赔偿保险金。责任保险是指以被保险人对第三者依法应负的赔偿责任为保险标的的保险"，责任保险是以被保险人依法或依约定应对第三者承担的经济赔偿责任为保险标的的一种保险。责任保险的对象是被保险人，并非受害人，是对被保险人应当承担的民事赔偿责任的替代责任，替代被保险人向受害者承担赔偿责任。在责任保险中，由于被保险人的赔偿责任通过保险关系的建立转移到了保险人身上，因此在司法实践中可以将保险公司列为共同被告。本案中，由于乙花炮公司生产的烟花产品在财产保险公司投保有产品责任险，烟花爆炸伤人事故发生在保险期间内，故应由保险公司在保险限额内替代被告乙花炮公司承担赔偿责任。依据乙花炮公司与保险公司的保险合同约定，法院判决保险公司替代乙花炮公司赔偿田某华各种经济损失157548.34元，乙花炮公司在保险合同约定免赔范围内承担1000元赔偿责任，这样处理能够最大限度地保护受害人的权益，以实现良好的法律效果和社会效果。

编写人：陕西省丹凤县人民法院　冯瑞民

（七）医疗损害责任纠纷

36

患者死因存在争议医院未行尸检的应承担一定责任

——林某珊、林某璇诉某医院医疗损害责任案

【案件基本信息】

1. 裁判书字号

福建省泉州市中级人民法院（2020）闽 05 民终 2927 号民事判决书

2. 案由：医疗损害责任纠纷

3. 当事人

原告（上诉人）：林某珊、林某璇

被告（上诉人）：某医院

【基本案情】

林某珊、林某璇系高某红之女。2019 年 5 月 16 日，高某红因反复头晕、黑便等症状入住某医院治疗，诊断为上消化道出血原因待查、重度贫血等。2019 年 5 月 22 日，高某红身体状况好转，某医院便对其实施静脉注射白蛋白。2019 年 5 月 24 日，高某红病情恶化，经抢救无效死亡，某医院诊断为猝死。当日，高某红家属与某医院对给予高某红补充白蛋白的合理性发生争执。同日，高某红尸体被运回家中。2019 年 5 月 29 日，家属将高某红安葬。2019 年 7 月 1 日，林某珊、林某璇向法院提起诉讼，主张某医院不顾高某红身体不适用人血白蛋白的实际情况，对高某红使用禁忌药物致其不治身亡，系严重过错行为，

要求判决某医院赔偿林某珊、林某璇各项损失 223137.84 元。诉讼过程中，林某珊、林某璇就高某红的死因提出司法鉴定申请，法院依法委托证据鉴定中心对某医院的医疗行为是否存在过错以及对死亡结果的原因力大小进行司法鉴定。2019 年 8 月 2 日，证据鉴定中心回函：经初步审查送检材料，本案患者死亡后未行尸检明确死因，无法评价医院诊疗行为与患者死亡结果之间的关联性，依据《司法鉴定程序通则》之相关规定，不予受理。

【案件焦点】

某医院是否需要对高某红的死亡承担赔偿责任。

【法院裁判要旨】

福建省南安市人民法院经审理认为：民事诉讼中，当事人对自己提出的诉讼请求所依据的事实有责任提供证据加以证明。本案系医疗损害责任纠纷，原告方认为医疗机构存在医疗过错以及医疗行为与损害结果之间存在因果关系，应当承担相应的举证责任。林某珊、林某璇所提供的证据无法证明某医院的诊疗行为存在过错，也无法证明诊疗行为与损害后果之间存在因果关系，应承担举证不能的不利后果。某医院作为具有专业知识的医疗机构，在患者就医死亡后医患双方对死因有异议的情况下有义务向亲属告知尸检事项及风险，但某医院却未告知，导致高某红未行尸检而无法明确死因，进而无法认定高某红死亡与某医院诊疗行为是否存在因果关联。对此，某医院应承担一定的责任。高某红死亡后，林某珊、林某璇未尽合理注意义务，没有查阅相关规定直接将尸体火化，对高某红死亡原因无法查明的问题亦应承担一定的责任。综合考虑高某红年事已高，以及自身基础疾病多，医疗水平的局限性等实际情况，南安法院酌情确定由某医院承担高某红死亡造成的 221912.4 元经济损失中的 20%。

福建省南安市人民法院依照《中华人民共和国侵权责任法》第二十六条、第五十八条，《最高人民法院关于审理人身损害赔偿案件适用法律若干问题的解释》第十七条、第十八条、第十九条、第二十条、第二十一条、第二十二条、第二十三条、第二十七条、第二十九条，《最高人民法院关于审理医疗损害责任纠纷案件适用法律若干问题的解释》第四条、第十六条,《医疗事故处理条例》第十八条第一款,《中华人民共和国民事诉讼法》第六十四条第一款及《最高人民法院关于适用〈中华人民共和国民事诉讼法〉的解释》第九十条规定,作出如下判决:

一、某医院应在本判决生效之日起十日内赔偿林某珊、林某璇因高某红死亡产生的费用66573.72元;

二、驳回林某珊、林某璇的其他诉讼请求。

林某珊、林某璇、某医院不服一审宣判,均提起上诉。福建省泉州市中级人民法院经审理认为:根据《中华人民共和国侵权责任法》第五十四条“患者在诊疗活动中受到损害,医疗机构及其医务人员有过错的,由医疗机构承担赔偿责任”及《最高人民法院关于审理医疗损害责任纠纷案件适用法律若干问题的解释》第四条前两款“患者依据侵权责任法第五十四条规定主张医疗机构承担赔偿责任的,应当提交到该医疗机构就诊、受到损害的证据。患者无法提交医疗机构及其医务人员有过错、诊疗行为与损害之间具有因果关系的证据,依法提出医疗损害鉴定申请的,人民法院应予准许”的规定,林某珊、林某璇主张某医院存在医疗过错,应承担赔偿责任,应当提交高某红到某医院就诊、受到损害的证据,以及该诊疗行为与损害后果有因果关系的证据。本案审理中,林某珊、林某璇虽然提供了《人血白蛋白说明书》予以证明,但说明书作为一般性的资料,不能完全匹配医疗实践活动的复杂性,尚不足以证明某医院的医疗行为存在过错。根据一审法院委托的证据鉴定中心作出的《不予受理说明函》可以看出,高某红死亡后未进行尸检是本案医疗损害责任鉴定无法进行的原因。《医疗纠纷预防和处理条例》第二十三条规定:“发生医疗纠纷,医疗机构应当告知患者或者其近亲属下列事项:(一)解决医疗纠纷的合法途径;(二)有关病历资料、现场实物封存和启封的规定;(三)有关病历资料查阅、复制的规定。患者死亡的,还应当告知其近亲属有关尸检的规定。”《医疗事故处理条例》第十八条第一款规定:“患者死亡,医患双方当事人不能确定死因或者对死因有异议的,应当在患者死亡后48小时内进行尸检;具备尸体冻存条件的，可以延长至 7 日。尸检应当经死者近亲属同意并签字。”据此可知，医院作为专业机构有义务提示患方有关尸检的规定。本案高某红在某医院死亡，某医院作为专业医疗机构，在医疗纠纷发生后应预料到如不通过相关鉴定或尸体解剖等技术手段，将导致无法查清死者高某红死因的后果，且其未按照《医疗纠纷预防和处理条例》第二十三条规定告知林某珊、林某璇有关尸检的规定，存在过错。林某珊、林某璇作为死者家属，在不认可死亡原因的情况下没有及时主动申请尸检，亦存在过错。尽管双方对于未做尸检存在过错，但是高某红自身患有较重疾病，而且现有证据无法证实某医院的医疗行为存在明显过错。因此，一审综合双方的过错情况，以及高某红自身基础疾病的因素，酌情确定某医院在本案中承担 20%的赔偿责任并无不当。

林某珊、林某璇上诉请求按城镇标准计算死亡赔偿金，但其在一审的诉讼请求为按 2018 年农村居民人均可支配收入标准（17821 元/年）计算死亡赔偿金，其该上诉请求超出其一审的诉讼主张，本院不予采纳。一审审理中，林某珊、林某璇未提供证据证明护理人员的收入情况或者雇用护工的工资，且高某红为农村户口，一审参照 2018 年度福建省农、林、牧、渔业职工工资标准计算护理费并无不当。

综上，某医院与林某珊、林某璇的行为共同导致了本案无法进行医疗损害责任鉴定的后果，综合双方的过错情况，以及高某红自身基础疾病的因素，一审酌情确定某医院在本案中承担 20%的赔偿责任并无不当。林某珊、林某璇的上诉请求，某医院的上诉请求均不能成立，本院均不予采纳。

福建省泉州市中级人民法院根据《中华人民共和国民事诉讼法》第一百七十条第一款第一项规定，判决如下：

驳回上诉，维持原判。

【法官后语】

本案是因患者在就诊过程中死亡引发的纠纷。患者死亡后，家属与医院就诊疗方案是否合理产生争议，在此情况下医院没有进行尸检，家属也没有提出尸检而直接将尸体火化，导致在后续的诉讼过程中死因无法查明。对此，医院是否应当承担损害赔偿责任?

一、适用《中华人民共和国民法典》时医疗过错的认定

《中华人民共和国民法典》实行以过错责任为主的归责原则。一般情况下,被侵权人需要举证证明行为人主观上存在过错,有加害行为,产生损害后果,侵权行为与损害后果之间存在因果关系四个要件。《中华人民共和国民法典》第一千二百一十八条规定:“患者在诊疗活动中受到损害,医疗机构或者其医务人员有过错的,由医疗机构承担赔偿责任。”《最高人民法院关于审理医疗损害责任纠纷案件适用法律若干问题的解释》(2020年修正)第四条规定:“患者依据民法典第一千二百一十八条规定主张医疗机构承担赔偿责任的,应当提交到该医疗机构就诊、受到损害的证据。患者无法提交医疗机构或者其医务人员有过错、诊疗行为与损害之间具有因果关系的证据,依法提出医疗损害鉴定申请的,人民法院应予准许。医疗机构主张不承担责任的,应当就民法典第一千二百二十四条第一款规定情形等抗辩事由承担举证证明责任。”可见,医疗损害责任纠纷案件原则上也是由患者承担举证责任,但医疗机构可提出免责抗辩,并就免责事由进行举证。

本案患者在就诊过程中死亡,要确定医院承担侵权责任,需要对诊疗行为存在过错、诊疗行为与损害结果之间具有因果关系进行举证,但当事人明显不具备这样的举证能力,毕竟要证明医疗行为存在过错需要极高的专业能力。正因如此,当事人申请对医疗行为是否存在过错以及对死亡结果的原因力大小进行司法鉴定。然而,问题在于,本案患者死亡之后就直接火化,已经丧失进行尸检的时机和可能性,无法得知患者的准确致死因素并验证临床诊疗行为的科学性,使得司法鉴定机构无法通过尸检情况判断死亡结果与医疗行为的相关性。在此背景下,死者家属在举证方面处于不利的诉讼地位,法律上无法认定医院的诊疗行为存在过错,也难以确定医院需要承担侵权损害赔偿责任。

对于医院的责任,按照《中华人民共和国民法典》第一千一百二十八条采取过错责任,按照《中华人民共和国民法典》第一千二百二十二条采取过错推定,本案中,按照《医疗纠纷预防和处理条例》第二十三条的规定,医院负有

告知义务，但是没有告知，按照《中华人民共和国民法典》第一千二百二十二条第一款推定其有过错。

二、未行尸检的责任

虽然法律上无法确定医院的诊疗行为存在过错，以及诊疗行为与患者死亡后果存在因果关系，但并不等于医院在本案中不需要承担任何责任。诊疗行为是否合理，是否合乎当时的诊疗水平，需要对患者的死因进行确定，要查明死因就需要进行尸检。因此，在患者死亡引起的医疗损害责任纠纷案件中，尸检是确定医患双方责任的关键环节。

《医疗事故处理条例》第十八条第一款规定："患者死亡，医患双方当事人不能确定死因或者对死因有异议的，应当在患者死亡后48小时内进行尸检；具备尸体冻存条件的，可以延长至7日。尸检应当经死者近亲属同意并签字。"《医疗纠纷预防和处理条例》第二十三条规定："发生医疗纠纷，医疗机构应当告知患者或者其近亲属下列事项：（一）解决医疗纠纷的合法途径；（二）有关病历资料、现场实物封存和启封的规定；（三）有关病历资料查阅、复制的规定。患者死亡的，还应当告知其近亲属有关尸检的规定。"据此可知，患者死亡，医患双方当事人不能确定死因或者对死因有异议的，医院应当告知家属有关尸检的规定，并且在48小时之内进行尸检，这是医院的法定义务。但是，尸检需要征得死者家属的同意，家属也有权提出进行尸检，当然也有权拒绝进行尸检。能否顺利进行尸检有赖于医院依法履行法定职责，也需要死者家属配合，这两方面缺一不可。

本案中，患者死亡后，家属已经对医院的诊疗行为提出异议，实际上也是对患者死亡原因存在质疑，但是医院并没有尸检，也没有告知家属有关尸检的规定，而家属也没有提出尸检要求就将尸体火化，导致本案的关键证据灭失，后续要进行尸检客观上已经不能。因此，对于未行尸检导致死因不明的问题上，医院与死者家属均存在过错，是医院与家属双方面的行为共同导致患者的死因无法查明，进而诊疗行为是否存在过错这一要件也无法确定。当然，医院作为专业的医疗服务机构，有更丰富的医学实践经验和医疗法律知识，在医疗纠纷发生后应该履行更多的法律义务，对于医疗纠纷的处理进程应该起引导作用，对于未行尸检致死因不明也应该承担主要责任，不能苛求家属具备与医院同等的专业素养，但家属的过错行为可适当减轻医院的民事责任，这也是本案的裁判要旨之所在。

当然，本案中法院酌情确定医院承担20%的赔偿责任并非对其医疗行为存在过错的确认和惩罚，而是对纠纷发生后其没有履行法定告知义务以及进行尸检确定的不利后果，在这点上应该予以明确。这种责任更似法官基于案件的实际情况（包括患者年龄、患病情况、双方过错程度等）和公平正义原则综合考量作自由裁量的结果。

编写人：福建省南安市人民法院　苏文彬　王碧莲

37

死因无法查明，口头告知在尸检不能中的责任承担

——谢某虬、杨某青诉某医院医疗损害责任案

【案件基本信息】

1. 裁判书字号

湖南省株洲市荷塘区人民法院（2020）湘0202民初1093号民事判决书

2. 案由：医疗损害责任纠纷

3. 当事人

原告：谢某虬、杨某青

被告：某医院

【基本案情】

2018年12月20日11时41分，原告杨某青到被告某医院就诊，12时23

分，杨某青在《入院医患谈话记录》“产妇分娩后胎盘处置情况告知”上就“产妇分娩后胎盘归产妇所有，您是否同意放弃或者捐献胎盘”一栏签字“不同意，自己带回处置”。12时26分，杨某青签订《授权委托书》给谢某虬，就在住院期间，有关病情的告知以及在诊断治疗过程中需要签署的一切知情同意书，本人郑重委托由谢某虬作为代理人，代为行使住院期间的知情同意权利，并履行相应的手续代表本人签字。12时24分，谢某虬在《阴道分娩同意书》上签字，自愿阴道分娩。入院诊断为：孕2产1孕39+5周、头位、单活胎、临产及妊娠合并高脂血症，记录时间为2018年12月20日13时03分。2018年12月20日13时07分，被告进行了首次病程记录，制订了诊疗计划；13时04分被告制作了《麻醉同意书》，拟施行无痛分娩的椎管内麻醉，13时10分，原告杨某青在《麻醉同意书》上签字。《临时医嘱单》显示：13：07，临时医嘱：舒芬太尼（50ug 1ml）50ug麻醉用一次，但“护士签字、执行日期、执行时”缺乏相应签字。2018年12月20日14时0分，麻醉医师进行了麻醉前访视并形成《麻醉前访视记录》。14时15分，被告进行了手术讨论并形成《手术前讨论记录》《会诊记录》，手术前主要诊断为：胎盘早剥、急性胎儿宫内窘迫、孕2产1孕39+5周、头位、单活胎、临产、妊娠合并高脂血症，拟行手术：子宫下段横切口剖宫产术，拟施麻醉为：全麻；诊疗情况及会诊目的：产妇因停经9+月，规律性下腹部胀痛2小时急诊入院，现胎儿因重度胎盘早剥、急性宫内窒息急诊剖宫产，特请新生儿科监产。14时19分，副主任医师黄某在《手术审批（报告单）》上签字。14时23分，原告谢某虬在《麻醉同意书》上签字。14时23分，谢某虬在《麻醉药品、第一类精神药品使用知情同意书》上签字。14时24分，副主任医师黄某例行查房，形成了《急诊术前上级医师查房记录》。14时24分，上级医师查房并形成了《急诊术前上级医师查房记录》，记载……胎心监测：CST Ⅰ类图形；13：00宫中开2cm，S-1.5，行分娩镇痛；13：20复查胎心监测：CST Ⅰ类图形。14：08无诱因出现阴道少量流血……14时24分，术前诊断急性胎儿宫内窘迫，拟施行手术及麻醉：需要在“硬膜外麻醉”下进行“子宫下段横切口剖宫”，被告对施行该手术存在的风险及可能发生的意外和并发症进行了告知，原告谢某虬在《普通手术知情同意书》上签字同意手术，并作出《患者承诺声明》，以上《手术知情同意书》中内容医师已向原告进行充分解释和告知，原告表示理解并接受，同时承担在现有医学科学技术条件下无法预料或者不能防范的医疗风险……

2018年12月20日15时32分，被告进行日常例行告知谈话，患儿孕周39+5周，因重型胎盘早剥、急性胎儿宫内窒息急诊剖宫产终止妊娠，14时30分剖宫产出生，Apgar评分：1评-1分，心率20次/分，经儿科医生，麻醉科医生、产科医师施新生儿窒息复苏抢救Apgar评分：5-0分，Apgar评分：10-0分，经持续抢救62分，仍无生命体征，经家属商量决定放弃抢救，签字为证。原告谢某虬在“患方意见”上签字：要求放弃抢救婴儿，不做尸检、遗体自行处理。后遗体被他人带走。三张胎心监测：CST I类图形分别显示为：第一次时间：2018年12月20日11时19分至11时29分；第二次时间：2018年12月20日13时13分17秒至13时20分47秒；第三次时间：2018年12月20日14时21分15秒至2018年12月20日14时28分45秒。

2018年12月20日16时10分，被告进行手术安全核查。《手术护理记录》记载，入室时间为14时25分，离室时间为16时10分。18时26分的《手术记录》术后诊断为：1. 重型胎盘早剥；2. 急性胎儿宫内窘迫；3. 新生儿重度窒息；4. 孕2产2孕39周+5天、左枕前、剖宫产一活女婴；5. 脐带真结；6. 妊娠合并高血症。附新生儿：性别女，体重3400g，外观无畸形。Apgar：1评1分（心率20次/分）、5评0分，新生儿苍白重试窒息，经儿科医生，麻醉科医生和产科医师行窒息复苏抢救治疗仍无明显生命体征，向家属交代情况后要求签字放弃抢救。胎盘：体积：23cm×25cm×2.5cm，胎盘子宫面有近1/2血凝块压迹，胎盘尚完整，脐带细，直径0.6厘米，长35厘米，有一真结，胎盘送病检。16时12分，被告进行了术后首次病程记录。16时15分，被告对新生儿进行了抢救并作了抢救记录。2018年12月21日，被告将胎盘送检，临床诊断：胎盘有变性钙化，伴羊膜炎，羊膜下血肿，脐带未见特殊。送检后，胎盘未退还原告，庭审中，被告陈述胎盘已作医疗废物处置。2018年12月21日20时

09分，被告方进行了麻醉后访视并形成《麻醉后访视记录》。

2018年12月25日8时，被告方讨论科内疑难病例并形成《科内疑难病例讨论记录》，总结意见为：1. 患者37岁，临产入院，胎心监测CSTI类图形，专科情况：宫高33cm，腹围107cm，胎儿估重3400g，头盆评分7分，宫颈评分9分，无阴道试产禁忌症，适合阴道试产；2. 患者系经产妇，产程快，合并高脂血症，高龄，均为胎盘早剥的高危因素；3. 患者产程中13：20胎心监测CSTI类图形，13：47助产士听胎心音138次/分，14：08分出现胎心间下降至50-60次/分，即时予以宫内复苏治疗及急诊剖宫产术，无手术及抢救延误，不可避免死亡；4. 剖宫道术中证实：宫腔内积血约800ml，胎盘早剥面积达2/3，脐带直径0.6cm，极细，且有一真结；5. 新生儿死亡原因：胎盘早剥，脐带真结，急性胎儿宫内窘迫，新生儿重度窒息。《产科护理记录单》显示：2018年12月20日13：00胎心音142次/分，护理观察、措施及效果：患者疼痛难忍，强烈要求无痛分娩，报告值班医生，遵照医嘱予以电话通知麻醉科，带产妇入产房，予以无痛分娩；13：47胎心音138次/分，护理观察、措施及效果：S=1.5cm，张某礼签名。

2018年12月29日，被告向原告出具《收条》，收到原告U盘一个，内存2019年12月30日杨某青入院至被推送至手术室期间，在产科公共区域的相关视频资料。2019年1月8日10时09分，杨某青出院，出院诊断：重型胎盘早剥、急性胎儿宫内窘迫、新生儿重度窒息、孕2产2孕39周+5天、左枕前、剖宫产一活女婴、脐带真结、急性失血性贫血、、妊娠合并高血症、新生儿死亡、代谢综合症、妊娠合并绒毛膜羊膜炎、过敏性皮炎。《出院记录》记载的诊疗经过：入院后查血常规正常；凝血常规：PT11.1S，APTT31.5S，TT14.2S，FiB5.66g/L，INR0.89。入院后胎心监测：CST I类图形；13：00宫中开2cm，S-1.5，行分娩镇痛；13：20复查胎心监测：CST I类图形。14：08无诱因出现阴道少量流血……

2020年5月20日，原告向本院就本次医疗行为申请司法鉴定，本院经质证后，委托某法医临床司法鉴定所进行医疗损害鉴定；2020年8月11日，某法医临床司法鉴定所回复我院：因未对胎儿进行尸检，检材不完整、不充分，根据中华人民共和国司法部令第132号《司法鉴定程序通则》第二章司法鉴定的委托与受理第十五条第二项之规定，我所无法受理此案，现退回所有送检材料。其后，本院另行委托某大学司法鉴定中心进行医疗损害鉴定。2020年9月10日，某大学司法鉴定中心向本院发出（2020）审（退）字［145］号《某大学司法鉴定中心退案通知书》：经审核，该案涉及复杂的技术要求，已超出本中心现有的技术条件和鉴定能力，根据《司法鉴定程序通则》之相关规定，我中心不予以受理此案。原、被告双方收到通知后，要求再委托进行鉴定，我院委托了某法庭科学技术鉴定研究所进行了鉴定。2020年10月22日，某法庭科学技术鉴定研究所向我院发出《不予受理函》：经审查，杨某青胎儿死亡后未行尸检，难以明确其具体死亡原因，难以对本案委托事项进行准确评价，超出本机构技术条件和能力，依据《司法鉴定程序通则》第十五条第二项、第五项之规定，经我所研究，不予受理此案。我院遂终止鉴定。

【案件焦点】

1. 在死因无法查明的前提下，口头告知在尸检不能后能否免责；2. 病历、诊疗过程不规范的责任承担。

【法院裁判要旨】

湖南省株洲市荷塘区人民法院经审理认为：本案系医疗损害责任纠纷。根据《医疗事故处理条例》第十八条规定，患者死亡后是否进行尸检应当取得患者近亲属书面签字同意，拒绝尸检影响对死因判定的，由拒绝的一方承担责任。本案中，因原告作出书面“不做尸检、遗体自行处理”表示，故应对胎儿死亡后未进行系统尸体解剖及病理切片检验、不能满足鉴定要求、被告是否存在医疗过错鉴定不能承担责任。原告主张被告未履行尸检告知义务，故意诱导、胁迫原告放弃尸检，与其书面作出的意思表示不符，证据不足，本院不予支持。但被告在经儿科医生、麻醉科医生、产科医师实施新生儿窒息复苏抢救62分钟、仍无生命体征后的日常例行告知谈话中，在家属商量决定放弃抢救后，口头告知原告是否尸检的行为，亦不能证明其是否就放弃尸检的法律后果进行了告知，存在履行尸检告知义务瑕疵。

本案中，被告在无痛分娩麻醉中使用了罗哌卡因和舒芬太尼两种麻醉药物，其中罗哌卡因为7.5ug、舒芬太尼为50ug，但因临床配置，各加注氯化钠稀释注入，麻醉药品浓度并非麻醉剂量，对原告认为被告实施的椎管内麻醉诊疗手术存在严重过错，是造成原告胎儿死亡的直接原因，该主张未能经鉴定证实，证据不足，被告能进行合理解释，本院不予支持；但原告的《临时医嘱单》对该麻醉药缺乏护士签字及执行日期、执行时间的填写，存在填写不规范的事实。原告认为被告未提供产程图、死亡证明，对原告认为病历制作上存在过错本院不予支持，但原告认为被告病历书写不规范本院予以支持。

原告认为被告在病历中伪造了13：47的胎心听诊记录，存在监护缺位的过错，但根据《科内疑难病例讨论记录》记载“13：47助产士听胎心音”，故该13：47系听胎心音并非胎心监测，亦与产科护理记录相吻合，本院难以认定被告存在伪造行为；根据原告提交的监控视频，该视频为产区外走廊的监控视频，难以证明待产室内情况，且该视频中该时间段内相隔不久均有医护人员进出产区大门，对原告主张的监护缺位，本院亦难以认定。医务人员在诊疗活动中应当向患者说明病情和医疗措施，未尽到义务的，造成患者损害的，医疗机构应当承担赔偿责任。本案中，被告医院作为医疗机构，原告在《入院医患谈话记录》“产妇分娩后胎盘处置情况告知”上就“产妇分娩后胎盘归产妇所有，您是否同意放弃或者捐献胎盘”一栏明确签字“不同意，自己带回处置”，被告无视原告选择，在胎盘送检后未及时归还原告，应承担相应的责任。胎盘因送检后超过48小时未取而被医院处置无法找回，故原告要求返还胎盘，本院不支持，本院酌定赔偿精神损失费2000元。综上，对原告认为被告存在麻醉过量的行为，但被告能对麻醉剂进行了稀释进行合理解释，因未能鉴定证实胎儿的死亡与麻醉存在因果关系，对原告的主张，本院不予支持；原告认为被告伪造了听胎心音，但因原告提供的视频系走廊视频，不能证实待产室内情况，故对原告的主张，本院不予支持；本案中，因原、被告双方对临床诊断死因均未提出异议，对原告要求赔偿死亡赔偿金等各项损失，本院不予支持；但被告存在病历书写不规范、尸检告知有瑕疵的行为，导致本案鉴定不能，鉴于以上因素，本院酌情考虑，被告赔偿原告各项损失共计 80000 元。

湖南省株洲市荷塘区人民法院依照《中华人民共和国侵权责任法》第五十五条、第六十一条，《最高人民法院关于审理人身损害赔偿案件适用法律若干问题的解释》第一条、第十八条，《中华人民共和国民事诉讼法》第六十四条，《最高人民法院关于适用〈中华人民共和国民事诉讼法〉的解释》第九十条规定，判决如下：

一、被告某医院在本判决生效之日起十日内赔偿原告谢某虬、杨某青各项损失人民币 80000 元；

二、被告某医院在本判决生效之日起十日内赔偿原告谢某虬、杨某青因不能返还胎盘造成的精神损失人民币 2000 元；

三、驳回原告谢某虬、杨某青的其他诉讼请求。

宣判后，当事人均未上诉，判决书已生效。

【法官后语】

尸检对判明死因具有特殊的意义，它除了可以给医学技术鉴定和司法裁决提供直接的证据以外，还可以为医务人员诊疗护理实践进行反馈和检验，从而达到明确诊断、分清是非的目的，因此医疗机构有义务提示患者一方进行尸检。

一般患者未行尸检，死因无法确定，不具备鉴定条件，或无法做出鉴定结论，仅仅依据病历材料无法完成法院的委托要求和鉴定目的，司法鉴定机构往往以不予以受理等方式退件，如本案中，三家鉴定机构均予以退件。本案中，患者在生育过程中胎儿死亡，且具体死因不明，医院作为专业医疗机构，在明知患者家属对胎儿死因持有异议，并有可能产生医疗纠纷的情况下，仅口头告知为明确胎儿死因应当进行尸检事宜，未与家属签订《尸体解剖知情同意书》或向患者家属详细讲解尸检的必要性和后果，最终被判未尽合理义务，存在一定过错，责任程度为酌情。

一、实践中未尸检的情况分类

实践中未尸检的情况大致有三种，一是医院提出进行尸检，而死者家属不同意但又不愿意签字表示拒绝，从而导致尸检工作不能进行。这种情况造成的尸检不能，不能认定是医院没有履行及时告知义务；二是患者死亡后，医院未能积极告知患者家属有权选择进行尸检，而患者方因缺乏相关知识，也没有提出尸检要求，这种导致尸检不能的情况，医院应负有未告知义务的责任；三是医院在其他程序中或以非书面形式告知患者，患者未意识到尸检不能的严重后果，医院应尽告知瑕疵的责任，如本案就属于此种情况。

二、尸检告知的规范要求

在不能确定死因或者对死因有异议的情况下，医疗机构应当要求患者一方进行尸检，否则医疗机构应当承担不利的法律后果是医疗规范的要求。《医疗事故处理条例》《医疗机构管理条例实施细则》规定患者死亡，医患双方当事人不能确定死因或者对死因有异议的，应当在患者死亡后 48 小时内进行尸检；具备尸体冻存条件的，可以延长至 7 日。《医疗纠纷预防和处理条例》规定，发生医疗纠纷，医疗机构应当告知患者或者近亲属下列事项：（一）解决医疗纠纷的合法途径；（二）有关病历资料、现场实物封存和启封的规定；（三）有关病历资料查阅、复制的规定。患者死亡的，还应当告知其近亲属有关尸检的规定。卫生部印发的《医院管理评价指南》“七、三级综合医院评价指标参考值”中，尸检率大于等于 15%。《卫生部关于推荐使用〈医疗知情同意书〉的函（一）》（卫医政疗便函〔2010〕42 号）第十条尸检解剖告知书中详细记载了向患者家属询问是否进行尸检、尸检的注意事项、尸检的机构以及拒绝或拖延尸检导致责任无法判断死因时自行承担责任等事项。

三、举证分担

对于尸检不能的举证责任的分担，我们应当考虑以下因素：第一，按照我国民事诉讼法的规定，对于民事领域的一般侵权案件，适用过错责任原则，当事人对自己提出的主张，有责任提供证据。医疗纠纷的侵权诉讼属于一般侵权案件，应适用“谁主张、谁举证”的原则。具体到尸检过程，既然患者对死亡有异议，医院方履行了相关的告知义务，那么对尸体有处理权的近亲属应当配合尸检的进行，尸检报告就成为患者应当举证和提供的原始资料。当医院进行了相关告知义务，而患者拒绝尸检，导致死因无法明确时，不能仅依据病历就得出医院是否存在过错的鉴定结论。

四、其他考虑

医院对尸检负有告和义务，但不享有强制进行尸检的权利。根据法律的规定，在民事法律行为中，对死者进行解剖的权利在其近亲属，而医院是没有权利自行对死者的尸体进行解剖的。医院的法定义务是在死者家属对死因有异议时，可以于48小时内申请尸检。医院如果没有履行这一告知义务，或履行告知义务用口头方式而导致瑕疵告知，导致未能尸检，不能得出死因，无法作出鉴定结论时，医院应当承担举证不能的后果。所以从实践来说，告知尸检，应以书面规范的形式作出，越严谨，才越有利于问题的解决以及各方责任的承担，这点对医患双方来说都是一样的。

编写人：湖南省株洲市荷塘区人民法院　蒋坤学

38

医疗损害慎用过错推定规则

——张某诉某医院、财产保险公司医疗损害责任案

【案件基本信息】

1. 裁判书字号

山东省济南市中级人民法院（2020）鲁01民终9413号民事判决书

2. 案由：医疗损害责任纠纷

3. 当事人

原告（被上诉人）：张某

被告（上诉人）：某医院、财产保险公司

【基本案情】

案外人高某美（系原告张某之母）于 2019 年 8 月 3 日，因自诉“左侧肢体活动不灵、恶心 1 小时”到某医院就诊并住院治疗。入院记录中记载左上肢肌力Ⅰ级，左下肢肌力Ⅱ级。初步诊断为“脑膜瘤、腔隙性脑梗塞、高血压病、短暂性脑缺血发作”。病程记录中记载 2019 年 8 月 3 日“入院后 3 小时左侧肢体肌力恢复，精神好转”。2019 年 8 月 4 日转出记录记载“左上肢肌力Ⅳ级，左下肢肌力Ⅲ级”。2019 年 8 月 4 日转入记录记载“左上肢肌力 1 级，左下肢肌力 2 级，右侧肢体肌力正常，肌张力正常”。在某医院长期医嘱单中记载 2019 年 8 月 3 日 11：22 分“#矛头蝮蛇血凝酶 1 单位静脉注射 bid”。

高某美于 2019 年 8 月 19 日出院，出院诊断为脑梗死、高血压病 3 级（极高危）、脑膜瘤。出院记录记载“左上下肢近端 4 级，远端肌力 3 级，右侧肢体肌力正常，肌张力正常”。2019 年 8 月 19 日某医院日常生活能力（ADL）量表（Barthel 指数）检查中第 7 项平地行走和第 8 项上下楼梯得分均为 0。

2020 年 1 月 15 日，高某美向本院提起医疗损害责任纠纷诉讼［案号：（2020）鲁 0126 民初 304 号）］，要求某医院赔偿高某美医疗费及医疗损害的各项损失，并申请对某医院的医疗行为与高某美的损害后果之间是否存在因果关系以及原因力大小、高某美的伤残等级、误工期限、院内外护理期限及护理人数、营养期限进行鉴定。某司法鉴定中心接受本院委托后，向本院出具不予受理鉴定通知书，因该中心在案件审理过程中发现该鉴定涉及《司法鉴定程序通则》中第十五条第二项、第五项之规定，故该中心决定不予受理，并退还相关鉴定材料。2020 年 3 月 16 日，因高某美未到庭参加诉讼，本院裁定该案按高某美撤诉处理。

2020 年 2 月 28 日，高某美因农药中毒（自服）死亡。

在本案审理过程中，本院依法向张某释明应由其对医疗机构是否存在过错申请鉴定，张某明确表示不申请鉴定。

【案件焦点】

在当事人应对医疗机构是否存在过错申请鉴定但不申请，仅提供证人证言予以证明的情况下，举证责任如何分配？

【法院裁判要旨】

山东省商河县人民法院经审理认为：《中华人民共和国侵权责任法》第五十四条规定，患者在诊疗活动中受到损害，医疗机构及其医护人员有过错的，由医疗机构承担赔偿责任。因此，医疗损害责任的归责原则是过错责任原则，亦即应由患者证明医疗机构在诊疗过程中存在过错，以及医疗机构的过错行为与损害结果之间存在因果关系。在本案审理过程中，本院依法向张某释明应由其对医疗机构是否存在过错申请鉴定，张某明确表示不申请鉴定。因此，本案中某医院的诊疗行为是否存在过错以及过错行为与损害结果的因果关系在本案中无法认定。

原告张某称在高某美起诉某医院医疗损害责任纠纷案件中，某司法鉴定中心以《司法鉴定程序通则》中第十五条第二项、第五项之规定，决定不予受理，某医院存在篡改病历的情况，故应推定某医院有过错。本院认为，《司法鉴定程序通则》第十五条规定，具有下列情形之一的鉴定委托，司法鉴定机构不得受理……（二）发现鉴定材料不真实、不完整、不充分或者取得方式不合法的……（五）鉴定要求超出本机构技术条件或者鉴定能力的……《中华人民共和国侵权责任法》第五十八条规定，患者有损害，因下列情形之一的，推定医疗机构有过错：（一）违反法律、行政法规、规章以及其他有关诊疗规范的规定；（二）隐匿或者拒绝提供与纠纷有关的病历资料；（三）伪造、篡改或者销毁病历资料。本案中，原告并未提供证据证明某医院存在篡改病历的情况，本案也不符合推定医疗机构有过错的三种情形，故对于原告的主张本院不予采纳。

山东省商河县人民法院依照《中华人民共和国侵权责任法》第五十四条、第五十八条规定，判决如下：

驳回原告张某的诉讼请求。

张某不服一审判决，提出上诉。山东省济南市中级人民法院经审理认为：《最高人民法院关于适用〈中华人民共和国民事诉讼法〉的解释》第九十条规定，当事人对自己提出的诉讼请求所依据的事实或者反驳对方诉讼请求所依据的事实，应当提供证据加以证明，但法律另有规定的除外。在作出判决前，当事人未能提供证据或者证据不足以证明其事实主张的，由负有举证证明责任的当事人承担不利的后果。本案系医疗责任纠纷，张某主张某医院承担赔偿责任，应首先举证证明某医院在给高某美的诊疗过程中存在过错或有《中华人民共和国侵权责任法》第五十八条规定的推定过错情形。本案中，张某依据司法鉴定中心不予受理鉴定的理由，主张某医院病历记录不真实，应推定某医院存在过错。经查，某司法鉴定中心出具不予受理鉴定通知书的原因，系因该中心在案件审理过程中发现该鉴定涉及《司法鉴定程序通则》中第十五条第二项、第五项之规定情形，该规定第十五条第二项、第五项内容为：发现鉴定材料不真实、不完整、不充分或者取得方式不合法；鉴定要求超出本机构技术条件或者鉴定能力。经一审法院与鉴定机构联系确定，退鉴原因系材料不充分，故张某的该主张不能成立。对于张某主张的病历记录矛盾、医院最初诊断与病历记录不同、病历记录与证人证言矛盾、院方违反药品使用规范，本院认为，病历是对病人病情和治疗过程的客观记录，证人非专业人员，亦未对病人病情充分了解，故不能依证人证言陈述即认定医院病历记录不真实。某医院是否存在张某上述所主张的其他行为，涉及医疗专业知识，该主张是否属实，需参考司法鉴定意见认定。而一审法院向张某释明应由其对某医院的诊疗行为是否存在过错申请鉴定，张某表示不申请鉴定。现因未能进行鉴定，致某医院的诊疗行为是否存在过错及其诊疗行为与损害后果的因果关系无法认定，依据前述法律规定，张某作为负有举证责任的一方，应承担举证不利的法律后果。综上，一审判决并无不当，本院予以维持。

山东省济南市中级人民法院依照《中华人民共和国民事诉讼法》第一百七十条第一款第一项规定，判决如下：

驳回上诉，维持原判。

【法官后语】

本案系医疗责任纠纷,《中华人民共和国侵权责任法》第五十四条(《中华人民共和国民法典》第一千二百一十八条)规定:“患者在诊疗活动中受到损害,医疗机构及其医护人员有过错的,由医疗机构承担赔偿责任。”第五十八条(《中华人民共和国民法典》第一千二百二十二条)规定:“患者有损害,因下列情形之一的,推定医疗机构有过错:(一)违反法律、行政法规、规章以及其他有关诊疗规范的规定;(二)隐匿或者拒绝提供与纠纷有关的病历资料;(三)伪造、篡改或者销毁病历资料。”因此,张某主张某医院承担赔偿责任,应首先举证证明某医院在诊疗过程中存在过错或有推定过错的三种情形。反之,如果张某无法证明存在推定过错的三种情形,则必须证明医院存在过错。

在本案审理过程中,张某主张医院存在篡改病历的以下情形:

1. 关联案件中司法鉴定中心出具不予受理鉴定通知书的原因,系因该中心在案件审理过程中发现该鉴定涉及《司法鉴定程序通则》中第十五条第二项、第五项之规定情形。张某据此主张某医院病历记录不真实。经一审法院与鉴定机构联系确定,退鉴原因系材料不充分,故张某的该项主张未得到支持。

2. 病历记录矛盾、医院最初诊断与病历记录不同、病历记录与证人证言矛盾、院方违反药品使用规范。病历是对病人病情和治疗过程的客观记录,证人非专业人员,亦未对病人病情充分了解,故不能依证人证言陈述即认定医院病历记录不真实。某医院是否存在张某所主张的“病历记录不真实”,涉及医疗专业知识,该主张是否属实,需参考司法鉴定意见认定。而一审法院依法向张某释明应由其申请鉴定,张某明确表示不申请鉴定。故张某的该项主张亦未得到支持。

《最高人民法院关于适用〈中华人民共和国民事诉讼法〉的解释》第九十条规定:“当事人对自己提出的诉讼请求所依据的事实或者反驳对方诉讼请求所依据的事实,应当提供证据加以证明……当事人未能提供证据或者证据不足以证明其事实主张的,由负有举证证明责任的当事人承担不利的后果。”一审法院认为医院不存在推定过错的三种情形,不能适用过错推定,故法院适用过错规则。即由张某承担证明某医院的诊疗行为是否存在过错的责任。

本案看似简单，但是聚焦民事案件审理过程中的“过错推定”这一规则，具有很强的典型意义。在侵权责任案件审理中，过错推定作为特殊的举证责任分担形式，只能在法律予以明确规定时适用。法律之所以在医疗责任纠纷中设立过错推定规则，其目的在于保证司法公正，防止居于优势地位的医疗机构滥用过错规则，从而使病人面临因病历造假等导致的举证难的不利后果。该规则要求法官在案件审理过程中综合判断，在出现过错推定情形时方可适用过错推定规则，从而保证程序正义，并兼顾实体正义。更重要的是，过错推定规则对当事人在民事诉讼中如何举证起到了引导和指示作用。作为当事人，必须按照法律的要求提供证据。如果在诉讼中称出现过错推定的情形，其仍要向法院提交有效证据予以证明，才能使法院采纳适用过错推定规则，否则将要承担不利后果——也就是上述第九十条的规定：“当事人对自己提出的诉讼请求所依据的事实或者反驳对方诉讼请求所依据的事实，应当提供证据加以证明，当事人未能提供证据或者证据不足以证明其事实主张的，由负有举证证明责任的当事人承担不利的后果。”本案中，一审法院依法向张某释明应由其对医疗机构是否存在过错申请鉴定，张某明确表示不申请鉴定。因此，本案中某医院的诊疗行为是否存在过错以及过错行为与损害结果的因果关系在本案中无法认定，故张某的诉讼请求没有得到支持。

编写人：山东省商河县人民法院　张雯

39

医疗机构过错推定原则下原因力规则的适用

——刘某英、周某诉某医院医疗损害责任案

【案件基本信息】

1. 裁判书字号

安徽省淮北市中级人民法院（2020）皖06民终1092号民事判决书

2. 案由：医疗损害责任纠纷

3. 当事人

原告（被上诉人）：刘某英、周某

被告（上诉人）：某医院

【基本案情】

2018年5月12日，周某法以右侧腰腹痛、腹泻伴恶心、呕吐1天前往某医院就诊，经诊断：右肾绞痛、右输尿管结石伴右肾盂积水、右肾结石、急性胃肠炎、高血压、肝囊肿，并于当日入住该院泌尿外科。后于次日转普外肝胆外科继续治疗，后于2018年5月18日凌晨突发心跳、呼吸骤停，经抢救无效后宣布临床死亡。某医院将死亡原因考虑为心源性猝死，向周某法亲属解释病情后，患者亲属拒绝行尸体解剖，后周某法亲属表示院方要对周某法死亡一事给予说法同意尸体解剖。周某法住院医疗费为6613.45元，医保统筹支付4493.25元，自费支付1970.20元。

诉讼中，刘某英、周某向本院申请某医院对周某法的诊疗行为是否存在过错，以及过错行为在周某法死亡后果的参与度进行司法鉴定，本院依法委托某司法鉴定所进行鉴定，该所以患方对院方后期打印病程记录不认可为由，于

2019 年 1 月 15 日将案件退回。后本院先后委托其余两家鉴定中心进行鉴定，上述两家鉴定机构均决定不予受理。2018 年 5 月 8 日，某医院针对纸质病历中缺少的 2018 年 5 月 13 日至 5 月 18 日的病程记录，提供电子病历并申请对该电子病历的真实性申请鉴定，本院依法委托司法鉴定所鉴定，后某医院撤回申请。

另查，刘某英、周某分别系周某法的妻子、儿子。周某法的父亲、母亲先后于 1978 年、1990 年去世。

【案件焦点】

周某法死亡的损害后果在相关鉴定不能的情况下，法律责任如何承担。

【法院裁判要旨】

安徽省淮北市相山区人民法院经审理认为：根据双方当事人诉辩意见，本案的主要争议焦点为周某法死亡的损害后果因相关鉴定不能的法律责任如何承担的问题。

就案涉诊疗行为是否存在过错及过错行为对周某法损害后果的参与度鉴定事项，本院先后委托三次司法鉴定，某司法鉴定所以院方后期打印的病程记录患方不认可为由，无法做出明确鉴定意见而作退案处理。至于后期打印的三页病程记录（自 2018 年 5 月 13 日至 2018 年 5 月 18 日），某医院辩解系电子病历形式制作，因周某法死亡后其家属要求立即封存病历而未及时打印。根据《电子病历基本规范（试行）》第三十二条规定，发生医疗事故争议时，应当在医患双方在场的情况下锁定电子病历并制作完全相同的纸质版本供封存，封存的纸质病历资料由医疗机构保管。鉴于 2018 年 5 月 17 日 CT 诊断报告单，以及 2018 年 5 月 18 日周某法死亡后医患沟通谈话记录及采书写的会诊单已经封存入病历的情形，某医院对于录入完毕的电子病历完全可在双方封存纸质病历同时锁定并打印继而封存，故对提交鉴定机构病历材料的缺失责任在于某医院。之后经本院准许对申请电子病历的真实性进行司法鉴定后某医院又撤回该申请，其行为性质应认定为拒绝提供上述病历资料作为鉴定依据，根据《中华人民共和国侵权责任法》第五十八条之规定，因医疗机构不能提供病历的原因导致医疗过错无法经鉴定程序确认的，应直接推定医院机构负有过错。

其余两家司法鉴定中心的退案理由为未行尸检无法明确死亡原因，导致无法通过司法鉴定确认诊疗行为是否存在过错及其过错参与度，进而无法判断各方的责任承担问题。关于尸检问题，首先要明确医方和患方应各自承担的责任范围。《医疗事故处理条例》第十八条第一款规定，患者死亡，医患双方当事人不能确定死因或者对死因有异议的，应当在患者死亡后 48 小时内进行尸检；具备尸体冻存条件的，可以延长至 7 日。尸检应当经死者近亲属同意并签字。第三款规定，医疗事故争议双方当事人可以请法医病理学人员参加尸检，也可以委派代表观察尸检过程。拒绝或者拖延尸检，超过规定时间，影响对死因判定的，由拒绝或者拖延的一方承担责任。由此可知，进行尸检以及拒绝或者拖延尸检的责任主体不限于患者近亲属，还包括医疗机构。本院认为，在医方和患者近亲属对死因有异议的情况下，医方作为专业医疗机构，具备专业知识、专门人才及处理类似事件的丰富经验，而患方系遭受不幸事件的亲属，大多都是首次经历，作为院方于情于理都应该积极主动书面告知尸检事项，并作出相应解释、说明。在患者同意尸检的情况下，更应积极主动地协助患者近亲属选择尸检机构、联系尸检事宜，推动尸检程序的进行。本案中，在患者近亲属根据医方先前告知尸检必要性和时效性后，为查清患者死亡原因而明确表示同意尸检后，院方并未履行书面告知义务及跟进尸检相关事宜，对本案未行尸检致鉴定不能的法律后果负有过错。

综上所述，根据《中华人民共和国侵权责任法》及《最高人民法院关于审理医疗损害责任纠纷案件适用法律若干问题的解释》的相关规定，医疗机构及时书写妥善保管病历资料是医疗机构的基本义务，其在掌握证据资料的能力方面明显强于患者，因其拒绝提供病历的行为性质较为严重、恶劣，为平衡医患双方之间的利益，法律作出直接推定负有过错的规定。关于尸检必要性问题，以某司法鉴定所退案理由分析，不排除具备客观全面的病案资料前提下，即便未行尸检就必然影响医疗过错及因果关系的认定。退一步说，即使本案拒绝或拖延尸检的责任在于患方，也不能以此为由当然地作出患方负有过错的评判。

结合以上分析，对于本案相关鉴定不能的责任在于某医院，故其理应对刘某英、周某诉请损失的合理部分予以全部赔偿。

刘某英、周某在本案中的损失为：1. 死亡赔偿金75.08万元（37540元×20年）；2. 丧葬费，刘某英、周某主张37189元，符合法律规定，本院予以支持；3. 精神损害抚慰金，本院酌情考虑5万元；4. 医疗费，扣除医保支付部分4493.25元，自费支付1970.20元，以上损失合计839959.20元。对刘某英、周某诉请超出的部分，本院不予支持。

安徽省淮北市相山区人民法院根据《中华人民共和国侵权责任法》第五十八条规定，判决如下：

一、某医院于判决生效之日起十日内一次性分别赔偿刘某英、周某死亡赔偿金、丧葬费、精神损害抚慰金、医疗费损失共计839959.20元；

二、驳回刘某英、周某的其他诉讼请求。

某医院不服一审判决，提出上诉。安徽省淮北市中级人民法院经审理认为：本案争议焦点为某医院应否赔偿刘某英、周某因周某法死亡造成的各项损失，如应赔偿，数额如何确定。《中华人民共和国侵权责任法》第五十四条规定，患者在诊疗活动中受到损害，医疗机构及其医务人员有过错的，由医疗机构承担赔偿责任。第五十八条规定，患者有损害，因下列情形之一的，推定医疗机构有过错：（一）违反法律、行政法规、规章以及其他有关诊疗规范的规定；（二）隐匿或者拒绝提供与纠纷有关的病历资料；（三）伪造、篡改或者销毁病历资料。本案中，周某法因患病到某医院就诊治疗，与某医院形成医患关系。周某法住院治疗5日后死亡，在医方和患者近亲属对死因有异议的情况下，应当及时封存病历及病程记录，交由第三方专业机构进行鉴定，作出医方对患者诊疗行为是否规范的评判，或者进行尸检查明死因。本案由于封存的纸质病历中的病程记录不完整，院方后期打印的电子病历形成的病程记录患方不认可，鉴定机构无法做出鉴定意见。根据《电子病历基本规范（试行）》第三十二条规定，发生医疗事故争议时，应当在医患双方在场的情况下锁定电子病历并制作相同的纸质版本供封存，封存的纸质病历资料由医疗机构保管。据此，某医院对于电子病历应当在双方封存纸质病历的同时予以锁定并打印封存，而某医院未予同时锁定并打印封存，一审认定提交鉴定机构的病历材料的缺失责任在于某医院并无不当。及时书写客观真实的病程记录是医务人员的基本义务，妥善保管真实完整的病历资料是医疗机构的法定职责，医疗机构在掌握证据资料的能力方面明显优于患者，一审将该举证责任分配给医疗机构并无不当，某医院关于提交病历资料真实性的责任分配给某医院不符合法定程序的上诉理由不能成立。《医疗事故处理条例》第十八条第一款规定，患者死亡，医患双方当事人不能确定死因或者对死因有异议的，应当在患者死亡后 48 小时内进行尸检；具备尸体冻存条件的，可以延长至 7 日。尸检应当经死者近亲属同意并签字。据此，医患纠纷发生后，医方作为专业医疗机构，为查明患者死因，在建议患者近亲属进行尸检的同时，应当依法完善患者近亲属签字同意尸检的相关工作。本案患者近亲属由开始的不接受尸检到后来同意尸检的转变过程中，某医院未依法取得患者近亲属书面同意尸检的签字并及时跟进尸检相关事宜，推动尸检程序的进行。一审认定某医院对本案未行尸检导致鉴定不能的法律后果存在过错并无不当。本案因病历系后期打印导致相关鉴定不能及未行尸检的责任在于某医院，一审认定某医院应承担刘某英、周某因患者周某法死亡造成的各项损失的全部赔偿责任并无不当，本院予以维持。某医院关于认定某医院承担全部责任不具有公平合理性的上诉理由不能成立。综上所述，某医院的上诉请求不能成立，应予驳回；一审判决认定事实清楚，适用法律正确，应予维持。

安徽省淮北市中级人民法院依照《中华人民共和国民事诉讼法》第一百七十条第一款第一项规定，判决如下：

驳回上诉，维持原判。

【法官后语】

侵权责任法第五十八条规定三种情形下推定医疗机构存在过错，该规定基本被民法典第一千二百二十二条承继。此种情形下推定医疗机构存在过错是不可推翻的过错推定，在此确定损害赔偿责任时是否需根据医疗机构过错的手段、方式、后果等综合因素及适用原因力规则确定赔偿责任比例。损害赔偿份额的确定主要考虑过错及原因力大小两个因素，在医疗机构存在隐匿或拒绝提供病历资料及遗失、伪造、篡改、违法销毁病历资料的情形下，因医疗机构过错致使专业的医疗损害鉴定不能，而医疗损害中的原因力大小往往无法通过普通的生活经验知识或逻辑推理去判断，在此情形下，如患者一方并没有过错而不能适用过失相抵规则的情况下，应不再考虑原因力规则，直接判断医疗机构对患者损失承担全部赔偿责任。

本案主要探讨《中华人民共和国民法典》第一千二百二十二条第二项、第三项，法院在司法实践中如何适用原因力规则对侵权赔偿责任份额进行划分。

（一）隐匿或者拒绝提供与纠纷有关的病历资料。即在诉讼中，医方手中持有与纠纷有关的重要病历资料，却故意将其隐藏起来，患方和法院都难以发现，或医方直接将与纠纷有关的病历资料握在手中，却明示不提交法庭。《医疗事故处理条例》明确医疗机构具有保管病历资料的义务，按照谁持有谁提供的原则，如妨碍举证，则应该承担举证不能的责任。该规定旨在督促医疗机构加强对病历资料的管理和保管工作，充分重视病历资料对病人日后治病中的重要性。加强对医疗机构及其医务人员关于病例资料重要性的宣传，增强其认真保管病历资料的意识。这样，不仅对患者日后继续治疗有所帮助，也对在日后发生的纠纷中更好地维护医方利益有所裨益。

（二）伪造、篡改或者销毁病历资料。“伪造”，是指“假造”，如医方并没有做此项检查，而病历资料中却出现了患者关于此项检查的检查结果和影像资料；“篡改”即对病历资料中的内容进行改动，使其与真实情况不符；“销毁”即破坏病历资料。

因在医疗纠纷中，病历资料对于案件事实的查明至关重要，尤其是事关鉴定之时，医疗机构的上述行为往往致使鉴定不能，而医疗损害责任纠纷中，因果关系等侵权构成要件大多无法通过日常生活法则及逻辑推理进行判断，在鉴定不能的情况下，应由导致该后果的一方承担责任。考虑到医疗机构存在违法行为及过错，患者存在损害事实，而两者之间的因果关系、原因力大小因医疗机构的原因无法判断，则医疗机构应承担全部赔偿责任，在此应适用“全有或全无”原则，不再考虑原因力大小进行比例分配，事实上如法官在鉴定机构都无法对原因力进行专业判断的情况下径行分析原因力有违公平原则亦难以说服患方。

医学是一种不断探索的科学和实践，医学科学的高难度和人类身体构造的复杂性决定了医疗行业的不易和艰辛。如何在医疗纠纷审判中即保护患者合法权益又有效推进医学事业的进步和发展一直在考验着法律人的智慧。正确适用《民法典》第一千二百二十二条看似加重医疗机构的责任，但从长远看有利于推动医疗机构规范管理病案材料，既是对患方的负责亦是在出现医疗纠纷时保护自身合法权益的有力证据，更对推动医疗保健水平、教学科研水平产生重要推动力。

编写人：安徽省淮北市相山区人民法院　张婉璐

（八）环境污染责任纠纷

40

环境侵权替代修复费用可以折抵生态功能损失赔偿金

——某市人民检察院第四分院诉朱某良、朱某涛土壤污染责任案

【案件基本信息】

1. 裁判书字号

北京市第四中级人民法院（2020）京 04 民初 277 号民事判决书

2. 案由：土壤污染责任纠纷（环境民事公益诉讼）

3. 当事人

公益诉讼起诉人：某市人民检察院第四分院

被告：朱某良、朱某涛

【基本案情】

2015年10~12月，朱某良、朱某涛在朱某良的承包土地内非法开采建筑用砂89370.8立方米，价值人民币4468540元。经鉴定，朱某良二人非法开采的土地覆被类型为果园，地块内原生土壤丧失，原生态系统被完全破坏，生态系统服务能力严重受损，确认存在生态环境损害。受损地块防风固沙功能损失价值合计共78317.54元、土壤养分保持价值为21000元、2015~2019年盗采区损失的水源涵养价值为255469.63元、2016~2022年损失产品生产价值为24.6万元。如2019年未能如期完成恢复工程，则每推迟一年，增加相应的生态系统服务价值年损失。鉴定机构确定生态环境损害恢复方案为将损害地块恢复为园林地，恢复其损害前主要提供的产品生产、防风固沙、水源涵养和土壤养分保持功能。将地块内缺失土壤进行客土回填，下层回填普通土，表层覆盖60厘米种植土，使地块重新具备果树种植条件。恢复工程费用评估核算为2254578.58元。某市人民检察院第四分院提起环境民事公益诉讼，请求判令：1. 朱某良、朱某涛对其造成的生态环境损害承担恢复原状的民事责任，或者判令其承担生态环境修复费用2254578.58元；2. 朱某良、朱某涛赔偿生态环境受到损害至恢复原状期间的服务功能损失，2019年12月31日前为600787.17元，如不能按期恢复，则2020~2024年每年依次增加139605.2元、141306.2元、143081.2元、150477元、157872.8元；3. 朱某良、朱某涛在一家全国性媒体上就其破坏生态环境损害社会公共利益的行为公开赔礼道歉；4. 朱某良、朱某涛承担生态环境损害鉴定评估费用115000元。

2020年6月24日，朱某良、朱某涛的代理人朱某栓向某区检察院签署生态环境修复承诺书，承诺按照该承诺书载明的生态环境修复方案开展修复工作。修复工程自2020年6月25日开始，至2020年10月15日完成。2020年10月15日，某区牵头合同5家单位对该修复工程施工过程中各相关单位监督管理情况进行汇总并对施工质量进行现场勘验。5家单位认为修复工程依法合规、施工安全有序开展、施工过程中未出现安全性问题、环境污染问题，施工程序、工程质量均符合修复方案要求。施工过程严格按照生态环境修复方案各项具体要求进行，回填土壤质量符合标准，地块修复平整，表层覆盖超过60厘米的种植土，已重新具备果树种植条件。

朱某栓就上述涉案地块内存在的他人倾倒的21392.1立方米渣土处理支付工程费用754000元。

【案件焦点】

1. 朱某良、朱某涛在诉讼过程中完成的生态环境修复工程是否合格；2. 朱某良、朱某涛处理涉案地块他人倾倒的垃圾所支出的费用能否与服务功能损失赔偿进行折抵。

【法院裁判要旨】

北京市第四中级人民法院经审理认为：朱某良、朱某涛非法开采的行为，造成了生态环境破坏，侵害了不特定多数人的合法权益，损害了社会公共利益，构成环境民事侵权。朱某良、朱某涛作为非法开采行为的侵权人，违反了保护环境的法定义务，应对造成的生态环境损害承担民事责任。

关于焦点一。朱某良、朱某涛在诉讼过程中主动履行恢复原状的修复义务，并于2020年6月25日至10月15日按照承诺书载明的生态环境修复方案对案涉地块进行了回填修复。且该修复工程经某区检察院等5家单位联合验收合格。从上述单位的法定机构职责来看，其进行过程监督并出具相应的验收结论符合其职责范围，且具备相应的专业判断能力。参照《最高人民法院关于审理生态环境损害赔偿案件的若干规定（试行）》（2020修正）第九条“负有相关环境资源保护监督管理职责的部门或者其委托的机构在行政执法过程中形成的事件调查报告、检验报告、监测报告、评估报告、监测数据等，经当事人质证并符合证据标准的，可以作为认定案件事实的根据”之规定，上述五家行政机关出具的验收合格报告，可以认定被告实施的生态修复工程质量符合标准。故可以认定被告朱某良、朱某涛已经实际履行完毕公益诉讼起诉人提出的承担修复环境责任。

关于焦点二。从环境法的角度而言，生态环境具有供给服务、调节服务、文化服务，以及支持服务等。生态环境受损将导致其向公众或其他生态系统提供上述服务的功能减少或丧失。朱某良、朱某涛在其租赁的林果地上非法开采，造成地块土壤受损，属于破坏生态环境、损害社会公共利益的行为，还应赔偿生态环境受到损害至恢复原状期间的服务功能损失。根据《鉴定报告》对生态服务价值损失的评估意见，确定朱某良、朱某涛应承担的服务功能损失赔偿金额为 652896.75 元。朱某良、朱某涛对案涉土地进行生态修复时，对他人倾倒渣土处理实际支出的 754000 元，系用于案涉环境的修复、治理，这与法律、司法解释规定的被告承担生态功能损失赔偿责任的目的和效果是一致的。同时，侵权人在承担修复责任的同时，积极采取措施，对他人破坏环境造成的后果予以修复治理，有益于生态环境保护，在修复效果和综合治理上亦更能体现及时优化生态环境的特点。因此，综合两项费用的功能目的以及赔偿费用专项执行的实际效果考虑，本院认为该费用可以折抵朱某良、朱某涛需要承担的生态功能损失赔偿责任，对超出部分视为二人自行承担环境修复责任。

北京市第四中级人民法院依照《中华人民共和国侵权责任法》第四条、第二十一条、第六十五条，《中华人民共和国环境保护法》第六条、第六十四条，《中华人民共和国民事诉讼法》第五十五条，《最高人民法院关于审理环境民事公益诉讼案件适用法律若干问题的解释》第十八条、第二十条第一款和第二款、第二十一条、第二十二条、第二十四条，《最高人民法院、最高人民检察院关于检察公益诉讼案件适用法律若干问题的解释》第四条、第十三条、第十七条第二款规定，判决如下：

一、朱某良、朱某涛对其造成的 14650.95 平方米土地生态环境损害承担恢复原状的民事责任，确认朱某良、朱某涛已将上述受损生态环境修复到损害发生之前的状态和功能（已履行完毕）；

二、朱某良、朱某涛赔偿生态环境受到损害至恢复原状期间的服务功能损失 652896.75 元；朱某良、朱某涛在履行本判决第一项修复义务时处理涉案地块上建筑垃圾所支付费用754000元折抵其应赔偿的生态环境受到损害至恢复原状期间的服务功能损失652896.75元；

三、朱某良、朱某涛于本判决生效之日起七日内给付某市人民检察院第四分院鉴定费115000元；

四、朱某良、朱某涛在一家全国公开发行的媒体上向社会公开赔礼道歉。

宣判后，当事人均未上诉，判决书已生效。

【法官后语】

本案系北京市首例在诉讼过程中被告自行完成受损生态环境修复的检察民事公益诉讼案件，一审判决后双方当事人均未上诉。环境民事公益诉讼的目的在于通过及时改善与修复的方式保护生态环境。本案受理后，合议庭了解到被告有自行修复的意愿，及时对诉讼中被告自行修复的程序进行了论证，劝促被告依照评估鉴定确定的修复方案及时启动土地修复工程。因双方当事人对于被告自行修复的验收标准以及被告代处理其他破坏环境行为支付的费用能否折抵服务功能损失赔偿的问题存在争议，且相关法律、司法解释对此无明确规定。本案着重从生态环境公益诉讼的功能目的，替代修复费用与生态服务功能损失赔偿两项费用的目标、修复效果以及综合治理效益等方面进行论证，对环境损害的替代修复方式予以肯定。

第一，关于自行修复的验收标准问题。朱某良、朱某涛在诉讼过程中主动进行生态环境修复的行为，符合环境法要求侵权人损害担责的原则，以及通过环境民事公益诉讼及时修复受损环境、保护生态的目的，应予肯定。朱某良、朱某涛的修复工程系按照鉴定报告中确定的修复方案要求进行，且工程全程在某镇政府的监管下进行。其余单位亦基于各自的监管职责进行了过程监督并出具相应的验收结论。而从上述单位的法定机构职责来看，其进行过程监督并出具相应的验收结论符合其职责范围，且具备相应的专业判断能力。故可以采纳上述五家行政机关联合出具的验收合格报告，认定被告实施的生态修复工程质量符合标准。本案对于自行修复验收标准的确定亦是对于相关环境行政机关积极履职行为的肯定，有利于形成环境保护的社会合力。

第二，关于朱某良、朱某涛处理涉案地块他人倾倒的垃圾所支出的费用能否与服务功能损失赔偿进行折抵的问题。环境有价，损害必须赔偿。但生态环境损害肇事者交付的赔偿金如何管理、如何使用，才能保证被损害的生态环境早日“康复”，一直是实践中的难点问题。被告人承担的生态环境受到损害至恢复原状期间服务功能损失的款项应当专项用于该案环境修复、治理或异地公共生态环境修复、治理。本案案涉土地还有其他侵权人倾倒的21392.1立方米渣土，对土地的生态环境造成破坏。朱某良、朱某涛对案涉土地进行生态修复时，主动承担了该部分的环境整治工程，对上述渣土处理实际支出754000元，系用于案涉环境的修复、治理，这与法律、司法解释规定的被告承担生态功能损失赔偿责任的目的和效果是一致的。同时，侵权人在承担修复责任的同时，积极采取措施，对他人破坏环境造成的后果予以修复治理，有益于生态环境保护，在修复效果和综合治理上亦更能体现及时优化生态环境的特点。上述行为系本案公益诉讼审理过程中，在检察机关和相关部门的监督下，对生态功能损失赔偿款项进行合理使用和专项执行的有效途径。因此，本院综合两项费用的功能目的以及赔偿费用专项执行的实际效果考虑，认为该费用可以折抵朱某良、朱某涛需要承担的生态功能损失赔偿责任，对超出部分视为二人自行承担环境修复责任。

本案确定的诉讼中修复验收标准以及生态功能损失赔偿的替代方式裁判规则，进一步探索丰富了生态环境公益诉讼中生态修复的执行方式，为解决实践中生态环境修复的及时性以及生态损害赔偿金的使用、管理难题提供了有益尝试。

编写人：北京市第四中级人民法院　梅宇

（九）建筑物和物件损害责任纠纷

41

建筑物和物件损害中管理人的过错认定

——邱某俊诉物业公司建筑物和物件损害责任案

【案件基本信息】

1. 裁判书字号

北京市丰台区人民法院（2020）京0106民初第22125号民事判决书

2. 案由：建筑物和物件损害责任纠纷

3. 当事人

原告：邱某俊

被告：物业公司

【基本案情】

邱某俊系某小区业主，物业公司为该小区物业管理企业。2020年3月18日，邱某俊所有的京LX01××号小汽车停放于某小区内。当日，小区楼房顶部油毡瓦因刮大风掉落，导致该车辆前挡风玻璃压条、左侧A柱、左侧后门等多处损坏。案件审理过程中，邱某俊将涉案车辆进行维修，实际支出维修费用9186元。

【案件焦点】

物业公司作为油毡瓦的管理维护方，是否尽到了相应的管理责任，是否应承担相应的民事赔偿责任。

【法院裁判要旨】

北京市丰台区人民法院经审理认为：建筑物、构筑物或者其他设施及其搁置物、悬挂物发生脱落、坠落造成他人损害，所有人、管理人或者使用人不能证明自己没有过错的，应当承担侵权责任。本案因楼顶粘贴的油毡瓦脱落导致损害的发生，依法属于推定过错责任，物业公司作为油毡瓦的管理维护方，是否尽到了相应的管理责任，是否应承担相应的民事赔偿责任，本院认定如下：

首先，从在案所查实的事发原因来看，导致油毡瓦掉落的直接原因虽系当日的八级大风所导致，但物业公司系油毡瓦加固、维护的单位。自然因素虽一般不可避免，但并非一切自然因素均为免责情形，只有在已经尽到自身应尽的法律义务的前提下，仍未能避免自然因素导致事件的发生，方可称之为人力所不能及的意外。故物业公司将事件的发生完全归因于自然因素，系对其管理义务的推诿，本院不予采信。其次，从可预见性角度看，物业公司在得知将有大风来临的情况发生后，虽对小区内的居民进行了通知和提醒，但并未对其工作管理范围内的楼房屋顶油毡稳固程度进行有效的防控和检查，存在工作中的疏漏。最后，从应尽的管理义务程度来看，物业公司系专门从事物业管理的企业，油毡瓦的维护系其物业管理工作的范围。其作为商业主体，对于发生于其自身经营业务领域的风险防范，本身即应负有高于一般人程度的风险注意义务。涉案损害的发生源于油毡瓦的掉落，属于高空坠物，在本案中虽仅导致了车辆损坏的财产损失结果，但此种发生于住宅小区的高空坠物亦有较大危及业主的生命权、健康权等人生权益的风险，且现实中常见此类悲剧的发生，其危险性不言而喻。正是此种较高危险性，侵权责任法将之作为专门的侵权类型加以规范。基于此类事故具有较高的危险性及多发性，亦基于物业公司作为专业的物业管理企业的身份，物业公司应当加强对此类可能同时导致人身损害的风险发生情况负有高度的注意和防范义务。

综上，物业公司虽进行了日常维护和风险排除工作，但未完全做到对油毡瓦安全的维护及防范，对大风造成油毡瓦脱落致邱某俊车辆损失的发生，物业公司应承担相应的赔偿责任。

北京市丰台区人民法院依照《中华人民共和国侵权责任法》第六条、第八十五条规定，判决如下：

一、物业公司于本判决生效之日起十日内向邱某俊支付维修费用损失9186元；

二、驳回邱某俊的其他诉讼请求。

宣判后，当事人均未上诉，判决书已生效。

【法官后语】

近年来，有关高空坠物，头顶上的安全一直是社会大众关注的问题，我们经常听到因为高空坠物而发生的社会悲剧，轻则带来居民的财产损失，重则伤及生命。如何有效地防范头顶上的风险，为群众头顶上的安全提供法律保障，是值得法律界关注的问题。在司法实务中，如何对此类事故进行准确合理的过错归责，追究相关责任，强化法律的社会规制是值得探讨的问题。

《中华人民共和国民法典》第一千二百五十三条沿用《中华人民共和国侵权责任法》第八十五条规定：建筑物、构筑物或者其他设施及其搁置物、悬挂物发生脱落、坠落造成他人损害，所有人、管理人或者使用人不能证明自己没有过错的，应当承担侵权责任。所有人、管理人或者使用人赔偿后，有其他责任人的，有权向其他责任人追偿。本条规定是过错推定原则在高空坠物中的应用，过错推定原则是指损害发生后，某种基本客观事实或条件而推定行为人具有过错，如果行为人不能推翻该过错之推定证明自己没有过错，则需承担侵权责任。在过错推定责任中，使被告承担责任的归责事由依然是过错，被告是否能够证明自身没有过错则是最终是否承担侵权赔偿责任的关键所在。

在高空坠物案件中，判断被告是否具有过错时，有主观过错理论和客观过错理论为法官的断案裁判提供指导。依据主观过错理论，应从认识因素和意愿要素两个角度进行过错分析。认识因素，即可预见性，主要是指行为人能够或者应当预见到其行为会侵害他人的民事权益。意愿要素，即可避免性，是指行为人具有避免侵害他人民事权益的可能性。

本案中，物业公司在得知将有八级大风来临时，曾提醒业主检查阳台堆积物等避免高空坠物、关闭门窗、减少外出、外出行走时尽量减少走风力较大的高楼间等，说明物业公司在认识层面已经预见到大风天气存在高空坠物的可能性。在意愿层面，物业公司若对屋顶油毡瓦采取防控、检查和加固处理，便具有避免损害发生的可能性，但其基于 2011 年至 2014 年有过相应的维修，2019 年 11 月对部分楼房公共区域进行了“楼屋面排水沟及杂物清理”，即认为自身已经尽到了管理义务，已经采取了安全预防措施，进而未采取任何加固措施，因过于自信的过失导致了损害结果的发生。综上，从认识要素和意愿要素两个方面来看，物业公司具有一定的过错，理应承担损害赔偿责任。

在主观过错理论中，判断过失的重心在于行为人对于损害的发生能否预见，在判断行为人能够具有此种预见的可能性时，还需要综合考虑行为人的具体特征，环境、时间等因素。进入二十世纪以来，主观过失理论的缺陷日益凸显，过失的证明日益困难，通过研究加害人的心理活动去考察加害人的过失也是困难的，为此，客观过失理论出现。根据客观过失理论，在认定行为人是否具有过失时不再探究其主观心理状态，也不因行为人的年龄、性别、健康、知识水平等主观因素不同而有差异，而是统一采纳某种基于社会生活共同需要而提出的客观标准，即“善良管理人”理论。根据“善良管理人”概念，在个人中判断过失时，应综合考量行为人的身份及其所属职业或团体应有的注意义务水平，行为人预防与控制损害发生的成本，损害程度等，法律经济学上的汉德公式就是对这一理论的运用。

本案中，物业公司作为专业的物业管理企业，长期从事建筑物的管理、维护工作，对高空坠物可能同时导致的人身和财产损害的风险发生情况较于常人负有更高的注意和防范义务，在有八级大风临近的情况下，其仅通过某社交软件向业主发出预警，主观上却放任了危险的发生，忽视了自身的安全注意义务；另外，物业公司采取安全预防措施加固楼顶油毡瓦的成本应是小于八级大风下本小区油毡瓦坠落的概率与本次损害事故的实际损失乘积，根据汉德公式，也可认定物业公司在客观上存在一般过失，应当承担损害赔偿责任。

编写人：北京市丰台区人民法院　易小香

（十）触电人身损害责任纠纷

42

触电人身损害赔偿中各责任方按过错大小、原因力确定赔偿责任

——李某华诉石材厂等触电人身损害赔偿案

【案件基本信息】

1. 裁判书字号

江苏省无锡市中级人民法院（2020）苏02民终2657号民事判决书

2. 案由：触电人身损害赔偿纠纷

3. 当事人

原告（被上诉人）：李某华

被告（上诉人）：石材厂、罗某廷

被告（被上诉人）：季某光、电力公司

第三人：某医院

【基本案情】

石材厂设立于2015年11月23日，设立后租用土地一块用于经营，设立后不久即在租用土地上搭建水稳流水生产线一条。该处土地上方有电力公司运营的10KV高压架空输电线，电线杆下方有“高压危险，严禁攀登”的标志，流水线位于两根电线杆中间部位下方位置，距离警示标志位置较远，不在同一个

场院内。2017年11月，石材厂因其水稳流水生产线需加盖彩钢瓦大棚，其经营者贺某经王某波介绍认识罗某廷，双方口头约定工程包工包料，工程款50000元；罗某廷将上述工程以包工不包料的方式分包给季某光，双方口头约定地面人工费15元/平方米、封板人工费10元/平方米，按实际测量面积结算。2017年12月初，季某光即带人进场施工。2017年12月6日14时许，季某光及其工人范某辉、李某华、马某宝、顾某法在现场施工，现场在高压线下方（远离两端电线杆位置）架设了五米多高的脚手架；李某华在未采取任何安全防护措施的情况下爬上脚手架，准备焊接钢管时遭受电击从3米多高的脚手架坠地受伤。2017年12月13日贺某与罗某廷补签协议书一份，协议内容与双方此前的口头约定一致。

李某华受伤后，即送至某医院住院治疗，病史记载李某华因"电击后高处坠落致伤约半小时"入院。后于2019年5月15日出院。李某华住院期间尚欠某医院医疗费456888.78元。事故发生后，石材厂向李某华垫付303000元，罗某廷垫付60000元，季某光垫付11500元。

另查明，李某华受伤后，某区安全生产监督管理局对事故发生的原因认定为：（一）直接原因，李某华在进行高处作业时，未采取任何安全防护措施，在作业过程中不慎失足坠落，直接导致事故的发生；（二）间接原因，罗某廷在未依法取得相应资质证书情况下承揽钢结构工程，未按规定向李某华等作业人员配备劳动防护用品，未按规定对作业人员进行安全生产教育和培训；石材厂未认真审核钢结构承包单位的施工资质，将钢结构工程发包给不具有相应资质条件的个人。

法院认定李某华的各项损失合计3019123.91元。

【案件焦点】

各责任方的赔偿责任比例如何确定。

【法院裁判要旨】

江苏省无锡市锡山区人民法院经审理认为：《中华人民共和国侵权责任法》

第七十三条规定，电力公司作为涉案高压线经营者，按照无过错责任原则承担侵权责任。本案中，事故发生时李某华处在《电力设施保护条例》规定的高压线下方架空电力线路保护区。石材厂未经电力管理部门批准在架空电力线路保护区内兴建生产流水线、又在流水线上方加盖彩钢瓦，属违法行为，对李某华遭受电击存在过错。罗某廷承包违法工程，又将违法工程分包给季某光，李某华进行违法作业，均属违法行为，对李某华遭受电击均存在过错，以上当事人的过错可以减轻电力公司的赔偿责任。

另外，电力公司应当依法对高压电沿线可能存在的安全隐患进行定期排查，对架空电力线路保护区内搭建流水线、加盖彩钢瓦的行为应当及时发现并予以制止。然本案中电力公司既未发现亦未制止违法行为，同样也存在过错。

除此之外，李某华向季某光提供劳务时未采取任何安全防护措施，李某华与季某光对此均存在过错。石材厂未认真审核罗某廷的施工资质，将彩钢瓦大棚的搭建工程发包给无资质的罗某廷，罗某廷在未取得相应资质的情况下承包工程，又违法分包给季某光进行施工，均属违法行为。根据《最高人民法院关于审理人身损害赔偿案件适用法律若干问题的解释》第十一条第二款之规定，石材厂、罗某廷、季某光对李某华的赔偿责任应负连带责任。

综上所述，考虑到各方当事人过错大小及各自行为致损害结果发生的原因力比例，法院认定李某华自行承担20%的损失，石材厂、罗某廷、季某光承担60%的连带赔偿责任（三人各承担20%，如支付超过自己赔偿数额的连带责任人有权向其他连带责任人追偿），电力公司承担20%的赔偿责任。同时李某华应向某医院支付所欠医疗费。

江苏省无锡市锡山区人民法院依照《中华人民共和国侵权责任法》第十二条、第十三条、第十四条、第十六条、第二十二条、第二十六条、第三十五条、第七十三条，《中华人民共和国电力法》第三十二条、第五十三条第二款、第五十四条，国务院《电力设施保护条例》第四条第二款、第十条第一款、第十五条第三款，《最高人民法院关于审理人身损害赔偿案件适用法律若干问题的解释》第十一条第二款规定，判决如下：

一、石材厂、罗某廷、季某光应连带赔偿李某华 1811474.35 元，三人已垫付 374500 元，还应连带赔偿 1436974.35 元；

二、电力公司向李某华赔偿 603824.78 元；

三、石材厂、罗某廷、季某光三人承担的连带责任中各自应承担 603824.78 元，支付超过自己赔偿数额的连带责任人有权向其他连带责任人追偿；

四、李某华在收到的上述赔偿款中向某医院支付医疗费 456888.78 元；

五、驳回李某华的其他诉讼请求。

石材厂、罗某廷不服一审判决，提起上诉。

二审法院同意一审法院的裁判意见。

【法官后语】

一、高压作业侵权责任的归责原则

高压作业属于高度危险作业，适用特殊侵权的法律规则，《中华人民共和国民法通则》第一百二十三条规定，从事高空、高压、易燃、易爆、剧毒、放射性、高速运输工具等对周围环境有高度危险的作业造成他人损害的，应当承担民事责任；如果能够证明损害是由受害人故意造成的，不承担民事责任。可见高压作业适用无过错责任原则。《中华人民共和国侵权责任法》第七十三条，《中华人民共和国民法典》一千二百四十条同样也沿用了这一原则。因此过错不是高压作业侵权责任的构成要件，即只要加害人实施了高压作业的行为，发生了损害后果，行为和损害事实之间存在因果关系，即可构成侵权。

本案中不论电力公司是否存在过错，只因李某华在电力公司经营的高压线上触电受伤，电力公司即应对李某华承担侵权责任。

法律之所以这么规定是因为，高度危险作业人因其作业性质高度危险，对其适用无过错责任原则更有利于保护受害人的权益，以督促高度危险作业人加强责任心，提高注意义务，从而更有利于保障社会安全。

有观点认为本案中法院认定电力公司应当依法对高压电沿线可能存在的安全隐患进行定期排查，是对电力公司施加了过高的注意义务要求，但如果考虑法律规定的背景就能理解，高压线路管理人本应负有高度注意义务。

二、电力公司能否免责

《中华人民共和国民法通则》第一百二十三条规定的免责事由是受害人故意，《中华人民共和国电力法》第六十条规定的免责事由是不可抗力、用户自身的过错。那么本案中电力公司能否以受害人自身过错为由主张免责呢？

《中华人民共和国侵权责任法》第七十三条规定的免责事由是受害人故意、不可抗力，同时规定了被侵权人对损害的发生有过失的，可以减轻经营者的责任。根据新法优于旧法的原则，本案应适用《中华人民共和国侵权责任法》的规定，电力公司不能依据《中华人民共和国电力法》的规定免责。

值得注意的是，《中华人民共和国民法典》第一千二百四十条对《中华人民共和国侵权责任法》第七十三条作出了修改，将可以减轻经营者责任的情形修改为被侵权人对损害的发生有“重大过失”的，对高度危险作业人作出了更为严苛的责任规定。

三、其他责任人的过错对高压作业经营者责任的减轻

《最高人民法院关于审理触电人身损害赔偿案件若干问题的解释》（2001 年 1 月 21 日起施行，2013 年 4 月 8 日废止）第二条第二款规定，对因高压电引起的人身损害是由多个原因造成的，按照致害人的行为与损害结果之间的原因力确定各自的责任。此后的法律、司法解释中虽然删除了该条规定，但适用《中华人民共和国侵权责任法》总则部分第十二条，仍能得出类似结论。

本案中石材厂、罗某廷、季某光以及受害人李某华的过错主要体现在两个方面：第一，在违反《中华人民共和国电力法》方面。架空电力线路保护区内施工，本就属于违法工程，石材厂启动了违法工程，违法工程又层层分包给罗某廷、季某光，李某华进行违法作业；第二，在安全生产方面，李某华在提供劳务时未采取任何安全防护措施，季某光未加管理，而石材厂、罗某廷又存在违法分包。可以说在以上两个方面，石材厂、罗某廷、季某光、李某华的过错程度相当，与李某华受损害的结果之间原因力大小也相当，据此法院判令以上四人各承担 20% 的赔偿责任，较为妥当。而石材厂、罗某廷明知季某光没有建

筑资质，需与季某光承担连带责任。

编写人：江苏省无锡市锡山区人民法院　邹吟冰

（十一）紧急避险损害责任纠纷

43

为排洪在他人建筑物旁挖渠是否构成紧急避险

——张某诉某村村民委员会、刘某侵权责任案

【案件基本信息】

1. 裁判书字号

山东省淄博市中级人民法院（2020）鲁03民终4250号民事判决书

2. 案由：侵权责任纠纷

3. 当事人

原告（上诉人）：张某

被告（被上诉人）：某村村民委员会、刘某

【基本案情】

张某从某村村民委员会承包土地建设大棚，用于农业种植。2019年8月，因排洪需要，某村村民委员会的法定代表人刘某从张某大棚西侧挖沟渠引水，拐到大棚南侧排到村外。张某主张某村村民委员会、刘某以抗洪名义，恶意损害其财产，造成张某的一个大棚完全毁损，故提起本案诉讼要求赔偿其损失21.5万元和租金损失1.5万元。

张某提供的证据显示涉案大棚建于2013年6月，初期建造价值为21.5万

元，张某称该价值是整个大棚的造价，是其根据所有的建造材料、人工费算出来报农业局审核，农业局蔬菜办公室根据进材料的发票、单子计算出来的。张某从2017年开始拖欠部分村民的承包费，经法院审理判决，已经进入执行程序，张某暂时无力支付。张某于2019年6月4日出具一份声明，承诺在2019年6月至2020年春节期间分多次付清村民承包费，否则自愿放弃地上附属物的所有权。2020年4月1日，涉案大棚所占用土地的村民为张某出具证明一份，证实2019年8月1日，涉案大棚因失去价值，故没有向张某主张大棚的所有权，涉案大棚也未折抵承包费。

【案件焦点】

某村村民委员会从张某大棚西侧挖沟渠引水的行为是否构成紧急避险。

【法院裁判要旨】

山东省淄博市临淄区人民法院经审理认为：张某在声明若未履行债务则放弃涉案大棚的所有权后，又提交村民证明一份，证实村民并未同意接收涉案大棚抵债，主张仍享有涉案大棚的所有权。张某提交的村民证明可以证实其与村民之间就涉案大棚抵债一事达成新的协议，其仍享有涉案大棚的所有权。行为人因过错侵害他人民事权益，应承担侵权责任。张某诉称某村村民委员会、刘某故意将洪水引至其大棚内实施侵权行为，但某村村民委员会、刘某并未将洪水引至其大棚内，且张某也未提供证据证实某村村民委员会、刘某存在损坏涉案大棚的故意，故应认定因村内排洪需要从涉案大棚南侧排水，系紧急避险行为。根据《中华人民共和国侵权责任法》第三十一条之规定，因紧急避险造成损害的，由引起险情发生的人承担责任。如果危险是由自然原因引起的，紧急避险人不承担责任或者给予适当补偿。张某并未提供充分证据证实大棚损失完全因为排洪行为导致，其提供的证据也不足以证实其实际损失，但根据生活经验，可以判定排洪行为是涉案大棚内积水过深的一方面因素，张某大棚损坏主要系自然灾害导致。因此，酌定某村村民委员会向张某适当补偿5000元。张某主张刘某也系侵权人，但相关证据足以证实刘某实施的行为系职务行为，故对张某的上述主张，不予采信。

山东省淄博市临淄区人民法院依照《中华人民共和国侵权责任法》第六条、第三十一条，《中华人民共和国民事诉讼法》第六十四条规定，判决：

一、某村村民委员会向张某补偿5000元，于本判决生效后十日内付清；

二、驳回张某的其他诉讼请求。

张某不服一审判决，提起上诉。山东省淄博市中级人民法院经审理认为：首先，张某不能提供证据证实其大棚损失是某村村民委员会故意将洪水引至其大棚造成。根据本案查明的事实，张某的损失主要由突发洪水造成，某村村民委员会的排洪只是造成后来大棚内积水加深的部分原因，一审根据以上情况认定某村村民委员会排水的行为为紧急避险，并根据相应法律规定，判决某村村民委员会对张某的损失承担补偿责任，并酌定为5000元，亦无不当。其次，张某主张刘某也应当对其损失承担赔偿责任，但刘某系某村村民委员会的主任，刘某组织人员实施本案的排洪行为，系其在担任村委主任期间对村集体事务的管理工作，应属于职务行为，故对张某要求刘某承担赔偿责任的上诉主张不予支持。

山东省淄博市中级人民法院依照《中华人民共和国民事诉讼法》第一百七十条第一款第一项规定，判决如下：

驳回上诉，维持原判。

【法官后语】

本案主要涉及因自然灾害而实施紧急避险行为的责任认定问题。

日常生活中发生自然灾害的情况并不鲜见。尤其是在出现台风等极端恶劣天气的情况下，长时间的强对流天气往往会造成持续降雨，进而造成洪涝灾害。如本案就是因台风造成洪水导致涉案大棚受到损害。审理的关键是对于大棚的损害，被告的行为是否属于紧急避险。

紧急避险是指为了社会公共利益、本人或他人的合法权益免于受到更大程度的损害，而在不得已的情况下所采取的造成他人少量损失的行为。紧急避险是一种合法行为，是在两种合法利益不可能兼顾保护的情况下，不得已而采用牺牲其中较轻的利益，保全较重大的利益的行为。紧急避险是各国民事立法赋予公民的一项重要的私力救济权利，已被各国法律普遍认可为侵权责任的抗辩事由之一，我国亦不例外。在我国，从1987年施行的《中华人民共和国民法通则》、2010年施行的《中华人民共和国侵权责任法》、2017年施行的《中华人民共和国民法总则》，到2021年施行的《中华人民共和国民法典》，都对紧急避险作出了明确规定。《中华人民共和国民法通则》第一百二十九条规定："因紧急避险造成损害的，由引起险情发生的人承担民事责任。如果危险是由自然原因引起的，紧急避险人不承担民事责任或者承担适当的民事责任。因紧急避险采取措施不当或者超过必要的限度，造成不应有的损害的，紧急避险人应当承担适当的民事责任。"《中华人民共和国侵权责任法》第三十一条规定："因紧急避险造成损害的，由引起险情发生的人承担责任。如果危险是由自然原因引起的，紧急避险人不承担责任或者给予适当补偿。紧急避险采取措施不当或者超过必要的限度，造成不应有的损害的，紧急避险人应当承担适当的责任。"《中华人民共和国民法总则》第一百八十二条和《中华人民共和国民法典》第一百八十二条则均规定："因紧急避险造成损害的，由引起险情发生的人承担民事责任。危险由自然原因引起的，紧急避险人不承担民事责任，可以给予适当补偿。紧急避险采取措施不当或者超过必要的限度，造成不应有的损害的，紧急避险人应当承担适当的民事责任。"

从以上关于紧急避险的法律规定内容来看，紧急避险属于侵权责任领域的合法抗辩事由。"紧急避险不是侵权行为、不承担民事责任的根本原因在于，当法律所保护的利益遭遇紧急危险而不可能采取其他措施予以避免时，不得已损害另一较小利益来保护较大利益，虽然造成了较小利益的损害，但联系到具体事态来观察，从行为的整体效果来考量，紧急避险行为具有正当性。"因此，在侵权案件审判实践中，当出现被告抗辩其行为属于紧急避险行为而要求免除或减轻其责任时，人民法院应当对于涉案行为是否属于紧急避险行为作出正确认定。从上述民事法律规定的条文内容来看，并未对紧急避险的构成要件进行规定，但实践中对此则一般都是借鉴《中华人民共和国刑法》第二十一条第一款和第二款规定的内容，从而对紧急避险的构成要件进行合理把握：一是必须是为了使社会公共利益、本人或他人的合法权益免受危险的损害；二是必须是对正在发生的危险而采取的避险行为；三是必须是在不得已的情况下采取避险措施；四是避险行为不能超过必要限度。如在本案中，某村村民委员会并非故意将洪水引入张某大棚中，而是在出现台风造成洪涝自然灾害的背景下，为了排洪才迫不得已从张某大棚西侧挖沟渠引水，从而将雨水通过该沟渠排出。虽然在客观上造成张某大棚中积水加深，但一方面，这并不是涉案大棚被损坏的根本原因，其根本原因还是在于洪水这一自然灾害本身所致；另一方面，某村村民委员会的挖渠排洪行为是为了全体村民的利益这一更大的利益。因此，某村村民委员会在张某大棚西侧挖沟渠引水排洪的行为符合上述紧急避险的构成要件，一、二审法院认定该行为系紧急避险行为是正确的。

值得注意的一点是，在通常情况下，如果险情是人为引起的，根据《中华人民共和国民法典》第一百八十二条的规定，因紧急避险造成损害的，由引起险情发生的人承担民事责任。但在像本案这种因自然灾害这种自然原因引发险情的案件中，明显不存在引起险情的人，此时紧急避险人依法并不承担民事责任，但《中华人民共和国民法典》第一百八十二条的规定，紧急避险人可以给予受害人适当补偿，从而体现公平正义。如在本案中，虽然某村村民委员会的行为被法院认定为紧急避险行为而依法可以不承担侵权赔偿责任，但考虑到案件实际情况，法院酌情确定由避险人某村村民委员会向张某适当补偿5000元。该最终处理结果既符合法律规定，同时也是合理适当的。

编写人：山东省淄博市中级人民法院　荣明潇

山东省淄博市临淄区人民法院　张文革

ISBN 978-7-5216-2510-3

图书在版编目（CIP）数据

中国法院2022年度案例．侵权赔偿纠纷／国家法官学院，最高人民法院司法案例研究院编．—北京：中国法制出版社，2022.2（2023.3重印）

ISBN 978-7-5216-2510-3

Ⅰ.①中… Ⅱ.①国…②最… Ⅲ.①侵权行为-赔偿-民事纠纷-案例-汇编-中国 Ⅳ.①D920.5

中国版本图书馆CIP数据核字（2022）第025265号

策划编辑：李小草　韩璐玮（hanluwei666@163.com）

责任编辑：韩璐玮（hanluwei666@163.com）　封面设计：李宁

中国法院2022年度案例．侵权赔偿纠纷

ZHONGGUO FAYUAN 2022 NIANDU ANLI. QINQUAN PEICHANG JIUFEN

编者/国家法官学院，最高人民法院司法案例研究院

经销/新华书店

印刷/北京虎彩文化传播有限公司

开本/730毫米×1030毫米　16开　印张/16　字数/199千

版次/2022年2月第1版　2023年3月第3次印刷

中国法制出版社出版

书号 ISBN 978-7-5216-2510-3　定价：68.00元

北京市西城区西便门西里甲16号西便门办公区

邮政编码：100053　传真：010-63141600

网址：http：//www.zgfzs.com　**编辑部电话：010-63141790**

市场营销部电话：010-63141612　**印务部电话：010-63141606**

（如有印装质量问题，请与本社印务部联系。）